Anna Mathur

Wir sind stärker als die Angst

Anna Mathur

WIR SIND stärker ALS DIE ANGST

Das Anti-Sorgen-Grübel-Panik-
Buch für Mütter

Aus dem Englischen von
Stefanie Schäfer

BELTZ

MIX
Papier aus verantwortungsvollen Quellen
FSC® C089473

Klimaneutral
Papier
ClimatePartner.com/13732-1910-1001

Dieses Buch ist erhältlich als:
ISBN 978-3-407-86673-8 Print
ISBN 978-3-407-86674-5 E-Book (EPUB)

1. Auflage 2022

in der Verlagsgruppe Beltz • Weinheim Basel
Werderstraße 10, 69469 Weinheim

First published in Great Britain in 2020 by Piatkus.
Titel der englischen Originalausgabe:
Mind Over Mother. Every mum's guide to worry and anxiety in the first year

Lektorat: Dorothea Bühler
Umschlaggestaltung: www.anjagrimmgestaltung.de
Bildnachweis: © June Jewell 2021. Mehr Informationen über June und ihre Arbeit finden Sie unter www.junejewell.com
Herstellung: Sarah Veith
Satz: Publikations Atelier, Dreieich
Druck und Bindung: Beltz Grafische Betriebe, Bad Langensalza
Beltz Grafische Betriebe ist ein klimaneutrales Unternehmen (ID 15985-2104-100).
Printed in Germany

Weitere Informationen zu unseren Autor_innen und Titeln finden Sie unter: www.beltz.de

Für Tarun und Mum.

Eure Treue und Ermutigung sind der Wind in meinen Segeln.
Und für meine Kinder, die mir durch ihre Liebe ermöglicht haben,
zu mir selbst zu finden.

INHALT

Einleitung 11

Eins Ist »normal« wirklich das, was du dafür hältst? 21

Zwei Von supercool bis Nervenbündel 31

Drei Die vielen Masken der Angst 53

Vier Leben wir in Zeiten der Angst? 73

Fünf Was macht dir Angst? 95

Sechs Wie gehst du mit deinen Ängsten um? 113

Sieben Entdecke deine Persönlichkeitsmerkmale 135

Acht Zwangsgedanken abbauen 149

Neun Du und dein innerer Dialog 167

Zehn Selbstfürsorge = Selbsterhaltung 187

Elf Tipps und Techniken zur Linderung von Ängsten 209

- Dein Atem ist deine Superkraft 210
- Unerlässlich: Offenheit! 217
- Ändere deine Denkgewohnheiten 226
- Gemischte Erdungsübungen 236
- Hilfreiche Veränderungen des Lebensstils 238

Zwölf Langsam und stetig 247

Bonus Pep-Talks für den Notfall 255

- Panikattacke 255
- Ich schaffe das nicht 256
- Mütterliche Schuldgefühle 257

Hilfreiche Adressen 261

Danksagung 262

Register 265

EINLEITUNG

Die Angst hat mich nicht plötzlich weggerissen wie eine Flutwelle nach einem Dammbruch. Sie hat stetig auf mich eingeschlagen wie ein kleiner Hammer und langsam, aber sicher Haarrisse durch den Kern dessen getrieben, was ich für meine Persönlichkeit gehalten hatte – sowohl als Individuum als auch als Mutter. Die zunehmende Angst knickte mein Lächeln an den Ecken ab und zersplitterte meinen inneren Frieden.

Und plötzlich, in einem Moment großer Klarheit, wurde mir bewusst, dass ich mich nicht daran erinnern konnte, wann ich zuletzt ruhig eingeschlafen war. Ich kannte nur noch Erschöpfung, hervorgerufen durch Wirbelstürme exzessiven Grübelns. Ich konnte mich nicht mehr daran erinnern, wann ich zum letzten Mal freundlich mit mir umgegangen war; ich kannte nur noch Selbstkritik. Und ich konnte mich nicht daran erinnern, wann ich das letzte Mal Liebe für meine Kinder empfunden hatte, die nicht von einer starken Verlustangst getrübt war.

Es kostete Kraft, gegen die negativen Zuschreibungen anzukämpfen, die ich mir im Laufe der Zeit zu eigen gemacht hatte. Es erforderte Mut, der Realität offen ins Auge zu blicken. Aber es war das Größte und Beste, was ich je getan habe. Es war das Ende und der Anfang von so vielem. Und der Weg, den ich dabei zurückgelegt habe, hat mich zum Schreiben dieses Buches motiviert.

Die Angst raubt mir nicht länger die Persönlichkeit. Und auch dir muss sie nichts mehr wegnehmen.

Warum ich dieses Buch für dich geschrieben habe

Ich bin Anna, Psychotherapeutin und Mutter von drei Kindern. Ich bin Perfektionistin und People-Pleaserin in Rekonvaleszenz, mit einer großen Begeisterung für Instagram, einer zunehmenden Toleranz gegenüber dem Chaos des Lebens und einer angespannten Beziehung zum Backen.

Es reizt mich schon seit einer ganzen Weile, dieses Buch für dich zu schreiben – ein Buch, von dem ich wünschte, ich hätte es auf meinem Nachttisch gehabt, als ich mein erstes Baby bekam. Es hätte zweifelsohne meine Erfahrungen mit der Mutterschaft verändert. Angst beeinflusst uns Mütter mehr, als es nötig wäre. Sie nimmt mehr Raum im Kopf ein, als sie verdient. Sie kann uns daran hindern, bestimmte Entscheidungen zu treffen oder über unsere Gefühle, Wünsche und Bedürfnisse zu sprechen.

Ich habe dieses Buch geschrieben, damit du dir etwas von diesem kostbaren Freiraum zurückholen kannst. Damit dein Leben nicht von diesem ständigen unterschwelligen »Was wäre, wenn« verdorben wird. Auf diesen Seiten wirst du viel über dich selbst lernen. Du wirst ein tieferes Verständnis für Ängste erlangen und Techniken und Tipps an die Hand bekommen, die dir helfen können.

Diese Ansätze werden nicht nur deiner Erfahrung als Mutter zugutekommen, sondern du kannst sie dir in allen Bereichen deines Alltags zunutze machen. Ich stelle mir gerne vor, dass dieses Buch ordentlich durchgeblättert, vollgekritzelt und mit Leben gefüllt wird. Ich brenne für den Inhalt dieser Seiten, weil ich ihn gelebt habe. Ich habe nicht nur erfahren, wie diese Konzepte das Leben meiner Klienten beeinflusst haben, sondern sie haben auch meines verändert.

Mein Weg zur Mutterschaft

Mein erstes Baby, Oscar, war ein dunkelhaariger Traum. Ich spürte eine überwältigende Liebe, sobald ich ihn in den Armen hielt. Es war wie eine Welle, die mein Herz überschwemmte und es innerhalb weniger Augenblicke auf die doppelte Größe anschwellen ließ. Das erste Jahr war im Großen und Ganzen ein glückliches. Ich meisterte das Leben als frischgebackene Mutter mit Spielnachmittagen, Kuchen, dem üblichen Geplauder und Gejammer über Schlafmangel und genug Kaffee, um ein Schiff zu fluten.

Als Oscar die Kerzen seines ersten Geburtstagskuchens ausblies (sprich: »großzügig ausspuckte«), war ich wieder schwanger. Ich wusste es, weil meine Hormone auf Hochtouren liefen und ich so manche gereizte Bemerkung herunterschlucken musste, die ich meinem Mann entgegenzuschleudern drohte, während wir mit der Familie feierten.

Und eine Woche später war der blaue Strich da. Ich machte den Test um fünf Uhr morgens (die Frühschwangerschaftshormone trieben mich um fünf Uhr morgens aus dem Bett und um fünf Uhr abends wieder rein). Ich ließ ihn auf dem Toilettendeckel liegen, damit mein Mann ihn fand, wenn er um sechs Uhr morgens vor der Arbeit duschen ging. Romantisch.

Damit begann ein ganz anderer Weg, einer mit extremer morgendlicher Übelkeit, Blinddarmentzündung (bei mir), Zungenbändchen (die sich offenbar wieder lösen können), nicht diagnostiziertem stillen Reflux, Bindungsproblemen, chronischem Schlafmangel und erdrückenden postpartalen Ängsten und Depressionen. In diesem Jahr musste ich in Tiefen meiner selbst hinabsteigen, die ich vorher nicht gekannt hatte, und ich entdeckte eine Stärke, die ich vorher nie hatte beweisen müssen. Ich fühlte mich nicht stark, sondern – im Gegenteil – wie in einer Sackgasse, schwach und verloren. Aber ich muss stark gewesen sein. Das ist unbestreitbar. Denn ich bin hier, um davon zu erzählen.

Und ich habe es wieder getan. Es dauerte eine Weile, bis ich darüber nachdachte, noch ein Baby zu bekommen. Wir hatten bis zu diesem Punkt immer von dreien geträumt. Doch ich musste erst diverse Dinge auf die Reihe bringen, bevor ich mich darauf einlassen konnte, ein drittes Kind zu bekommen.

Ich musste mehr Selbstfürsorge betreiben (auf eine nichtkitschige, »nimm-erst-mal-ein-heißes-Bad«-Art), meine ziemlich strengen inneren Stimmen in die Mangel nehmen und mehr über meine Gefühle reden.

Ich musste meine gefährlichen »Supermum«-Bestrebungen ein für alle Mal begraben. Diese Dinge haben mich gerettet. Sie haben mich immer wieder gerettet, wenn ich sie angehen musste, denn alte Gewohnheiten sind schwer auszurotten.

Jedenfalls kam dann irgendwann Florence, Baby Nummer drei und ein Balsam auf das Trauma meiner vorangegangenen postpartalen Erfahrung. Erst jetzt wird mir klar, wie unterschiedlich Babys sein können und wie sehr ihre Probleme uns herausfordern. Ich hatte drei verschiedene Babys und ging drei grundlegend verschiedene Wege mit ihnen, für die ich keine Landkarte besaß. Ich hoffe, dass das, was ich in den Hörsälen, den Therapieräumen und anhand meiner eigenen Erfahrungen gelernt habe, dazu beiträgt, dir eine Landkarte zu bieten.

Manche Babys sind schwieriger als andere.
Aber auch wir Erwachsenen haben unterschiedliche Probleme und Geschichten,
die unsere Erfahrungen beeinflussen.

Die Ausbildung zur Therapeutin

Nach meinem Studium der Sozialpsychologie erwarb ich einen Masterabschluss in Psychotherapie und sozialer Beratung an der Regent's University London. Dort begann ich meine Ausbildung zur akkreditierten Psychotherapeutin bei der British Association for Counselling and Psychotherapy.

Bevor wir ein Kind bekamen und wie die meisten Familien aus der Stadt rauszogen, weil wir uns dort kaum eine Einzimmerwohnung leisten konnten, wohnte ich in London und arbeitete als Psychotherapeutin in Privat- und Hausarztpraxen. Ich leitete zwischen sechs Wochen und drei Jahren dauernde Einzeltherapien, bei denen ich mich einmal pro Woche mit meinen Klienten traf. Manche brauchten nur eine Kurztherapie, andere tiefenpsychologische Betreuung, bei der ihre Entwicklung von Kind an betrachtet wurde. (»Erzählen Sie mir von Ihrem Verhältnis zu Ihrem Vater.«) Ich liebte meine Arbeit.

An einem Frühlingswochenende zogen wir aus London fort, mit einem klapprigen Miettransporter und einem acht Wochen alten Geheimnis in meinem Bauch (das nicht ganz so geheim war, wenn man einen Blick auf mein grünliches Gesicht warf). Eine Zeit lang pendelte ich nach London, um meine Klienten weiterhin zu behandeln, aber nach und nach verlagerte ich meine Tätigkeit an unseren neuen Wohnort. Inzwischen arbeite ich bequem von zu Hause aus und lasse meine Klienten auf meinem blauen Knautschsofa Platz nehmen.

Ich habe einmal gehört, dass man in der Ausbildung zur Therapeutin die Therapie erhalte, die man braucht. Ich habe mich zur Therapeutin ausbilden lassen, weil ich Menschen helfen wollte, ihren Verstand zu entwirren, aber in Wirklichkeit brauchte auch meiner eine ganze Menge Entwirrung. Tatsächlich werde ich meinen Verstand und meine Gedanken immer in irgendeiner Form entwirren müssen. Aber ich finde mich zunehmend damit ab.

Ich habe zwar die Fähigkeiten, anderen zu helfen, kann aber nicht mein eigenes Ein-Frau-Unterstützungsnetzwerk sein. Das kann keine Frau, unabhängig davon, wie viel Wissen, Erfahrung und Selbstbewusstsein sie besitzt. Wissen bereitet uns vor, rüstet uns aus und erlaubt uns, Dinge zu verändern und anders zu gewichten, aber es bietet keinen Schutz. Ich habe wirklich einige herausfordernde Turbulenzen auf der Achterbahn erlebt, die das Muttersein darstellt, aber in gewisser Weise bin ich dankbar für sie, denn sie haben in mir den dringenden Wunsch wachgerufen, mich auf postpartale seelische Probleme zu spezialisieren.

Ich arbeite deswegen so gerne mit Menschen, die unter Ängsten leiden, weil sich ihr Leben mit der richtigen Anleitung und Erkenntnis, mit Tipps und Strategien unglaublich schnell verändern lässt. Ich liebe die Aha-Erlebnisse, die sich einstellen, wenn Menschen neue Verbindungen zwischen Vergangenheit und Gegenwart, zwischen Fühlen und Handeln herstellen. Etwas Erstaunliches passiert, wenn Klienten erkennen, dass sie nicht die Einzigen sind, die so denken oder empfinden wie sie selbst. Die Peinlichkeit und die Scham werden nach und nach abgetragen. Ich betrachte es als eine große Ehre, Teil dieses Prozesses zu sein.

Als Therapeutin in Therapie

Zur therapeutischen Ausbildung gehört es, sich selbst einer Therapie zu unterziehen. Brav suchte ich mir einen Therapeuten, das Ganze als eine Art Pflichtübung betrachtend. Denn eigentlich wollte ich anderen Menschen helfen. Mir selbst ging es zu dieser Zeit gut, vielen Dank.

Es stellte sich heraus, dass die Therapie genau das war, was ich brauchte. Sie bot mir eine Chance, meine eigenen Knoten und unguten Muster zu erkennen; es war an der Zeit, in die dunkleren Ecken meiner Seele zu schauen. Durch die Therapie lernte ich, dass meine eigenen seelischen Probleme keinen Hinderungsgrund darstellten, selbst eine gute Therapeutin zu werden.

Je mehr ich an meinen Problemen arbeite, je mehr ich sie zur Kenntnis nehme und mich nicht vor ihnen fürchte, desto nützlicher bin ich als Therapeutin.

Das Thema Mutterschaft

In meinen zehn Jahren als Therapeutin habe ich Hunderten von Müttern gegenübergesessen und mit Tausenden durch meine Arbeit in den sozialen Medien gesprochen. Dabei stellte ich fest, dass unter Müttern eine wahre Epidemie von Schuldgefühlen grassiert, eine Welle von Sorgen über die großen und kleinen Dinge. Wir stehen unter dem kulturellen Druck, es allen in unserem Umfeld recht machen zu müssen, und sorgen uns ständig darum, ob wir »das Richtige« tun.

Wir haben Angst, etwas falsch zu machen, aber wir werden von allen Seiten derart mit Ratschlägen bombardiert, dass wir den Kontakt zu unserem eigenen Gefühl dafür verloren haben, was richtig für uns ist. Wir werden ermuntert, uns ständig mit anderen zu vergleichen, als Maßstab, wie gut es uns geht oder nicht.

Ich würde lügen, wenn ich behaupten würde, dass du als Mutter nach der Lektüre dieses Buches keine Sorgen oder Ängste mehr haben wirst. Nein, die Angst wird sich immer noch regelmäßig melden. Ich hoffe jedoch, dass sie nicht mehr so viel Macht besitzt, dein Leben, deine Entscheidungen und deine Stimmungen zu dominieren.

Wir werden den Lärm ausschalten. Wir werden dir den Fokus zurückgeben. Wir werden die Sorgen ansprechen, die so selbstverständlich zu einem Teil der Mutterschaft geworden sind. Wir werden einige Tabus brechen und dich an den Punkt bringen, an dem du dich gerüstet und geerdet fühlst.

Man kann in letzter Zeit eine größere Offenheit rund um das Thema Mutterschaft beobachten. Ich glaube jedoch nicht, dass wir es dabei belassen sollten. Es geht um so viel mehr als nur darum, über »mütterliche Fehler« zu lachen und unsere »mütterliche Schuld« mit einem Achselzucken abzutun, nach dem Motto: »Das gehört eben dazu, sie ist unvermeidlich.«

Weil sie es nicht sein muss. Es geht um viel mehr.

Und ich habe es mir zur Aufgabe gemacht, das zu erklären.

Wie du am meisten von diesem Buch profitierst

Tagebuch führen

Wenn du dazu bereit bist, findest du am Ende jedes Kapitels ein paar gezielte Fragen, die du in deinem Tagebuch beantworten kannst und durch die der Inhalt des Buches persönlich relevant für dich wird.

Ich gestehe, dass ich nicht gut im Tagebuchführen bin. Ich besitze ein paar alte, eselsohrige Notizbücher, vollgepackt mit gekritzelten Gedanken von vor vielen Jahren, als ich noch den Kopf frei und genügend Zeit hatte, um im Bett zu faulenzen, und es weniger wahrscheinlich war, mit dem Abdruck eines Stifts auf der Hüfte aufzuwachen. Wenn ich mir heute Gedankenskizzen mache, sollten sie kurz und bündig sein.

Gönn dir doch mal ein neues Tagebuch. Egal ob du dir nur schnell einzelne Sätze notierst oder du dich dabei ertappst, wie du einen ganzen Wust von Gedanken aufschreibst: Es gibt keinen richtigen oder falschen Weg. Aber ich würde dir auf jeden Fall raten, dir Notizen zu machen, denn das Aufschreiben hilft dem Gehirn, Emotionen auf eine andere Weise zu regulieren, als wenn man darüber spricht oder nachdenkt.

Wenn du keine Lust hast, ein Tagebuch zu führen, lies dir die Fragen am besten trotzdem durch und denke einen Augenblick lang darüber nach. Vielleicht wirst du überrascht feststellen, dass darauf ein kleiner Durchbruch oder ein Lichtblick folgt.

Aufschreiben hilft dem Gehirn,
Emotionen zu regulieren.

Tipps

Eine ganze Reihe praktischer Tipps, die dir bei der Bewältigung deiner Ängste helfen, folgt im 11. Kapitel. Doch vorher habe ich in jedem Kapitel einen Vorschlag für diejenigen hinzugefügt, die bis dahin schon mal bestimmte hilfreiche Techniken ausprobieren möchten.

Mantras

Ich habe für dich jedem Kapitel ein Mantra vorangestellt. Das sind kleine Sätze, die du für dich wiederholen kannst, wann immer du das Gefühl hast, ein wenig Motivation oder Unterstützung zu brauchen. Ich finde sie wirklich hilfreich, und vielleicht helfen sie auch dir.

1. Kapitel

IST »NORMAL« WIRKLICH DAS, WAS DU DAFÜR HÄLTST?

MANTRA

ICH GEBE MIR DIE ERLAUBNIS, DIE DINGE LANGSAM ANZUGEHEN.

Es spielt keine Rolle, ob »Angst« in deinem Arztbrief steht: Es lohnt sich in jedem Fall, sich damit zu beschäftigen. Möglicherweise hat Angst nur marginale Auswirkungen auf dein Leben oder sie kommt und geht wellenförmig. Vielleicht hast du noch nie gegoogelt: »Kann Schlafentzug eigentlich tödlich sein?«, aber vielleicht ist dir schon mal eine Milchflasche runtergefallen und du hast dich dafür verflucht oder hattest das Gefühl, schon bei der einfachsten Aufgabe als Mutter zu versagen.

Egal ob dieses Buch das Geschenk einer Freundin war oder du es bei einer nächtlichen Internetsuchaktion gekauft hast – ich bin froh, dass du es in den Händen hältst. Ich erkläre dir jetzt mal, wie es funktioniert und warum ich so sicher bin, dass es sich lohnt, sich in diese Seiten zu vertiefen und deine kostbare Zeit in sie zu investieren.

Wir alle haben manchmal Angst

Bei der Recherche für dieses Buch habe ich viele Mütter gefragt, ob sie sich selbst als ängstlich bezeichnen würden oder sich öfter Sorgen machen. Viele verneinten dies, sie seien aber durchaus oft beunruhigt. Als ich ihnen jedoch einige Beispiele für Ängste nannte, stimmte jede einzelne Mutter zu, dass sie so etwas in gewissem Maße kannte, mit unterschiedlichen Auswirkungen auf ihr Leben.

Nicht jeder kann mit dem Wort »Angst« etwas anfangen, aber ich spreche es jetzt einfach mal aus: Wir alle sind manchmal ängstlich!

Es gibt einen Unterschied zwischen Sorgen und Ängsten. Einfach ausgedrückt, werden Sorgen in der Regel durch reale Ereignisse ausgelöst und können bewirken, dass man etwas unternimmt. Wenn man sich Sorgen macht, dass man zu spät kommt, geht man zum Beispiel früher los. Man macht sich Sorgen wegen körperlicher Beschwerden, also vereinbart man einen Termin beim Arzt. Man ist in der Lage, rational über sein Anliegen nachzudenken, und sobald das Ereignis vorüber ist, tritt die Sorge in den Hintergrund. Ängste hingegen sind schwerer zu kontrollieren und beeinträchtigen eher die Lebensqualität. Sie können mit körperlichen Symptomen einhergehen und sind häufig begleitet von Phasen übermäßigen Grübelns. Wer mehr über den Unterschied zwischen Sorgen und Ängsten wissen möchte, wird auf den Seiten 35–36 fündig.

Sorgen können sich zu Ängsten entwickeln. Das geschieht sehr leicht, wenn man nicht auf die Sorgen eingeht und ein müder oder beeinträchtigter Verstand danach strebt, auf einer rationalen Ebene zu bleiben. Zweifellos sorgt man sich von Zeit zu Zeit oder in bestimmten Momenten. Angst ist es wert, betrachtet zu werden, unabhängig davon, wie sehr sie uns beeinträchtigt. Wir profitieren in jedem Fall davon, sie besser zu verstehen und einige einfache Techniken anzuwenden, die helfen, die Angst zu verringern. Wir sollten ihr nicht erlauben, unsere Freude am Leben, an uns selbst und an der Mutterschaft zu beeinträchtigen.

Verändern, was »normal« erscheint

Die meisten von uns sind in der geheimen Welt ihres Kopfes nicht besonders nett zu sich, was das verstärkte Gefühl der Besorgnis nur noch weiter anheizt. Wir haben die Angewohnheit, uns selbst zu schelten wie ein strenger Lehrer. Häufig fällt es uns schwer, die Unterstützung anzunehmen, die andere uns anbieten, und wir fürchten, eine Last zu sein, weil unsere Kultur das »Ich schaffe das«-Supermum-Ideal hochhält.

In ihrer wahren Form ist Angst ein natürlicher menschlicher Zustand, und wir werden uns viele Facetten davon ansehen, die dein Leben beeinflussen – von der Art, wie du mit dir selbst redest, bis hin zu Tipps und Strategien, um sich in solchen Momenten der Erschöpfung zu erden, wenn man glaubt: Ich. Schaffe. Das. Einfach. Nicht. (Aber du schaffst es doch, immer und immer wieder.) Obwohl sich die Angst möglicherweise anfühlt wie dein »Normalzustand«, muss sie das nicht sein.

In diesem Buch kommen zahlreiche Mütter zu Wort, die dir vermitteln werden, dass du nicht allein oder verrückt bist. Egal ob deine Angst unter der Oberfläche deines Lächelns brodelt, sich an dich heranschleicht, wenn du müde bist, oder dich als Geisel hält: Hier findest du Unterstützung.

Nur weil sich die Angst »normal« anfühlt,
muss sie das nicht sein.

Gut investierte Zeit

Mal von Mutter zu Mutter: Ich weiß, dass dies keine Kleinigkeit für dich ist. Es erfordert eine Menge Mut, sich der Angst zu stellen, und auch Energie, von der ich weiß, dass du sie im Moment wahrscheinlich nicht im Überfluss hast.

Aber ich verspreche dir, dass es sich für dich lohnen wird, die Reste von Energie, die du noch besitzt, in dieses Projekt zu investieren. Lies ein paar Zeilen hier und da; schiebe das Buch unter deine Lieblingskuscheldecke auf dem Sofa. Wenn du es durchhast, so hoffe ich, wirst du dich hoffentlich besser in der Lage fühlen, die glücklichen Momente zu genießen und dich für die schwierigeren zu wappnen. In deinem Kopf wird es friedlicher zugehen, und deine inneren Stimmen klingen freundlicher.

Ich bin davon überzeugt, dass du dieses Buch hilfreich finden wirst, ganz gleich, in welcher Form sich deine Ängste präsentieren. Ich werde dich dazu ermutigen, vorsichtig die Gedanken zu hinterfragen, die dein Selbstvertrauen und deine Ressourcen zur Bewältigung schwieriger Situationen beeinträchtigen. Wir werden die Dinge ansprechen, die dich bisher daran gehindert haben, vorwärtszukommen. Ich werde dir helfen, deine Kontrolle neu zu definieren und dir zu ermöglichen, freie Entscheidungen zu treffen und sie aus den gewohnten Fesseln zu befreien, sodass du beginnen kannst, in deiner Rolle als Mutter aufzublühen.

Hetz dich nicht

Wenn ich dich um eines bitte, dann darum, dass du beim Lesen dieses Buches gut zu dir selbst bist. Es ist ein mutiger Schritt, sich mit seinen Gedanken auseinanderzusetzen, vor allem wenn man unter Schlafentzug leidet und die größte Lebensveränderung durchgemacht hat, die eine Frau erleben kann.

Ich muss zugeben, dass ich von Natur aus zu einer »Alles-oder-nichts«-Einstellung neige. Ich tendiere dazu, jedes Projekt 110-prozentig anzugehen, nach 60 Prozent des Weges den Faden zu verlieren und die Sachen verstauben zu lassen. So habe ich etwa eine ganze Sammlung von Häkelbüchern im Regal stehen, ohne je über einen schiefen Topflappen hinausgekommen zu sein. Ich sollte die Bücher wohl besser in den Wohltätigkeitsladen bringen.

Mit dieser Einstellung habe ich oft zu kämpfen, denn langsam, aber stetig kommt man viel sicherer ans Ziel. Glaube also nicht, dass du dieses Buch verschlingen, jede Frage beantworten und dir Unmengen von Notizen machen musst. Im Gegenteil: Verschlinge es nicht, sondern erlaube dir, es ruhig anzugehen. Nimm dir die Zeit, die du brauchst.

Du kannst gar nichts falsch machen! Mach dir mitten im Kapitel ein Eselsohr in die Seite oder klappe das Buch einfach mitten im Satz zu – hab Geduld mit dir! Immer mit der Ruhe.

Wenn man sich mit Ängsten auseinandersetzt, ist Eile fehl am Platz.

Zusätzliche Unterstützung

Die Ratschläge und Techniken, die dieses Buch anbietet, sind nicht dazu gedacht, ärztlichen Rat oder den von medizinischem Fachpersonal zu ersetzen oder mit diesem in Konflikt zu geraten.

Wenn du beim Lesen feststellst, dass bestimmte Erfahrungen, die du gemacht hast, einige deiner negativen Gedanken triggern, oder du erkennst, dass manche deiner Denkmuster in einem bestimmten Ereignis wurzeln, empfehle ich dir, eine Therapie in Erwägung zu ziehen.

Hilfreich bei der Suche nach der richtigen Art der Therapie und der passenden Person ist die Website www.therapie.de. Andernfalls kannst du vielleicht bei deinem Hausarzt Rat einholen. Wenn du mit einer Therapeutin oder einer Freundin sprichst, könnte es nützlich sein, deine Notizen mitzunehmen. Falls du zusätzliche Unterstützung oder Beratung brauchst, solltest du sie dir holen.

Weiter hinten im Buch gehe ich auf das Thema Schwäche zeigen ein und wie wichtig dies für die psychische Gesundheit ist, aber falls du Ermutigung brauchst, kannst du jederzeit zum 11. Kapitel vorblättern.

Deine Erwartungen an das Buch

Die Beschäftigung mit unserer Gedankenwelt kann durchaus zeitraubend und anstrengend sein, da wir täglich mit Abertausenden von Gedanken konfrontiert werden.

Die Auseinandersetzung mit negativen Denkmustern ist jedoch eine wirklich lohnende Investition, denn es passiert nur zu leicht, dass sie unser Denken beherrschen, die Freude aus Situationen heraussaugen, Unbehagen erzeugen und sich in unsere Träume einschleichen. Besonders viel Kraft kostet es, sich täglich mit solchen Mustern herumzuschlagen, während du dir ein Leben als Mutter eines Babys aufbaust.

Du bist ohnehin bereits stärker, als du denkst, unabhängig davon, was du glaubst. Du hast die Kraft aufgebracht, es bis hierher zu schaffen, trotz deiner inneren Aufgewühltheit, und deshalb wirst du mit der richtigen Unterstützung auch die Kraft haben, Techniken anzuwenden, die dir helfen werden.

Ich schreibe hier nicht nur als Psychotherapeutin, sondern auch als Mutter, die gerade frisch und munter (Ha! Wem versuche ich hier, etwas vorzumachen? Ich bin leicht angeschlagen, aber guten Mutes) ihre dritte postpartale Phase hinter sich lässt. Die Worte, die ich mit dir teilen werde, entstammen gleichermaßen meiner jahrelangen Psychotherapieausbildung und meiner therapeutischen Arbeit mit Müttern. Am wichtigsten ist jedoch, dass diese Konzepte, Techniken und Erkenntnisse unleugbar mein Leben und mein tägliches Wohlbefinden positiv beeinflusst haben. Ich hatte schon Ängste, bevor ich Mutter wurde, aber die Mutterschaft hat sie auf ein ganz neues Level gehoben.

Die Auseinandersetzung mit der Art, wie wir denken, ist kein linearer Prozess, und manchmal hast du möglicherweise das Gefühl, zwei Schritte vor und einen zurück zu machen oder dich überhaupt nicht zu bewegen. Doch vergiss nicht, dass du höchstwahrscheinlich müde bist und mit der Mutterschaft jonglierst, sodass deine Fähigkeit, jeden kniffligen Gedanken, der dir durch den Kopf geht, zu rationalisieren, vermutlich eingeschränkt sein wird. Da ist besondere Selbstfürsorge gefragt.

Es ist ganz natürlich, dass du das Gefühl hast, eine Art mentalen Salsa zu tanzen, bei dem du dich auf Zehenspitzen vorwärts und rückwärts bewegst. Viele angstbesetzte Verhaltensweisen und Gedankenmuster haben einen tief verwurzelten, gewohnheitsmäßigen Aspekt. (Ich verwende das Wort »gewohnheitsmäßig«, um Verhaltensweisen und Denkmuster zu beschreiben, die, nun ja, zur Gewohnheit geworden sind. Sie fühlen sich oft ziemlich repetitiv und ein bisschen reflexhaft an.)

Das klingt sicher nach viel Arbeit, oder? Aber ich versichere dir, dass dies im Moment die beste Investition deiner Restenergie ist. Es geht um dich und darum, dir die Möglichkeit zu verschaffen, dein Leben als Mutter so weit wie möglich zu genießen.

Vielleicht ersetzt du einen Moment des gedankenlosen Scrollens durch das Lesen dieses Buches. Du würdest dich wundern, wie viel geistige Energie du verbrauchst, wenn du tolle Fotos überfliegst, die oft an der etwas verletzlichen Stelle stochern, an der du dich als nicht »gut genug« empfindest. Damit nutzt du diese zehn Minuten wesentlich sinnvoller, und es wird dir helfen, zu erkennen, in welchem Maße du »gut genug« bist.

Geh diesen Weg nicht alleine

Überlege dir während des Lesens, mit wem du gerne reden würdest, falls bestimmte Themen auftauchen, die eine weitere Diskussion erfordern könnten. Das könnte dein Partner sein oder eine Freundin aus dem Geburtsvorbereitungskurs, eine Therapeutin oder eine Verwandte, aber rede auf jeden Fall mit einer Person, die dich gut kennt, die dich in der Vergangenheit unterstützt und sich dir gegenüber freundlich und mitfühlend verhalten hat. Ich finde, du brauchst mindestens eine Person, die für dich da ist, wenn du über irgendein Thema eingehender reden möchtest.

Ein Buch für dich

Vielleicht sind dir Ängste schon seit Jahren vertraute Begleiter, vielleicht haben sie dich aber auch erst überfallen, als du den blauen Strich auf dem Teströhrchen gesehen oder den ersten Schrei im Kreißsaal gehört hast.

Doch was auch immer dazu geführt hat, dass du dieses Buch zur Hand genommen hast: Ich habe es für dich geschrieben.

Ich freue mich, dass du da bist.

Top-Tipp

Gönn dir ein neues Tagebuch. Kritzle, zeichne, schreibe – einzelne Wörter oder ganze Aufsätze. Mach es dir zu eigen.

Für dein Tagebuch

- Wie ist es für dich, dieses Tagebuch zu beginnen? Was versprichst du dir davon?
- Glaubst du, dass wir alle unsere Ängste haben?
- Beziehen sich deine Ängste auf konkrete Themen? Hast du bestimmte Befürchtungen oder kreisen diese um bestimmte Punkte?
- Wenn du mit jemandem über irgendetwas aus diesem Buch reden wolltest, wer könnte das sein?

2. Kapitel

VON SUPERCOOL BIS NERVENBÜNDEL

MANTRA

ICH BIN NICHT MEINE GEDANKEN.

Es scheint gesellschaftlich akzeptabel geworden zu sein, dass wir unser Leben damit verbringen, zwischen Sorgen und Ängsten hin- und herzuschwanken. Als Mütter neigen wir dazu, alles, was uns dabei helfen könnte, entspannter und geerdeter zu werden, schnell von uns zu weisen. Es kostet einfach mehr Zeit und Mühe, sich auf eine Atemübung zu konzentrieren, eine Freundin anzurufen oder spazieren zu gehen, als in alte Grübelmuster zu verfallen. Gewohnheiten sind deshalb so schwer auszurotten, weil es so viel einfacher ist, sich ihnen hinzugeben, egal wie wenig hilfreich sie sind.

Und weil die Gewohnheit, sich übermäßig zu sorgen, längst gesellschaftlich anerkannt ist, vergessen wir, dass wir etwas tun können, um sie zu ändern und damit unsere Lage zu verbessern. Angst ist die Diebin, die uns kostbaren Freiraum im Kopf stiehlt und unsere Ruhe und Freude am Muttersein beeinträchtigt. Um das ändern zu können, müssen wir der Angst zunächst einmal auf den Grund gehen. Und genau das werden wir jetzt tun.

> Es ist gesellschaftlich akzeptabel geworden, ein Leben lang zwischen Sorge und Angst hin- und hergerissen zu werden.

Emotionale Zustände

Ich stelle mir vor, dass die Angst auf einer Linie inmitten anderer emotionaler Zustände sitzt. Ich habe sie aufgezeichnet, damit wir sie etwas genauer untersuchen können.

selbstvergessen gelassen beunruhigt besorgt ängstlich panisch erstarrt

Stell dir vor, du bist eine bunte Murmel auf dieser Linie, die ständig darauf hin- und herrollt. Manchmal bleibst du für eine Weile an einer Stelle liegen, aber nie längere Zeit – dein Körper und dein Geist können einfach keinen einzigen dieser Zustände dauerhaft aufrechterhalten.

Wir treffen uns alle hier, weil wir im Allgemeinen mehr Zeit am rechten Ende der Skala verbringen, aber lasst euch nicht zu der Illusion verleiten, dass am anderen Ende alles in Ordnung wäre. Egal an welchem Ende man sich befindet: Es hat Auswirkungen.

Beide Seiten haben ihre positiven und negativen Seiten. Der geistig und körperlich gesündeste Ort, an dem wir den größten Teil unserer Zeit verbringen sollten, liegt irgendwo in der Mitte, und darauf arbeiten wir hin.

Selbstvergessen

An einem Ende der Skala liegt die Selbstvergessenheit. Damit ist ein Zustand gemeint, in dem man so sehr in etwas versunken ist, dass einem jegliches Bewusstsein für Risiken fehlt. Man ist sich der Auswirkungen seiner Handlungen und der Gefahren um einen herum nicht mehr bewusst. Stell dir vor, du bist so vertieft in ein Gemälde oder ein Musikstück, dass du nicht einmal hörst, wie jemand deinen Namen ruft. Es ist, als wärst du in dem, was du tust, aufgegangen. Bleibst du allerdings für längere Zeit in diesem unbewussten Zustand, macht dich das sehr verletzlich. Es gleicht einem Rausch wie durch Alkohol oder Drogen, was dazu führen kann, dass man rücksichtslos und gefährlich handelt, da Risiken und Auswirkungen nicht bedacht werden. Dein Denken und Handeln ist alles andere als rational.

Wenn ich male, ist es, als würde die Welt total und vollständig ausgeblendet. Ich merke nicht einmal, wenn ich Hunger habe oder wenn jemand nach mir ruft. Es ist, als wären alle meine Sinne völlig mit dem beschäftigt, was ich tue. Es ist erstaunlich, aber es fühlt sich an wie eine harte Landung zurück auf der Erde, wenn ich aus diesem Zustand erwache. CHEN

Gelassen

Die Rationalität ist zurückgekehrt. Man ist tiefenentspannt, sich aber durchaus bewusst, wo man ist und was um einen herum geschieht. Zugleich fühlt man sich wie abgekoppelt davon. Es ähnelt dem Gefühl wie in einem Traumurlaub. Man ist sich der Verantwortung und den Zwängen der verschiedenen Elemente seines Lebens bewusst, aber sie scheinen unabhängig von einem weiterzulaufen. Du machst dir keine Gedanken darüber, ob die Nachbarn die Katze gefüttert haben oder was während deiner Abwesenheit alles an Post gekommen ist.

Könnte man in diesem gechillten Zustand verharren, verspräche das pure Glückseligkeit, als läge man für immer in einem warmen Schaumbad. Aber realistisch betrachtet kühlt das Wasser irgendwann ab und die Haut wird runzlig. Dann klingelt das Telefon. Deine Zeit in der Wanne muss enden, und das weißt du. Das wahre Leben ruft dich; du wirst gebraucht. Aber du genießt deine Gelassenheit, solange sie andauert.

Entspannt zu sein erdet, aber es erfordert durchaus Übung und Anstrengung, um diesen Zustand zu erreichen und ihn beizubehalten. Du erlaubst Gedanken an die Vergangenheit und an die Zukunft aufzusteigen, hältst aber nicht an ihnen fest. Sie gleiten durch deine Hände wie Sand, und du erkennst, dass sich das einzig wahre Leben, das es zu leben gilt, hier und jetzt abspielt. Da, wo du bist.

Das letzte Mal, dass ich mich wirklich entspannt fühlte, war am Sonntag. Ich hatte mit meiner Familie zu Mittag gegessen; wir waren alle faul, satt und zufrieden. Ich machte mir keine Gedanken darüber, dass ich am Montag wieder arbeiten musste oder welche E-Mails sich angesammelt hatten. Es war ein schönes Gefühl. PIPPA

Beunruhigt

Du bist dir über ein Problem im Klaren, aber nicht übermäßig emotional daran beteiligt. Du bist in der Lage, darüber nachzudenken, wenn du es musst oder willst, und es löst keine starke emotionale oder körperliche Reaktion aus. Du denkst rational und bist dir des Risikos bewusst, hast aber keine Angst davor.

Beunruhigung ist in der Regel auf reale Umstände zurückzuführen. Es ist ein vorübergehender Zustand, der kommt und geht, so wie die Umstände eintreten und vergehen. Sie kann sogar ziemlich motivierend sein und führt oft dazu, dass Probleme gelöst und Maßnahmen ergriffen werden. Möglicherweise beunruhigt dich der Gedanke, es nicht pünktlich zu einem Termin zu schaffen, aber du kanalisierst diese Beunruhigung, indem du dich organisierst und deine Zeit besser einteilst. Wenn du den Termin dann eingehalten hast, lässt die Unruhe nach.

Stell dir vor, jemand erzählt dir eine traurige Geschichte; irgendetwas, was dem Freund eines Freundes zugestoßen ist, den du nicht kennst. Du fühlst dich betroffen, aber du versetzt dich nicht sofort in die Situation hinein und stellst dir vor, so etwas wäre dir oder einem deiner Lieben passiert. Du fühlst dich ein wenig distanziert davon. Es ist traurig, aber es passiert nicht dir, vielleicht sogar niemals.

Die Oma meiner Freundin hat Krebs. Verstehen Sie mich nicht falsch, ich habe Mitgefühl mit ihrer Familie und ich habe ein offenes Ohr für sie, wenn sie mit mir darüber reden will. Es ist traurig für sie und ich sorge mich um meine Freundin. Doch wenn ich ganz ehrlich bin, belastet es mich nicht so sehr, weil die Oma alt ist und es irgendwie der natürliche Lauf des Lebens zu sein scheint. ANONYM

Besorgt

Du bist aufgewühlt. Dir geht etwas nicht mehr aus dem Kopf, ständig kreisen deine Gedanken um dieses eine Thema. Allmählich lässt die Rationalität nach, je nachdem, wie lange du dich damit beschäftigst. Du fühlst dich emotional mehr an der Situation beteiligt, als wenn du nur beunruhigt wärst, und das Problem nimmt mehr Raum in deinem Kopf ein.

Dein Kind hat Fieber, und obwohl dir auf einer rationalen Ebene bewusst ist, dass es sich wahrscheinlich um einen banalen Virus handelt, hast du kürzlich einen Artikel über Sepsis gelesen und die Liste der Symptome taucht immer wieder vor deinem geistigen Auge auf. Du schwankst zwischen dem Glauben daran, dass alles gut werden wird, und der Angst, dass etwas Schlimmes bevorsteht. Du bist jedoch in der Lage, planvoll zu handeln. Du misst Fieber und gibst dem Kind Paracetamol. Wenn das Fieber bis zu einem bestimmten Zeitpunkt nicht gesunken ist, wirst du Rat suchen. Du bist geistig und emotional beansprucht, aber deine Murmel kullert zwischen Sorge und Angst hin und her, je nachdem, wie geerdet du dich im jeweiligen Moment fühlst.

Ich neige mental zu den üblichen guten alten Sorgen, wobei mir das aber nicht immer besonders zu schaffen macht. Ich beruhige mich gern mit Statistiken oder sage mir, dass das, worüber ich mir Sorgen mache, höchstwahrscheinlich wieder gut werden wird. Es sei denn, die Sorge schaltet sich nachts ein und ich kann nicht aufhören, über das jeweilige Thema nachzudenken. Dann kann ich nicht schlafen, weil sich meine Sorgen verschlimmern und mich innerlich aufwühlen. DOMINIQUE

Ängstlich

Die kleine Sorge ist zu einem immer lauteren Sturm in deinem Kopf angeschwollen. Je mehr du darüber nachgrübelst, desto mehr steigt deine Herzfrequenz an und desto weniger bist du in der Lage, rational zu denken. Du fühlst dich ruhelos, weil diese Gedanken deinem Körper signalisieren, dass eine Bedrohung besteht.

Deine Gedanken sind intensiver und auf das Problem oder die Situation fixiert. Wenn du sie analysierst, wirst du wahrscheinlich feststellen, dass sie angstbasiert sind. Es fällt dir schwer, diese Art von Denken in Schach zu halten, da es sich in deinem Kopf und vielleicht auch in deinen Träumen einnistet.

Angst beinhaltet mehr mentale Bilder als Sorge. Es ist, als würdest du dir schlimme Dinge ausmalen, die passieren könnten. Wenn du sie immer wieder durchspielst, kann das zu emotionalem Stress führen. Die Angst raubt dir die Fähigkeit, Freude zu empfinden, und beansprucht immer mehr Platz im Kopf. Eventuell verfällst du in bestimmte Verhaltensweisen in dem Versuch, ein Gefühl der Sicherheit wiederzuerlangen.

Du beschwörst die Stimme der Vernunft herauf, um dich zu beruhigen; vielleicht rufst du auch eine Freundin an oder machst eine Atemübung, um dich körperlich und seelisch zu beruhigen. Wenn du diese Maßnahmen rechtzeitig ergreifst, bevor der Sturm richtig zu wüten beginnt, fällt dir das wahrscheinlich leichter. Aber wenn die Angst zunimmt und mehr und mehr in Richtung Panik tendiert, wird es schwieriger, sich zu erden.

Manchmal kommt mir ein Gedanke, und dann geht er einfach nicht mehr weg. Allmählich stresst er mich, aber ich kann nicht aufhören, darüber nachzugrübeln. Ein solcher Gedanke basiert typischerweise darauf, dass etwas Schlimmes passieren könnte, und je mehr ich mich damit beschäftige, desto überzeugter bin ich davon und desto schwieriger ist es, mir zu sagen, dass alles gut werden wird. Meine Brust fühlt sich dann immer schwerer und schwerer an, wenn Sie wissen, was ich meine. ANONYM

Panisch

Wenn du in Panik verfällst, hast du möglicherweise das Gefühl, als wärst du in eine Spirale geraten. Der rationale Verstand ist nur noch ein weit entferntes, verschwommenes Echo. Man fühlt sich wie in einer kaputten Achterbahn, die einfach nicht anhält. Du willst aussteigen, aber der Fahrdienstleiter hört nicht auf dich. Es ist ein intensives und beängstigendes Gefühl.

Dein Nervensystem treibt deinen Körper an, um den Auslöser zu bekämpfen oder ihm zu entkommen und ein Gefühl der Sicherheit zurückzuerlangen. Dein Körper steht unter Stress und du spürst zunehmend körperliche Symptome wie schnelle Herz- und Atemfrequenz. Es kann zu einer Panikattacke kommen, wenn du es nicht schaffst, einen Weg zu finden, um deine Atmung zu beruhigen und deinen Verstand wieder in die Gegenwart zurückzuholen.

Deine Entscheidungen triffst du gefühlsmäßig. Deine Handlungen und Reaktionen sind darauf ausgerichtet, dich zu schützen. Möglicherweise fliehst du so schnell wie möglich aus der Situation, ohne weiter über die sozialen oder körperlichen Folgen nachzudenken.

Panik ist ein Zustand erhöhter physischer Erregung, den dein Körper nicht lange aufrechterhalten kann. Alles läuft auf Hochtouren, um dein Leben zu schützen, aber das kostet unheimlich viel Energie, weshalb sich Menschen nach einer Panik sowohl körperlich als auch emotional erschöpft fühlen.

Einmal, als ich gerade dabei war, Nudeln zu kochen, sah ich plötzlich eine riesige Motte. Ich geriet in Panik. Ich musste raus. Ich knallte die Haustür zu und ging zu meinen Nachbarn, um sie zu bitten, das Tier einzufangen. Aber ich hatte mich ausgesperrt und musste einen Schlüsseldienst anrufen. Das Wasser im Topf war verkocht. Ich hätte das ganze Haus in Brand stecken können, aber ich konnte buchstäblich nicht mehr klar denken. Alles, was ich im Kopf hatte, war, so schnell wie möglich zu flüchten. CORINNE

Erstarrt

Wir sind alle mit dem Konzept »Kampf oder Flucht« vertraut, aber über den Zustand der Angststarre ist nur wenig bekannt. Es handelt sich dabei um eine seltene und oft lebensrettende Reaktion auf eine Gefahren- oder Stresssituation. Das Nervensystem ist überlastet, sodass die üblichen Bewältigungsmechanismen und Reaktionen umgangen werden. Verstand und Körper schalten sich ab, um sich von dem Trauma der Situation zu distanzieren. Es handelt sich nicht um einen bewussten oder rationalen Prozess, sondern um einen rein körperlichen Mechanismus.

Im Bruchteil einer Sekunde kommt der Verstand zu dem Schluss, dass er weder in der Lage sein wird, die Bedrohung zu bekämpfen, noch, vor ihr zu fliehen. Daher ist es der beste und sicherste Zustand, komplett abzuschalten. Der Körper wird mit natürlichem Schmerzmittel geflutet, um jeglichen physischen Schmerz zu betäuben. Schau dir mal an, wie sich manche Tiere totstellen, wenn sie einem direkten Angriff ausgesetzt sind. Dies tun sie nicht aufgrund einer intelligenten Entscheidung, sondern sie haben die blitzschnelle, unbewusste Feststellung gemacht, dass sie weder den Kampf noch die Flucht überleben werden. Manchmal rettet dies ihr Leben, da das »Abschalten« sehr überzeugend wirken kann.

Die Geburt meines Kindes war wirklich sehr schwer, da ein Problem mit der Nabelschnur auftrat. Zu einem großen Teil kann ich mich nicht an die Vorgänge während der Geburt erinnern. Mein Mann hat erzählt, man hätte mich plötzlich in aller Eile in den OP gebracht, und es sei beängstigend gewesen, aber alles, woran ich mich erinnere, ist, dass die Hebamme einen Knopf drückte und ich plötzlich die Schritte vieler Menschen im Flur hörte. Dann erinnere ich mich an nichts mehr, obwohl mein Mann schwört, dass ich wach war. Seitdem habe ich einige Therapien hinter mir, und mein Therapeut sagt, dass mein Verstand alles verdrängt, um die Auswirkungen des Traumas auf meine Psyche zu verringern. TIA

Wo befinde ich mich auf dieser Linie?

Wir bewegen uns ständig entlang dieser Linie. Manchmal verharren wir vielleicht eine Weile lang mehr an einem Ende, dann wieder kullern wir in der Mitte herum. Es ist sinnvoll, zu überlegen, wo man die meiste Zeit verbringt und wie schnell man von einer Position zur anderen hüpfen kann.

Wenn du das nächste Mal stark von einem bestimmten Gefühl ergriffen wirst, beobachte mal, wohin du dich auf der Linie bewegt hast und was diese Verschiebung ausgelöst haben könnte. Identifiziere die Gefühle, die damit einhergehen, sowohl körperlich als auch emotional, und schau auch, was sie mit deinem Energielevel anstellen. Diese bewussten Überlegungen können dir wirklich helfen, etwas über dich zu lernen und darüber, was dich dazu bringt, dich auf der Linie nach links oder rechts schubsen oder katapultieren zu lassen.

Ich bin immer ein bisschen besorgt. Gehört das nicht einfach zum Muttersein dazu? Stand doch alles im Kleingedruckten. ESTHER

Das weiße Rauschen wahrnehmen

Möglicherweise wurde bei dir eine »generalisierte Angststörung« oder etwas Ähnliches festgestellt oder du bist selbst auf diese Diagnose gekommen, nachdem du in Büchern oder im Internet über Angstzustände gelesen hast. Dann kennst du vielleicht die diffuse, unspezifische Angst, die wie weißes Rauschen im Hintergrund brodelt und Teil des Soundtracks deines Lebens geworden ist.

Manchmal wird mir bewusst, wie normal Angst für mich geworden ist. Sie ist quasi ein Teil von mir, und ich muss mich anstrengen, um mich an Zeiten zu erinnern, in denen ich mich entspannter gefühlt habe, damit mir bewusst wird, dass es mir besser gehen kann, und um mich zu ermutigen, mich mit der Angst auseinanderzusetzen. ANONYM

Ich nutze weißes Rauschen oft, damit Florence weiterschläft, wenn ich mit ihr unterwegs bin. Ich habe ein Gerät, das in ihrem Buggy Geräusche abspielt. Manchmal vergesse ich, dass es da ist. Schon oft bin ich in ein Geschäft gegangen und die Leute sind stehen geblieben und haben sich umgesehen. Hat jemand einen Wasserhahn laufen lassen? Ist irgendwo ein Gasleck? Ich sehe ihre verwirrten Gesichter und kläre sie auf.

Das Geräusch, das meine Ohren ausgeblendet haben, ist für sie so laut. Manchmal vergesse ich, Florence' weißes Rauschen auszuschalten, weil es Teil des Umgebungslärms geworden ist. Manchmal ist sie längst wach, bevor ich merke, dass das Gerät immer noch unnötig auf Hochtouren läuft. Ich schalte es aus. Wow – diese Stille, die folgt, wo vorher ein Dröhnen war!

Wir gewöhnen uns so sehr an unsere eigenen Gedankengänge und Ängste, dass wir sie irgendwann als »Teil unseres Wesens« akzeptieren oder meinen: »So denke ich eben.« Dann vergessen wir, wie laut und einflussreich sie sind. Wir werden beinahe immun gegen die Auswirkungen, die sie auf unsere Gefühle und unseren Verstand haben.

Wir vergessen, wie es sich früher angefühlt hat, als wir noch innerlich ruhiger waren, weniger verspannte Schultern hatten und leichten Fußes einherschlendern konnten. Als wir uns noch konzentrieren konnten, weil wir nicht so zerstreut und ständig besorgt waren.

Fühlt sich noch jemand außer mir ein wenig selbstgefällig, wenn einem eine außenstehende Person vollkommen verspannte Schultern attestiert? Keine Ahnung, warum ein Teil von mir Verspannungen wie einen Orden trägt. Ich kämpfe oft mit dem Teil meines Verstandes, der mir sagt, dass ich offenbar nicht genug tue, wenn ich mich nicht hetze. Wenn ich mich nicht sorge, bin ich nicht liebevoll genug. Wenn ich nicht angespannt bin, trage ich nicht genug Gewicht – geistig, emotional, körperlich. Wenn ich nicht voll ausgelastet bin, sollte ich mehr machen. Wie unfreundlich, solchen Druck auf uns auszuüben! Kein Wunder, dass wir Angst haben. Es ist, als rage ein Mini-Ich über mir auf, schwinge einen Taktstock und riefe: »Mehr! Mehr!«

Wir gewöhnen uns daran, Angst zu haben. Das gehört zum Leben dazu, oder? Während ich vor ein paar Jahren noch zugestimmt, geseufzt und mit ansatzweisem Lächeln die Augen verdreht hätte, macht es mich inzwischen traurig, denn ich glaube, dass es für uns keineswegs so sein muss. Im Gegenteil: Ich bin der festen Überzeugung, dass Angst nicht ständig als Hintergrundrauschen anwesend sein muss. Angst braucht kein so dominanter Faktor bei den Entscheidungen zu sein, die wir für unsere Kinder und uns selbst treffen. Sie muss nicht das weiße Rauschen sein, an das wir uns gewöhnen.

Als ich anfing, mit meiner Therapeutin über meine Angst zu sprechen, wurde mir plötzlich klar, in welchem Maß sie mein Leben und meine Stimmung beeinflusst hatte. TAMSIN

Es ist in vielerlei Hinsicht begrüßenswert, dass uns die sozialen Medien ermöglichen, offen über manche unserer Gefühle und Gedanken als Mütter zu sprechen und über die Schuldgefühle von Müttern und die gängigen Ängste zu lachen. Wir fühlen uns dadurch weniger allein, aber ist das genug? Erkennen wir, dass wir dieses lästige weiße Rauschen unbedingt leiser stellen müssen? Das ist durchaus möglich. Ich habe es getan. Ich tue es. Und du kannst es auch. Ich weiß jetzt nämlich, wo die Regler sind.

Angst muss kein Hintergrundrauschen sein.

Angstzuständen auf den Grund gehen

Du weißt, wie sich Angst anfühlt. Dann wollen wir jetzt mal das Was und das Warum, das Wie und das Wann betrachten.

Die Fragen nach dem Was und Warum zu beantworten, kann dir entscheidend dabei helfen, die Kontrolle über die Angst zurückzugewinnen. Ich habe einen Geburtsvorbereitungskurs besucht, hauptsächlich, um Freundinnen zu finden. Ich weiß noch, wie ich die werdenden Mütter um mich herum eingehend betrachtete und wie sie auf der Schwelle zu dieser großen Lebensveränderung zu balancieren schienen. Es war gut. Aus Fremden wurden schnell Freundinnen. Und aus Freundinnen wurden Verbündete, während wir durch das erste Jahr der Mutterschaft navigierten wie betrunkene Matrosen auf einem schwankenden Schiff. Neben den Babypuppen, Wickeltechniken, Atemübungen und Geburtspositionen war das Hilfreichste für mich das Wissen darüber, was mit dem Körper während der Wehen passiert.

Wir wurden über die Wirkungsweise der Hormone aufgeklärt, die im Spiel sind, was sie auslösen und wie sie funktionieren. Wir wurden über das Zusammenspiel von Adrenalin, Noradrenalin, Oxytocin und Endorphinen unterrichtet. Das war wertvoll, denn als die Wehen kamen, hatte ich, obwohl sie unbekannt und neu waren, eine Vorstellung von dem Prozess, den ich durchlief. Das machte die ganze Sache weniger beängstigend, weniger unvorhersehbar. Ich wusste, dass es eine Art natürliche Ordnung gab für das, was passierte.

In Momenten der Klarheit erinnerte ich mich daran, wie die Atemtechniken physiologisch das Stresshormon Cortisol reduzieren und Platz für Oxytocin schaffen, das den Fortschritt der Wehen unterstützt. Das Wissen bedeutete, dass ich mich dem Prozess der Wehen gegenüber nicht völlig ausgeliefert fühlte, sondern mich aktiv beteiligen konnte. Ich konnte mich nützlich machen.

Dies ist ein Beispiel dafür, wie Wissen bei übermäßigen Sorgen und Ängsten helfen kann. Wissen, dass es nicht so sein muss. Wissen, dass es sich nicht so anfühlen muss, als wärst du ein Opfer deiner Gedanken. Die Angst muss nicht am Ruder deines Schiffes auf stürmischer See stehen. Du hältst das Steuer in den Händen!

Angst ist wie die Wellen. Sie kommen und gehen, Ebbe und Flut, aber du hast die Kontrolle über die Segel, den Kurs, die Art und Weise, wie das Schiff durch das Chaos manövriert.

Also, eignen wir uns ein bisschen Wissen an! Ich verspreche, es wird keine komplizierte wissenschaftliche Lektion. Aber hilfreich. Ich werde dir helfen zu erkennen, dass du mehr Kontrolle über den mentalen und physischen Aspekt der Angst ausüben kannst, als du glaubst.

Angst ist nicht nur schlecht

Obwohl Angst einen schlechten Ruf hat, kann sie in ihrer schwächeren Form eine gute Sache sein. Wir betrachten die Angst oft wie eine Art medizinischer Diagnose, die in ärztliche Unterlagen eingetragen wird. Auch dient sie uns gern als Etikett, um etwas Negatives zu beschreiben, das in Ordnung gebracht, vorsichtig vermieden oder mit Verständnis betrachtet werden muss. Ich weiß noch, dass mir als junges Mädchen gesagt wurde, eine Freundin unserer Familie sei »ängstlich«. Sofort hatte ich das Bild eines zerbrechlichen Glases vor Augen, das zu zerspringen drohte, gepaart mit der Überzeugung, dass wir behutsam mit ihr umgehen sollten.

Infolge all dessen konzentrieren wir uns oft auf die schlimmsten Seiten der Angst. Wir geben ihr nur dann Sendezeit, wenn sie sich überwältigend anfühlt oder man sie satthat und sie angesprochen werden muss. Aber die Angst dient auch als Schutzmechanismus und Energie spendende Lebenskraft. Ohne sie würde man keinen Gedanken an Sicherheit verschwenden, weil man nicht mit Risiken oder Gefahren rechnen würde.

Das Wort »Angst« ruft negative Gefühle in mir hervor. FRAN

Ohne Angst würde man nicht den anregenden Adrenalinstoß erleben, der einen durchfährt, bevor man eine neue Aufgabe oder Herausforderung in Angriff nimmt, oder den Rausch der Aufregung, wenn man damit rechnet, dass etwas Großartiges passiert.

Angst ist ein eingebautes Warnsystem unseres Körpers. Es ist ein rotes Lämpchen, das uns sagt: Hier stimmt etwas nicht!, sodass unsere Aufmerksamkeit auf das Problem gelenkt wird und wir es beheben können. Neulich sind wir über die Mumbles Promenade in Wales geschlendert. Die Jungs sind zum Geländer der Strandpromenade gelaufen, und Charlie hat sich darübergelehnt. Die Lücken zwischen den Streben waren sehr breit, mehr als breit genug, um hindurchfallen zu können, falls er sich zu weit hinauslehnte. Als ich das sah, überkam mich sofort große Angst. Ein Energieschub durchfuhr meinen Körper, und ich stellte mir vor, wie er ins Meer stürzte, während er auf eine Möwe zeigte.

Getrieben von dieser Energie rannte ich los und zog die beiden sanft vom Geländer weg. Ich sagte ihnen, dass sie von dort aus genauso gut hinausschauen und auf alles zeigen könnten. Mein Gehirn identifizierte die Situation als ein Risiko, das mich zum Handeln aufforderte, und verpasste mir eine Adrenalinspritze, damit ich reagieren konnte.

Der Körper verarbeitet Angst und Aufregung auf die gleiche Art und Weise, weshalb dir vielleicht schon aufgefallen ist, dass sich beide körperlich ähnlich bemerkbar machen. Ob wir ein Gefühl als positiv oder negativ wahrnehmen, liegt daran, wie unser Gehirn die Situation interpretiert, die unsere Angstreaktion auslöst.

Ängste können in manchen Fällen lebensrettend, in anderen lebenseinschränkend sein.

Der Höhlenmensch

Es klingt vielleicht merkwürdig, aber stell dir mal einen Höhlenmenschen vor. Einen großen, stämmigen, haarigen Kerl mit der Art von Muskeln, die man nicht im Fitnessstudio aufpumpen kann. Er ist so gebaut, weil er sein Leben mit Sammeln, Jagen, Tragen, Klettern und Laufen verbringt. Er kehrt zurück in seine Höhle und wirft seine Jagdbeute zu Boden. Ein großes Feuer brennt, und die Flammen lecken hungrig an dem brodelnden Kochtopf über ihnen. Plötzlich dringt das bedrohliche Brüllen eines Bären in die Höhle und hallt von den Wänden wider.

Innerhalb von Millisekunden haben die Sinne des Höhlenmenschen blitzschnelle Signale an das Amygdalaareal in seinem Gehirn gesendet, das für die Verarbeitung und Reaktion auf Emotionen zuständig ist. Ein plötzlicher elektrischer Aktivitätssturm analysiert das Gebrüll und interpretiert es als Bedrohung für seine Familie, sein Leben und seine Sicherheit. Diese Information signalisiert dem Hypothalamus im Gehirn, dass sein Körper sofort darauf vorbereitet werden muss, entweder gegen den Bären zu kämpfen oder die Familie rasch zu versammeln und gemeinsam mit ihr um ihr Leben zu rennen.

Ob er sich nun für den Kampf oder die Flucht entscheidet: Beide Aktionen erfordern eine immense Anstrengung des Nervensystems. Das Nervensystem gleicht einer elektrischen Verdrahtung des Körpers. Stell dir Bündel von blitzenden Faserkabeln vor, die im Gehirn und im Rückenmark am dichtesten sind und sich von dort aus in jeden Bereich des Körpers verästeln. Das System sammelt Sinneseindrücke, verarbeitet sie und sagt dem Körper, wie er reagieren soll.

Plötzlich stoßen die Nebennieren Adrenalin aus (stell es dir vor, als würdest du mehrere Espressi hintereinander runterkippen), sowohl die Atem- als auch die Herzfrequenz steigen und die Augen weiten sich, um besser zu sehen. Unser Höhlenmensch ist wachsam, aufs Äußerste gespannt und bereit zu kämpfen oder wegzurennen.

Das Stresshormon Cortisol wird in den Blutkreislauf gepumpt, um dem Körper zu helfen, diese Reaktion aufrechtzuerhalten.

Wenn das Brüllen des Bären abschwillt und die Bedrohung nachlässt, werden Cortisol und Adrenalin langsam abgebaut, sodass der Höhlenmensch in einen entspannteren Zustand zurückkehrt. Es ist Essenszeit, und er kann sich entspannen und auf die Nahrung konzentrieren, da er nun nicht mehr in Gefahr schwebt, selbst als Mahlzeit zu dienen.

Der Tag, an dem das Nervensystem meiner Schwiegermutter mir das Leben rettete

Diese Kampf-oder-Flucht-Reaktionen können zweifellos dein Leben in den Momenten retten, in denen es nötig ist. Sie können Menschen scheinbar übermenschliche Kraft und Schnelligkeit verleihen, die sie im täglichen Leben nicht aufbringen. So gibt es Berichte darüber, wie Leute ein Auto angehoben haben. Ich persönlich werde nie den Augenblick vergessen, in dem mir meine Schwiegermutter buchstäblich das Leben gerettet hat.

Wir überquerten eine viel befahrene Straße, und ich hob den Fuß, um von einer Verkehrsinsel aus auf die Fahrbahn zu treten, in der Erwartung, dass der Verkehr auf der einspurigen Straße von links kommen würde. Da packte mich jemand von hinten um die Taille und zog mich mit einem Ruck zurück auf den Bürgersteig. Im selben Moment raste ein von rechts kommender Bus direkt vor meiner Nase vorbei. Innerhalb von Millisekunden hatte das Nervensystem meiner Schwiegermutter eine Bedrohung erkannt, das Risiko analysiert und ihrem Arm befohlen, mich zu retten. Es dauerte eine Weile, bis wir verarbeitet hatten, was passiert war und sich unsere Herzen wieder beruhigt hatten.

Erschütternderweise war ein guter Freund meines Mannes nur wenige Wochen zuvor an derselben Kreuzung getötet worden, an der der Verkehr nicht so geleitet wurde, wie es die Fußgänger erwarteten. Der ganze Bereich wurde inzwischen umgestaltet. In dem Moment damals hat mir die Kampf-oder-Flucht-Reaktion meiner Schwiegermutter das Leben gerettet. Leider wurde dabei auch meine Angst geschürt, so betroffen war ich von dem, was hätte passieren können, sowie der Erinnerung daran, dass unser Leben an einem seidenen Faden hängt. In der Zeit, während ich das Ereignis verarbeitete, hatte ich ab und zu mit Flashbacks zu kämpfen.

Solche Momente konkreter körperlicher Bedrohung kommen Gott sei Dank selten vor, und die lebensrettende Reaktion des Nervensystems ist nicht oft erforderlich.

Was Angst macht, wenn unser Leben nicht in Gefahr ist

Aber was passiert, wenn uns angstvolle Gedanken heimsuchen, obwohl wir keiner physischen Bedrohung ausgesetzt sind? Wir klammern uns an diese angstvollen oder zwanghaften Gedanken und füttern sie mit unserem kreativen Verstand. Sie wachsen sich zu einer Bedrohung aus, die sich real, wahrscheinlich, riesig und beängstigend anfühlt, und daraufhin wird die Reaktion des »Höhlenmenschen«-Nervensystems ausgelöst.

Wir stehen nicht vor der lebenswichtigen Entscheidung, zu kämpfen oder zu fliehen, aber unser Verstand sagt dennoch unserem Körper, dass unser Leben, unsere Sicherheit und unser Frieden in großer Gefahr schweben.

Wenn ich anfange, mir Sorgen zu machen, dass Chelle etwas zustoßen könnte, spüre ich, wie mein ganzer Körper aufdreht wie ein Motor. Kennen Sie das, wenn Sie das Gaspedal eines Autos stark durchdrücken, ohne dass ein Gang eingelegt ist? Genauso ist es. HAZEL

Das Leben ist riskant. Viele von uns sind sich ihrer Verletzlichkeit bewusster, als ihnen lieb ist. Alle lebenden Organismen sind verletzlich gegenüber Dingen, die sowohl innerhalb als auch außerhalb unserer Macht liegen. Das ist ein permanenter Zustand des Lebens. Meine Eltern haben uns vor vielen Dingen geschützt, die in ihrer Macht lagen. Wir trugen Sicherheitsgurte und ernährten uns einigermaßen ausgewogen. Wir lernten, Straßen sicher zu überqueren und keine Gabeln in Steckdosen zu stecken. Aber sie konnten meine Schwester nicht vor dem Krebs schützen, der von selbst in ihrem Gehirn wuchs.

Es gibt Momente im Leben, in denen diese Realität schmerzhaft deutlich wird, und das kann sich überwältigend und beängstigend anfühlen. Aber es gibt so viel Hoffnung! Beim Umgang mit der Angst geht es darum, Wege zu finden, sich inmitten der Zerbrechlichkeit des Lebens zu verankern. Es geht darum, sich mit all dem, was sein könnte, zu arrangieren und Freude und Frieden inmitten dieser Dinge zu finden, nicht trotz dieser Dinge. Ich verspreche dir, dass das möglich ist. Ganz fest.

Angst ist an sich nichts Schlechtes. Sie ist sogar wertvoll. Aber du bist hier, weil du mehr willst. Du willst glauben, dass Muttersein mehr bedeuten kann als die verzweifelten nächtlichen Internetsuchen, die allgegenwärtige Angst, dass dem Baby etwas zustoßen könnte, oder die Neigung, beim geringsten Anlass in Tränen auszubrechen. Ich habe auch mehr gewollt. Und es gibt mehr, und es macht einen großen Unterschied aus.

Manchmal habe ich das Gefühl, dass es eine andere Art zu denken geben muss. Das Bewusstsein, dass etwas schiefgehen könnte, liegt wie ein Schatten über den schönen Zeiten. INCA

Ich gebe dir mal ein Beispiel dafür, wie mich die Angst in manchen Momenten überfällt. Ich weiß noch, wie ich die sieben Monate alte Florence an meiner Brust knuddelte. Ich atmete ihren Duft ein. Ich schwelgte eine Sekunde lang in diesem Gefühl. Ich saugte es auf. Dann: BÄMM!, überkam mich urplötzlich die Angst. Was, wenn sie sterben würde? Was, wenn etwas Schlimmes passieren würde? Was, wenn sie krank würde? Ganz schnell wurde dieses Schwelgen, dieser achtsame Moment der Liebe, von Angst erodiert. Anstatt sie vor lauter Freude an mich zu drücken, drückte ich sie vor Furcht. Die Freude wurde zur Angst. Die Angst verwandelt Frieden, Ruhe, Achtsamkeit und Freude in Furcht und Beklemmung.

Noch vor einiger Zeit hätte mich diese Angst überwältigt und sich wie ein schweres Gewicht in meiner Magengrube eingenistet, hätte die Kampf-oder-Flucht-Reaktion hervorgerufen und mich zum Handeln, zum Rückzug, zur Überempfindlichkeit gegenüber Risiken veranlasst. Heutzutage dagegen lasse ich sie an mir vorüberziehen. Ich atmete mehrmals hintereinander tief aus, um meinem Nervensystem zu signalisieren, dass es sich beruhigen solle. Es gibt keine unmittelbare Bedrohung. Dann erdete ich mich und stellte mir das statistisch wahrscheinlichste Szenario vor, in dem mich meine Tochter besucht, wenn ich alt bin – als Großmutter, die in ihrem Lieblingsstuhl schaukelt. (Das hat bei mir funktioniert, aber ich habe noch viele andere Tipps und Techniken in petto, die du ausprobieren kannst, wenn das nicht dein Ding ist.)

Siehst du, ich bin nicht immun gegen angstvolle Gedanken. Keiner von uns ist das. Aber sie haben deutlich weniger Einfluss auf mein Handeln, meine Gefühle und mein Selbstverständnis als früher. Und dorthin kann man gelangen, das ist machbar. Es ist so befreiend, wenn man erkennt, dass man der Angst nicht mehr ausgeliefert ist!

Top-Tipp

Wenn du dich ängstlich fühlst, atme durch die Nase ein und zähle dabei bis vier, dann atme durch den Mund aus und zähle dabei bis sechs.

Für dein Tagebuch

- Wo auf der Gefühlslinie befindest du dich die meiste Zeit? Ist das schon immer so gewesen?
- Erinnere dich an das letzte Mal, als du dich zufrieden und entspannt fühltest. Was hat dir dieses Gefühl vermittelt?
- Überlege, welche Faktoren deine Ängste auslösen. Sind es innere oder äußere?
- Hast du Angst jemals auf positive Weise erfahren?

3. *Kapitel*

DIE VIELEN MASKEN DER ANGST

MANTRA

ANGST KANN NICHT GEDEIHEN, WENN WIR UNS AUF DAS HIER UND JETZT KONZENTRIEREN.

Die Angst gleicht einem raffinierten Trickbetrüger, einem Meister der Verkleidung. Reißt man den Umhang und den angeklebten Schnurrbart runter, kommen in der Regel immer dieselben drei Dinge zum Vorschein:

1. die Furcht davor, dass etwas Schlimmes passiert,
2. das Bedürfnis nach Kontrolle,
3. das Gefühl, nicht gut genug zu sein.

Die Angst mag es, einen Ankerpunkt zu haben, sie mag es, wiederzukäuen, besessen und fixiert zu sein. Aber sie kann auch ihre Gestalt verändern. Indem wir ihre verschiedenen Erscheinungsformen kennenlernen, können wir leichter ausmachen, wo in unserem Leben sie am Werk ist. Ich werde dich mit vielen Masken der Angst vertraut machen, beginnend mit denjenigen, unter denen sie sich im Laufe der Jahre in meinem Leben manifestiert hat.

Die vielen Masken meiner Ängste

In der Vergangenheit hat sich meine Angst auf viele verschiedene Arten gezeigt. Es ist nicht ganz einfach, solche persönlichen Erfahrungen zu teilen, denn oft schämt man sich für seine Verhaltensweisen und verschweigt sie lieber, aus Sorge, verurteilt oder für »verrückt« gehalten zu werden. Aber da ich dich ermutigen möchte, über die Art und Weise nachzudenken, in der sich deine Ängste über die Jahre hinweg manifestiert haben, und darüber, welche Erscheinungsformen sie angenommen haben, erscheint es mir nur fair, mit gutem Beispiel voranzugehen.

Außerdem möchte ich dir vermitteln, dass du dich nicht für deine Angst zu schämen brauchst, denn das wäre nicht gerechtfertigt. Die Scham hält uns gefangen und trägt dazu bei, dass wir uns im summenden Bienenstock unseres Kopfes alleingelassen fühlen. Der effektivste Weg, diese ungerechtfertigte Scham abzubauen, besteht darin, über genau die Dinge zu sprechen, für die wir uns schämen. Also, los geht's.

Meine ersten Erfahrungen mit Ängsten machte ich als Kind, als bei meiner Schwester ein Hirntumor diagnostiziert wurde. Nach ihrer Diagnose hatte ich ständig Angst, dass noch jemand anderer in meinem Umfeld erkranken könnte. Die Prognose meiner Schwester lautete, dass sie hoffentlich in eine Phase der Remission eintreten würde, der Krebs jedoch letztendlich unheilbar war. Als der Tumor entdeckt wurde, war er so groß wie die Faust eines Mannes.

Bei der Operation mussten die Ärzte einen Tumorrest in der Größe eines 50-Pence-Stücks im Gehirn zurücklassen (damals waren 50-Pence-Münzen noch größer als die von heute). Ich war zehn, als meine Schwester starb. Ich weiß noch, dass ich mir danach jedes Mal, wenn ein Familienmitglied meine unmittelbare Nähe verließ, in allen Farben ausmalte, was möglicherweise passieren könnte. Ich beruhigte mich erst, wenn der- oder diejenige wieder zu Hause war.

Ich begleitete meinen Bruder, wenn er sich mit Freunden zum Spielen traf. Ich behauptete, ich wolle gerne mitgehen, doch in Wahrheit hatte ich einfach nur Angst, dass etwas passieren würde. Sobald ich auch nur eine Sekunde darüber nachdachte, wurde diese Angst geradezu unerträglich und mir wurde schlecht. Ich versuchte mich damit zu beruhigen, dass es auch mein Ende wäre, falls noch jemand starb, damit ich den Schmerz des Verlusts nicht noch einmal ertragen musste.

Die nächste Manifestation meiner Angst, an die ich mich erinnere, war eine intensive und schreckliche Angst vor dem Erbrechen. Diese Angst war so stark, dass ich einmal über eine belebte Straße rannte, ohne auf den Verkehr zu achten, um mich von jemandem zu entfernen, der sich übergeben musste. Ich habe ganze zehn Jahre lang nicht gebrochen, da mein Körper sich strikt weigerte, diese Art von Krankheitssymptom zu zeigen.

Egal wo ich ging und stand, überall suchte ich auf dem Boden und in den Gesichtern der Leute nach einem Risiko. Wenn jemand auf eine bestimmte Art und Weise hustete oder würgte, geriet ich in Panik und lief davon. Ich mied bestimmte Veranstaltungen und Orte, an denen die Wahrscheinlichkeit größer war, dass Menschen sich übergeben mussen. Flugzeuge und Reisen versetzten mich in höchste Alarmbereitschaft. Ich machte im Laufe der Jahre verschiedene Arten von Therapien, um diese Ängste zu bewältigen. Hyperemesis (ganztägiges, akutes Erbrechen) während zwei meiner Schwangerschaften trug dazu bei, dass eigenes Erbrechen inzwischen keine so großen Ängste mehr in mir auslöst. Allerdings lösen Erbrechen oder drohendes Erbrechen bei anderen noch immer die alte Furcht und damit eine Kampf-oder-Flucht-Reaktion in mir aus, aber ich lebe nicht mehr in täglicher Angst, da ich mittlerweile über solide Bewältigungsmechanismen verfüge.

Eine andere Manifestation meiner Ängste war zwanghafter Natur. Über lange Zeit hinweg war ich besessen vom Zählen. Ich habe Kalorien gezählt. Ich zählte zurückgelegte Schritte und Treppenstufen. Mein Kopf war permanent mit Zahlen gefüllt. Ich wusste genau, wie viele Schritte ich brauchte, um von einem Raum in den anderen zu gelangen oder von meinem Büro in den Supermarkt. Ich kannte die Anzahl der Treppenstufen an den Orten, an denen ich mich regelmäßig aufhielt, und verspürte das zwanghafte Bedürfnis, sie zu zählen, obwohl ich wusste, dass es beispielsweise pro Stockwerk zwei Treppen mit je zwölf Stufen gab. Dieser Zwang sorgte dafür, dass Zahlen jeden Winkel meines Geistes füllten wie ein dröhnender Lärm, der andere Gefühle und Ängste übertönte. Es verlieh mir ein seltsames Gefühl von Kontrolle und Macht, aber gleichzeitig fühlte ich mich ausgeliefert. Ich konnte einfach nicht damit aufhören.

Zu anderen Zeiten in meinem Leben, in bestimmten Übergangsphasen wie Umzügen oder den ersten Wochen an der Universität, klammerte ich mich an physische Ordnung. In einem Studentenwohnheim hatte ich ein Zimmer für mich allein. Das Leben fühlte sich neu und aufregend an, chaotisch und abenteuerlich. Mein Zimmer wurde zu meinem Zufluchtsort. Wenn es dem Leben an Ordnung fehlte, machte mein Zimmer das wieder wett. Alles hatte seinen Platz, und obwohl ich es liebte, vor Partys meine Freunde zu einem Drink einzuladen oder Filmabende zu veranstalten, versetzte es mich in ständige Anspannung, wenn Sachen umgestoßen und verschoben, aufgehoben und umgeräumt wurden. Sobald alle gegangen waren, räumte ich alles wieder ordentlich an seinen Platz. Die Ordnung war wiederhergestellt, körperlich und geistig.

Autofahren ist ein weiterer Bereich, auf den sich meine Angst gerne konzentriert. Fahrangst (Amaxophobie) ist weit verbreitet, wobei sie oft darin begründet liegt, dass es den Betroffenen schwerfällt, die mit dem Fahren verbundenen Risiken zu überblicken. Fahrangst kann von zögerlichem Fahren bis hin zur Weigerung reichen, sich überhaupt ans Steuer zu setzen. Ich möchte hier nicht zu sehr ins Detail gehen, aber das auffälligste Element meiner Fahrangst waren die als bedrohlich erlebten Gedanken, einen Unfall zu bauen oder in eine Massenkarambolage zu geraten.

Ich erinnere mich noch sehr genau daran, wie es mich umgehauen hat, als ich zum ersten Mal erkannte, dass Zwangsgedanken nicht das Resultat eines kranken Geistes sind und häufiger vorkommen. Es war bei einem Familientreffen, bei dem der Hochzeitstag meiner Verwandten gefeiert wurde. Mein Bruder und ich standen an einem Zaun im sonnigen Garten der Gastgeber. Er hatte eine Flasche Bier in der Hand, ich ein Glas Wein. Er drehte sich zu mir um und fragte: »Denkst du auch manchmal komische Sachen, zum Beispiel: Ich könnte jetzt diese Flasche gegen den Zaun werfen und in die Menge laufen? Natürlich würde ich das nie tun, aber kommst du auch manchmal auf solche Ideen?«

Dies war einer der denkwürdigsten Momente auf meinem Weg zu seelischer Gesundheit. Plötzlich wurde über etwas gesprochen, das ich mit großer Scham und Geheimniskrämerei verborgen gehalten hatte. Ich konnte hundertprozentig nachempfinden, was mein Bruder sagte. Natürlich kannte ich solche Gedanken, etwa einfach einen Ständer voller Tassen im überfüllten Geschenkeladen umzustoßen oder eine Fremde unvermittelt am Pferdeschwanz zu ziehen. Und auch dunklere Gedanken wie von der Waterloo-Brücke in die vereiste Themse zu springen, während ich zur Arbeit ging, oder auf der Autobahn geschickt am Lenkrad zu drehen und eine tragische Massenkarambolage zu verursachen.

Ich wusste nicht, was es mit diesen seltsamen Gedanken auf sich hatte, aber zum ersten Mal in meinem Leben wurde mir klar, dass ich mit ihnen nicht allein war. Es war eine unglaubliche Erleichterung! Das 8. Kapitel befasst sich mit der Dynamik von Zwangsgedanken – das Wissen und die Erkenntnis, wie man mit ihnen umgeht, haben mein Leben verändert, und ich hoffe, dass es auch dir helfen kann.

Auch wenn du dich für deine Angst schämst: Diese Scham ist nicht gerechtfertigt.

Veränderung

Ich werde noch immer in unterschiedlichem Ausmaß von einer Mischung all dieser Erscheinungsformen der Angst heimgesucht. Die Angst braucht einen Ankerpunkt. Sie hängt stark davon ab, was in meinem Leben und meinem Inneren vor sich geht und ob ich mir genügend Zeit und Freiraum genommen habe, um Selbstfürsorge zu betreiben. Sie hängt vom Stresslevel und den Hormonen ab und davon, wie viel Schlaf ich bekommen habe.

Ich kann dir aber getrost versichern, dass keine dieser Varianten mein tägliches Leben so beeinflusst, wie es früher der Fall war. Sie rauben mir selten die Freude; sie haben wenig bis keinen Einfluss auf die Entscheidungen, die ich für mich und meine Kinder treffe. Ich vermeide keine Ereignisse oder Erfahrungen mehr. Während ich dies hier schreibe, wird die sieben Monate alte Florence freundlicherweise für eine Stunde außer Haus betreut, damit ich mich auf die Arbeit konzentrieren kann. Flüchtig stellte ich mir vor, dass ihr etwas zustoßen wird, während sie nicht in meiner Obhut ist. Ich werde sie nie wiedersehen. Was, wenn sie sich an ihrem Snack verschluckt? Noch vor wenigen Jahren hätte ich gewollt, dass sie hierbleibt, getrieben von diesen Ängsten. Aber ich bin froh, dass ich sie jetzt als das sehen kann, was sie sind, und dass meine Tochter nach draußen kann, um die Enten zu besuchen und ein bisschen frische Luft und ungeteilte Aufmerksamkeit zu bekommen.

Vor Kurzem hatte ich von einem Magen-Darm-Virus gehört, der wie ein hungriger Hai Charlies Kindergarten umkreiste. Als ich von einer der Betreuerinnen informiert wurde, hatte ich sofort das Bedürfnis, ihn sofort wieder ins Auto zu packen und ihn für den Rest der Woche zu Hause zu behalten. Aber ich sah die angstvollen Gedanken und das anschwellende Gefühl der Panik als das, was sie waren. Ich atmete die Angst weg und sah zu, wie mein Sohn loslief, um mit seinen Freunden spielen zu gehen. Hätte ich mich in meine Angst hineingesteigert, hätte ich vielleicht sein Krankheitsrisiko etwas verringert, aber ich hätte mit Sicherheit seine Chance auf Spaß und Abenteuer mit seinen Freunden geschmälert.

Meine Angst hat viele Erscheinungsformen, aber die Essenz ist letztendlich immer die gleiche – ein Gefühl mangelnder Kontrolle und die Befürchtung, dass schlimme Dinge passieren könnten. Ich hoffe, das gibt dir einen Einblick in die verschiedenen Arten, wie sich Angst manifestieren kann. Ängste können wie das »Hau-den-Maulwurf«-Spiel auf dem Jahrmarkt sein. Man zieht einem der Plastikmaulwürfe den Hammer über den Kopf, und sofort taucht an anderer Stelle ein weiterer auf.

Behandlung von Symptomen und Ursachen

Viele Ansätze zur Behandlung von Ängsten gehen die Symptome an, vernachlässigen aber die Ursache. Solange wir jedoch nicht die Ursache sowie die gemeinsamen Stränge ergründen, die sich tief durch all diese verschiedenen Erscheinungsformen ziehen und sie miteinander verbinden, werden sie voraussichtlich später in einer anderen Form wieder auftauchen. Ein mehrgleisiger Angriff ist immer von Vorteil, weshalb ich neben den Tipps und Techniken, die ich vermittle, auch eine Therapie befürworte.

Angst schaltet den rationalen, problemlösenden und ruhigeren Teil des Gehirns aus. Ich werde dir helfen, diesen Teil des Gehirns wieder einzuschalten, damit du dich aus den Klauen der Angst befreien kannst.

Wie können sich Ängste anfühlen?

Bevor wir uns mit den häufigsten Angstzuständen befassen, solltest du einen Blick auf die Liste der körperlichen und psychischen Symptome werfen. Damit stellen wir sicher, dass wir von denselben Dingen reden, wenn wir über Ängste sprechen. Die Auflistung könnte aber auch hilfreich für dich sein, um zu erkennen, welche Symptome bei dir auftreten und welche du bisher möglicherweise nicht mit Angst in Verbindung gebracht hast.

Körperliche Symptome

- Panikattacken
- Übelkeit
- Verspannungen im Körper, z. B. Rücken- oder Schulterschmerzen, Kopfschmerzen
- verkrampfte Kiefermuskeln, eventuell Zähneknirschen
- schneller oder unregelmäßiger Puls
- Probleme beim Einschlafen und Durchschlafen
- Hitzewallungen oder Schweißausbrüche
- Unruhe
- Benommenheit und/oder erhöhte Atemfrequenz
- übersäuerter Magen oder Durchfall
- Kribbeln in Haut und/oder Gliedern
- Nachlassen der Energie und/oder der Libido

Psychische Symptome

- das Gefühl, dissoziiert (abgekoppelt) von deinem Geist, Körper, der Welt oder der Realität zu sein
- Verlangen nach Bestätigung durch andere
- Unfähigkeit, sich zu entspannen
- Schwierigkeiten, Sorgen zu kontrollieren

- Überempfindlichkeit gegenüber dem, was andere sagen oder tun oder was sie möglicherweise über dich denken könnten
- Grübeln
- Zukunftssorgen
- Angst vor Panikattacken
- das Gefühl, dass alles um dich herum sehr schnell oder langsam geschieht

Häufige Formen der Angst

Im Folgenden sprechen wir über einige häufige Formen von Angst. Schau sie dir an und überlege, ob du dich mit einer davon identifizieren kannst.

Generalisierte Angst

Generalisierte Angst kann als ein Gefühl von Angst und Anspannung beschrieben werden, ohne dass eine spezifische Ursache oder ein Auslöser bekannt sind. Generalisierte Angst äußert sich bei jedem Menschen anders: Einige haben eher körperliche Symptome, wie einen schnellen Puls und einen Magen, der sich wie eine Waschmaschine anfühlt, während andere eher seelische Symptome aufweisen, etwa Gedankenspiralen, die nur schwer zu unterbrechen sind. Angst hat sehr vielfältige Auswirkungen auf Seele und Körper, sodass die Erfahrungen Betroffener entsprechend unterschiedlich ausfallen können.

Ich weiß ehrlich gesagt nicht, wo diese Gefühle herkommen. Manchmal habe ich an einem ganz normalen Tag plötzlich das Gefühl, dass alles ganz schnell geht, und dann gerät meine Atmung aus dem Takt und ich habe Angst, dass irgendetwas Schlimmes passiert. Schon ein achtloser Gedanken kann so eine Attacke auslösen. Ich muss mich dann hinsetzen, möglichst ruhig atmen und versuchen, mich wieder zu fangen. ANONYM

Zwangsstörung (OCD)

Die Zwangsstörung oder Zwangserkrankung (englisch obsessive-compulsive disorder bzw. OCD) gehört zu den psychischen Störungen.

Erkrankte verspüren den inneren Zwang oder Drang, bestimmte Dinge zu denken oder zu tun. Sie wehren sich zwar meist gegen diesen auftretenden Drang und erleben ihn als übertrieben und sinnlos, können ihm willentlich jedoch in der Regel nichts entgegensetzen. Ihre Verhaltensweisen fallen hauptsächlich in die folgenden Kategorien: Angst vor Verunreinigungen, das Ordnen von Gegenständen auf eine bestimmte Art und Weise, Gedanken daran, andere zu verletzen, zwanghaftes Kontrollieren oder wiederholte aggressive, sexuelle Gedanken.

Ich hatte von einem zehn Monate alten Kind gelesen, das an den Komplikationen einer Lebensmittelvergiftung durch verdorbenes Hähnchenfleisch gestorben war. Das flößte mir große Angst ein und ich entwickelte eine regelrechte Obsession. Ich fütterte Cam kein Fleisch mehr. Ich erzählte allen, dass er allergisch gegen Fleisch sei. Es war, als würde ihm mit Sicherheit dasselbe passieren wie diesem Kind, wenn er Fleisch zu sich nahm. Ich stellte unsere gesamte Ernährung auf vegetarische Kost um und machte mir große Sorgen, wenn er anderswo aß. JANELLE

Tendenzen zu solchen Verhaltensweisen entwickeln sich häufig in Zeiten, in denen man sich unsicher fühlt. Zwangshandlungen können zunächst ein langersehntes Gefühl der Kontrolle vermitteln. Sie sind kein Persönlichkeitsmerkmal, obwohl es fälschlicherweise zu einer umgangssprachlichen Redewendung geworden ist (»Manchmal bin ich regelrecht zwanghaft!«), wenn man eine gewisse Verhaltensstarre oder einen starken Wunsch nach Ordnung oder Sauberkeit beschreiben will. Wie eingangs bereits erklärt, handelt es sich bei einer Zwangsneurose um eine psychische Störung, die aus einem verzweifelten Ringen um Kontrolle heraus entstanden ist, am Ende aber ironischerweise selbst die Zügel fest in der Hand hält. Obsessionen und Stereotypien entwickeln einen solchen Sucht- und Zwangscharakter, dass sie das alltägliche Leben beeinträchtigen und große Ängste auslösen, wenn sie nicht erfüllt oder ausgeführt werden können.

Ich verpasste den Flug zur Hochzeit meiner Schwester, weil ich immer wieder nach Hause zurückkehren musste, um zu überprüfen, ob der Gasherd ausgeschaltet war. Erst da wurde mir klar, wie sehr mich diese Zwänge auslaugten. In der Woche darauf ging ich zu einem Therapeuten. EMMA

Falls dir das bekannt vorkommt, wenn auch vielleicht nur in abgeschwächter Form, kann ich dir versprechen, dass es Hoffnung gibt. Dieses Buch wird dir helfen, deine Ängste in den Griff zu bekommen, aber letztendlich spielt die Therapie die wertvollste und wichtigste Rolle, um dein Leben und deine Gedanken zurückzuerobern. Wenn du zu irgendeinem Zeitpunkt das Gefühl hast, dass du davon profitieren würdest, dann suche dir bitte zusätzliche Unterstützung. Deine Hausarztpraxis ist eine gute erste Anlaufstelle; dort kann man dich eingehender beraten.

Ich war absolut besessen vom plötzlichen Kindstod (SIDS). Drei Monate lang wachte ich etwa alle zwanzig Minuten auf, um nach meinem Baby zu sehen. Ich suchte jeden Tag stundenlang im Internet nach Tipps, wie man vorbeugen kann. Ich gab eine Menge Geld für Gadgets und Sensormatten und anderes Zeug aus. Ich fuhr mir eine Beule ins Auto, so müde war ich. Meine Freundinnen griffen ein, und mir wurde geholfen. Ich hatte gar nicht gemerkt, wie schlimm es geworden war, aber sie hatten es erkannt. Die Lage beruhigte sich, nachdem ich über etwas gesprochen hatte, was in meiner Familie passiert war und was ich unter den Teppich gekehrt hatte. Ich habe immer noch Zwangsstörungen, aber inzwischen genügend Hilfe und Tricks in petto, um mich gegen sie zu wehren. ADDY

Zwanghaftes Verhalten

Zwanghaftes Verhalten, das eng mit der Zwangsstörung verwandt ist, bezeichnet oft ein selbstzerstörerisches und gewohnheitsmäßiges Verhalten, das von dem Bedürfnis angetrieben wird, innere Gefühle zu lindern. Beispiele hierfür sind Knibbeln an der Haut, das Ziehen an den Haaren und dysfunktionale Beziehungen zum Essen. Horten, Einkaufen, Glücksspiel, Kontrolle und Putzen sind weitere Beispiele. Es kann etwas sein, das man gedankenlos tut, ohne sich dessen bewusst zu sein, aber die Wahrscheinlichkeit ist groß, dass ein solches Verhalten sehr regelmäßig und repetitiv ist und sich letztlich schwer kontrollieren lässt.

Ich zupfe an der Haut meiner Lippen. Seltsamerweise merke ich meist gar nicht, dass ich das tue. Oft sind meine Lippen trocken und blutig. Ich glaube, ich sollte damit aufhören, aber es ist schwer, mit etwas aufzuhören, von dem man nicht immer weiß, dass man es tut. Ich mache es definitiv häufiger, wenn ich gestresst oder konzentriert bin. Manchmal habe ich den starken Drang, es zu tun, weil irgendwo eine trockene Stelle ist und ich das Bedürfnis habe, sie abzuziehen. Es ist mir unangenehm, darüber zu reden, und ich habe das Gefühl, dass jeder auf meine Lippen schaut und sich fragt, ob ich gegen irgendetwas allergisch bin. Manchmal setze ich mich sogar auf meine Hände. ANONYM

Solche zwanghaften Handlungen verschaffen keine besondere Befriedigung. Es kann sein, dass sich die Betroffenen kurzfristig erleichtert fühlen, wenn sie dem Zwang nachgeben, aber letztendlich können solche Verhaltensweisen in unterschiedlichem Ausmaß schädlich sein.

Posttraumatische Belastungsstörung (PTBS)

Bei einer PTBS handelt es sich um akute Angst, die aus einem Ereignis resultiert, das körperlichen oder emotionalen Schaden verursacht hat oder sehr bedrohlich war.

Auslöser kann ein einzelnes Geschehnis sein, wie z. B. ein Autounfall oder eine traumatische Geburt. Doch chronische, andauernde Situationen wie eine emotional missbrauchende Beziehung oder sexueller Missbrauch können ebenfalls zugrunde liegen.

Es folgt eine Liste von Symptomen, auf die du achten kannst. Sie erhebt keinen Anspruch auf Vollständigkeit und ist nicht zur Selbstdiagnose gedacht. Sie sollte nur als Anhaltspunkt dienen. Wenn du das Gefühl hast, in irgendeiner Form unter einer PTBS zu leiden, sprich mit deiner Hausärztin oder suche einen Therapeuten auf. Du sollst selbstverständlich die Möglichkeit haben, das Erlebte auf sanfte und unterstützende Weise ansprechen und verarbeiten zu können.

Symptome können sein

- emotionale Gefühllosigkeit
- Vermeidung von allem, was als Erinnerung dienen könnte
- psychische und/oder körperliche Reaktionen auf Erinnerungen
- Schwierigkeiten, sich an alle Details des Ereignisses oder der Ereignisse zu erinnern
- vermindertes Interesse an den Dingen, die man normalerweise genießt
- Gefühle der Distanziertheit oder der Wunsch, sich von anderen zu lösen
- Schlaf- oder Konzentrationsschwierigkeiten

- allgemeine Gereiztheit oder Wut
- Niedergeschlagenheit oder Depressionen
- Wiedererleben des Traumas in Form von Flashbacks oder Albträumen
- Ängste und Unsicherheit und/oder übermäßiges Misstrauen
- destruktives Verhalten

Mein Baby hatte undiagnostizierte Darmprobleme. Es schrie ununterbrochen, ohne Übertreibung. Ich konnte das Haus nicht mehr verlassen. Ich fing an, nachts Wein zu trinken, um die Tatsache auszublenden, dass ich mich so hilflos fühlte. Ich sah keinen Ausweg mehr. Ich trank immer mehr und begann immer früher damit. Ich schämte mich so sehr, aber ich wusste nicht, was ich sonst tun sollte. Mein Mann und die Gesundheitsberaterin besorgten mir Hilfe, und schließlich fand man heraus, was meine Tochter hatte. Ich habe mit dem Trinken aufgehört, aber ich leide immer noch unter Flashbacks und gerate in Panik, wenn sie weint, weil ich mich sofort in diese Zeit zurückversetzt fühle. ANONYM

Nicht jeder, der etwas Traumatisches erlebt hat, erkrankt an PTBS. Ob es so weit kommt, hängt von einer Vielzahl von Faktoren ab, wie z. B. dem Unterstützungsnetzwerk, der Belastbarkeit, der Vorgeschichte, dem Persönlichkeitstyp und dem Alter. Außerdem kommt es darauf an, was im Leben der Person sonst noch zur betreffenden Zeit vor sich geht, welche anderen Stressfaktoren im Spiel sind und wie schnell Unterstützung kommt. Wenn du unter einer PTBS leidest, heißt das keineswegs, dass du schwach bist, und es ist auch nicht deine Schuld.

Hypochondrie

Hypochondrie in ihrer Ausprägung als Krankheitsangst ist weit verbreitet und kann in der Mutterschaft spürbar zunehmen. Plötzlich ist man von der immensen Liebe für ein winziges Wesen erfüllt, und es wird unvorstellbar, es zu verlieren. Krankheitsangst ist durch die Beschäftigung mit der Vorstellung oder Befürchtung gekennzeichnet, dass es der Person selbst oder jemandem, der ihr wichtig ist, nicht gut gehen könnte. Die Betroffenen stellen möglicherweise fest, dass sie häufig nach Krankheitsanzeichen oder -symptomen suchen und sich gezwungen fühlen, diese zu erforschen. Die Angst kann insbesondere dadurch ausgelöst werden, dass ihnen Berichte von Beschwerden anderer Leute oder deren Kindern zu Ohren kommen. Schon ein Ausschlag oder Fieber kann eine Spirale von Angst und zwanghaftem Grübeln in Gang setzen.

Oft beeinflussen diese Ängste die Entscheidungen der Betroffenen. Sie vermeiden z. B. Treffen mit Spielkameraden, weil es einem anderen Kind nicht gut geht, sie suchen sich häufig Rat oder sie gehen mit dem Kind öfter zum Arzt, um sich beruhigen zu lassen.

Der kleine Junge meiner Freundin wurde mit einem Teil des Darms außerhalb des Bauchraums geboren. Er musste operiert werden, und ich habe erlebt, wie beängstigend das für sie war. Als ich also mit Oliver schwanger war, verbrachte ich Stunden im Internet mit der Recherche zu diesem Problem und der Wahrscheinlichkeit, dass mein Baby auch so geboren werden könnte. Ich dachte unablässig darüber nach, ich konnte nicht anders. Streckenweise war ich mir so gut wie sicher, dass mein Junge es auch haben würde. Jedes Mal, wenn ich einen Ultraschall hatte, bat ich den Arzt mehrmals, noch einmal nachzuprüfen, ob der Darm des Babys an der richtigen Stelle war. MARNIE

Phobie

Eine Phobie ist die intensive Angst vor einer bestimmten Sache oder Situation. Das Gefühl der Bedrohung, das die Betroffenen gegenüber dem Objekt oder der Situation empfinden, ist übertrieben und löst häufig körperliche Symptome einer Panik aus. Die Angst tritt nicht unbedingt nur dann auf, wenn die Menschen mit der

Quelle ihrer Phobie konfrontiert werden; manchmal genügt auch schon der Gedanke daran, um Panik bei ihnen auszulösen.

Je nach Ausmaß, Quelle und Ursache der Phobie kann diese das Leben der Betroffenen in unterschiedlichem Maße beeinträchtigen. Manche geraten vielleicht in Panik, wenn sie mit einer Spinne konfrontiert werden, während Menschen mit Angst vor offenen Räumen möglicherweise das Haus nicht mehr verlassen.

Wenn du mit so etwas zu kämpfen hast, verspreche ich dir, dass deine Phobie deine Freude an bestimmten Situationen nicht für immer derart beeinträchtigen muss. In diesem Buch findest du viele Tipps und Techniken, die dir helfen, mit dem Auslöser deiner Phobie besser zurechtzukommen, wenn du das nächste Mal mit ihm konfrontiert wirst. Es ist aber auch hilfreich, sich klarzumachen, wann die Phobie entstanden ist. Es könnte sein, dass du ein problematisches Erlebnis hattest, das du verarbeiten musst, um die Phobie zu überwinden.

Ich hatte mit einer Geburtsphobie zu kämpfen – einer Tokophobie. Sie war so schlimm, dass ich in Erwägung zog, gar kein Baby zu bekommen. Es war eine Überraschung, als ich herausfand, dass ich schwanger war, und meine Angst vor den Wehen überschattete meine gesamte Schwangerschaft. Ich konnte mir nichts mehr ansehen, was irgendwie mit dem Thema Geburt zu tun hatte, oder auch nur hören, wie jemand darüber sprach, weil ich sofort in Panik geriet. Ich habe keinen Geburtsvorbereitungskurs besucht. Meine Gynäkologin unterstützte meinen Wunsch nach einem geplanten Kaiserschnitt. Ich erhielt eine PDA und fand eine Doula, die mir sehr geholfen hat, mich auf die Geburt vorzubereiten. Es lief alles viel besser, als ich erwartet hatte. Wir hätten gerne noch ein Baby, deswegen werde ich eine Therapie machen, bevor wir versuchen, wieder schwanger zu werden, denn ich möchte nicht, dass die Phobie mir die Freude an einer weiteren Schwangerschaft verdirbt. ANONYM

Soziale Phobien

Die soziale Angststörung ist eine Form der Phobie, die sich auf das tägliche Leben auswirkt. Menschen mit sozialen Ängsten meiden gesellschaftliche Zusammenkünfte, da sie fürchten, Erwartungen anderer nicht zu erfüllen und auf Ablehnung stoßen zu können. Umgeben von anderen fühlen sie sich unsicher und so, als würde man sie beobachten. Ein weiteres Symptom ist, dass sie überempfindlich auf die Handlungen und Reaktionen anderer reagieren und sich Sorgen machen, dass man über sie urteilen oder negativ über sie denken könnte. Nach einem sozialen Kontakt grübeln sie oft zwanghaft über die Interaktion nach.

Soziale Ängste können Beziehungen und die Lebensfreude ganz allgemein beeinträchtigen, da es schwierig ist, Auslösersituationen dauerhaft zu vermeiden. Es lohnt sich auf jeden Fall, sich mit dieser Art von Phobie auseinanderzusetzen, denn sie kann dazu führen, dass die Welt klein und einsam wird. Wir alle haben es verdient, soziale Kontakte zu haben, die uns Freude bereiten.

Ich schwitzte und zitterte, wenn ich einen Raum mit unbekannten Leuten betreten musste. Ich hatte das Gefühl, alle würden mich anstarren. Wenn ich den Raum verließ, ging ich noch einmal alles durch, was ich gesagt und getan hatte, um sicherzugehen, dass ich mich nicht blamiert hatte. Inzwischen habe ich nicht mehr so große Schwierigkeiten, aber manchmal überkommen mich die alten Ängste wie eine Welle, und ich würde am liebsten allen sozialen Kontakten mit mehreren Leuten aus dem Weg gehen. Doch dann atme ich tief durch, und es geht wieder vorbei. SIOBHAN

Panikstörung

Eine Panikstörung (auch Paniksyndrom genannt) ist durch plötzliche Panikattacken gekennzeichnet, die scheinbar aus heiterem

Himmel kommen. Die Betroffenen fürchten sich vor diesen Attacken und vermeiden Situationen, die sie auslösen könnten. Die Panikstörung kann sehr belastend sein und die Lebensqualität der Betroffenen beeinträchtigen.

Wenn du unter regelmäßigen Panikattacken leidest, empfehle ich dir, mit deinem Hausarzt oder einer Therapeutin zu sprechen. Mit der richtigen Unterstützung kann man die Panik behandeln, oft mit großem Erfolg!

Ich hatte Stress mit meinem Chef. Plötzlich bekam ich diese Panikattacken. Am Anfang habe ich wirklich geglaubt, ich müsste sterben. Ich hatte das Gefühl, keine Luft mehr zu bekommen. Meine Freundin rief einen Krankenwagen. Zum Glück wurde meine Arbeitsstelle umstrukturiert, und die Situation beruhigte sich. Ich habe Techniken gelernt, um mit den Attacken umgehen zu können, aber sie kommen jetzt nur noch ziemlich selten. Ich glaube definitiv, dass meine mit Stress zu tun haben. ANONYM

Die Achterbahn der Ängste

Mein Mann arbeitet in London und kommt oft erst nach Hause, wenn ich schon schlafe. Es gab Zeiten, in denen ich wach lag und von schlimmen Szenarien heimgesucht wurde, wie bei aufwendigen Theaterstücken. Ich stellte mir vor, wie er bei einem Terroranschlag in der U-Bahn ums Leben kam und ich mich vor Trauer zerrissen fragte, wie ich es den Kindern beibringen sollte. Dann überlegte ich, wie ich ganz allein unsere Hypothek abzahlen sollte und ob ich wieder Vollzeit arbeiten oder zu meinen Eltern ziehen sollte. Ehe ich mich versah, hatte ich Trauer, Verwirrung und Angst durchlebt, obwohl das alles nur eingebildet war.

Wenn wir uns nur vor unwahrscheinlichen Ereignissen fürchten würden – sagen wir Invasionen von Außerirdischen, Bären, die unter dem Bett lauern –, dann wäre es viel einfacher, uns die beruhigenden Fakten und die Statistiken vor Augen zu halten, die wir bräuchten, um unsere ängstlichen Gemüter zu besänftigen. Doch leider enthalten unsere Ängste ein Element der realen Wahrscheinlichkeit. Wir sehnen uns nach Beruhigung, doch niemand könnte uns ohne zu lügen versprechen, dass diese Ängste unbegründet sind und solche Situationen niemals eintreten werden.

Angst kann dazu führen, dass man eine Achterbahnfahrt sehr realer Emotionen erlebt, unabhängig davon, ob man in einem dunklen Zimmer liegt oder in einem Zug sitzt. Man kann die furchterregendsten Situationen vor seinem geistigen Auge sehen, ohne dass es jemand bemerkt. Angst führt dazu, dass unser Verstand mit hundert Stundenkilometern vorwärtsrast aus einer Situation, in der (wahrscheinlich) alles Ordnung ist, in eine erfundene Zukunft, in der das definitiv nicht zutrifft.

Am Ende verursacht einem die Angst emotionalen Kummer in der Gegenwart und saugt einem jede Freude aus, die man empfinden könnte. Man kann nicht gleichzeitig Angst haben und ganz im Hier und Jetzt sein. Ein furchtsamer Geist kann nicht in eine unbekannte Zukunft vorauseilen und gleichzeitig vollkommen bei dem sein, was man gerade tut. Wir werden Wege finden, die dir helfen, in der Gegenwart präsenter zu sein, sodass die Angst nicht gedeihen kann.

Man kann nicht verängstigt
und gleichzeitig präsent sein.

Top-Tipp

Mach dich mit den verschiedenen Symptomen der Angst vertraut und beobachte, welche davon für dich relevant sind und wann sie auftauchen. Mach dir eine kurze Notiz über den Auslöser und das Symptom.

Für dein Tagebuch

- Wie fühlt sich Angst für dich an?
- Wie äußert sich deine Angst? Welche Formen nimmt sie an?
- Hat dich irgendetwas in diesem Kapitel besonders angesprochen?
- Gibt es einen Bereich, in dem du von zusätzlichen Erkenntnissen oder von Unterstützung profitieren würdest? Und wie könntest du dir diese verschaffen?
- Die Auslöser der Angst lassen sich im Grunde auf drei Bereiche reduzieren (s. S. 53) – in welche Kategorie oder Kategorien fallen deine Ängste hauptsächlich?

4. Kapitel

LEBEN WIR IN ZEITEN DER ANGST?

MANTRA

RUHE IST DER BALSAM, DEN WIR BRAUCHEN.

Ich werde oft gefragt: Sind wir ängstlicher als frühere Generationen? Oder sind wir uns einfach mehr dessen bewusst, was Angst ist? Waren frühere Generationen genauso von dem Gefühl des Kontrollverlusts und der Sorge geprägt, das uns heutzutage vielfach so selbstverständlich erscheint?

Neulich abends habe ich mit meiner Mutter (die ebenfalls Therapeutin ist) darüber diskutiert. Sie hat diese Frage so brillant analysiert, dass ich ihre Erkenntnisse gerne mit euch teilen möchte. Im Folgenden liste ich zahlreiche kulturelle Veränderungen der letzten Jahre auf, die dazu beitragen, mütterliche Ängste zu schüren, welche einen so großen Teil unserer elterlichen Erfahrung zu prägen scheinen. Ich habe sie mit Antworten auf die Frage versehen, die ich meinen Followern in den sozialen Medien gestellt habe: »Ist unsere Generation ängstlicher als die Generationen vor uns? Und wenn ja, warum?«

Umgang mit Gefühlen

Damals

Es scheint passend, mit der Frage zu beginnen, ob sich die Art und Weise, wie wir mit Emotionen umgehen, verändert hat. Ich erinnere mich, dass mein Großvater immer sagte: »Nicht weinen!«, wenn wir in Tränen ausbrachen. Er war liebevoll und beständig in seiner Zuneigung, aber für ihn waren negative Gefühle etwas Persönliches, was tunlichst durch eine positive mentale Einstellung ersetzt werden sollte. Die meisten unserer Eltern sind wahrscheinlich noch von der vom Krieg geprägten »Keep calm, carry on«-Generation erzogen worden. Tapferkeit galt als lobenswert, sodass Ängste und Befürchtungen unterdrückt wurden.

Es kann auch sein, dass Ängste eher stigmatisiert wurden und auf weniger Verständnis stießen und dass ängstliche Personen als »leicht neurotisch« oder »übermäßig besorgt« abgestempelt wurden. Ängste und andere psychische Probleme wurden vielleicht eher als Charakterfehler betrachtet und nicht als Gedankenkreisläufe, die man konkret angehen und von denen man sich befreien konnte.

Ich frage mich, ob ältere Generationen, die in politisch und wirtschaftlich schwierigen Zeiten lebten, schlicht gezwungen waren, alles in sich hineinzufressen. Das erstgeborene Baby einer Verwandten starb in den 1950er-Jahren während der Geburt. Sie sprach nie darüber, aber jedes Mal, wenn ein Kind zur Welt kommen sollte, war sie nervös, bis sie hörte, dass alles in Ordnung war. Wenn ich bedenke, wie sie sich in anderen Bereichen verhielt, vor allem in Bezug auf Gesundheit, muss sie unter Ängsten gelitten haben, aber sie wurde von allen als »ein bisschen hysterisch« abgestempelt. ANONYM

Früher habe ich geglaubt, dass meine schier unendliche Besorgnis und Angst einfach etwas mit »meiner Veranlagung« zu tun hatten. Ich wusste nicht, dass ich mich mental mit Werkzeugen und Techniken bewaffnen konnte, um sie zu bekämpfen.

Meine ersten Erfahrungen mit einer Therapie machte ich, als meine Eltern feststellten, dass ich unter einer Phobie vor dem Erbrechen litt (Emetophobie genannt – sie ist erstaunlich weit verbreitet). Möglicherweise hing es mit den Symptomen der Krebserkrankung meiner Schwester zusammen, die ich als traumatisch erlebte; jedenfalls beeinflusste diese Angst meine Entscheidungen, seitdem ich zehn Jahre alt war. Sie beeinträchtigte meine Fähigkeit, gesellschaftliche Anlässe zu genießen, und ich hatte zunehmend Angst davor, im Alltag von Übelkeit überfallen zu werden oder mitzuerleben, wie anderen schlecht wurde.

Ich war eine Zeit lang bei einer netten Frau in Therapie, die mir klarmachte, dass mit ein bisschen Mühe Hoffnung auf Besserung bestand. Und so war es. Die Angst beherrscht inzwischen nicht mehr mein Leben. Und es gibt auch Hoffnung für dich, unabhängig davon, vor welcher Herausforderung du stehst oder welche geheimen Ängste dich plagen.

Dank des Internets, intensiverer Forschung, besserer Finanzierung und einer erhöhten Sensibilität verstehen wir inzwischen zunehmend besser, dass Angst etwas ist, das wir angehen können, wenn wir es wollen. Sie ist kein unlösbarer Teil unserer Persönlichkeit; sie muss nicht unsere täglichen Entscheidungen und unser Verhalten beeinflussen.

Es gibt immer wieder Kampagnen, die darauf abzielen, psychische Erkrankungen zu entstigmatisieren. Die Promis im Scheinwerferlicht der Medien sprechen heute über vieles, was früher als beschämendes Geheimnis verschwiegen worden wäre. Diskussionen werden angestoßen, Ressourcen zunehmend verfügbar gemacht. Wir sind noch nicht am Ziel, aber wir machen Fortschritte.

Inzwischen sind wir besser darin, darüber zu reden. Noch vor etwa acht Jahren, als bei mir zum ersten Mal Angstzustände diagnostiziert wurden, war das kein Thema, worüber man sprach. Heute gehe ich ganz offen damit um. NATHALIE

Ein klarer Kopf

Damals

Vor einer Generation endete irgendwann die Arbeit und dann begann das Privatleben. Mit etwas Glück hatte man fünf aufregende Fernsehkanäle, zwischen denen man hin und her schalten konnte, um sich etwas Eskapismus zu gönnen. Eine kleine Sammlung von Videos stand im Regal (oft sorgfältig aufgenommen, und wir bekamen Ärger, wenn wir eines in die Hülle zurücklegten, ohne es zurückzuspulen). Das Kinderprogramm war am frühen Abend vorbei, und die Erwachsenen konnten irgendwann nur noch auf das Testbild starren.

Lieblingssendungen wurden in den Fernsehzeitschriften mit Kugelschreiber eingekreist, und die Werbung diente als Tee- oder Toilettenpause. Man musste zuschauen, sonst verpasste man eine Wendung oder einen Gag. Mancher hat ein gutes Buch gelesen, das mit einem Lesezeichen versehen darauf wartete, dass man es wieder zur Hand nahm. Es gab Brettspiele und Telefonanrufe, die man entgegennahm, ohne zu wissen, wer am anderen Ende der Leitung war. Computer? Was ist das? WLAN? Aus welcher Sprache kommt dieses Wort?

Spielzeug gab es nicht tonnenweise, denn es war nicht billig. So manches war gebraucht oder von älteren Kindern geerbt. Beim

Spielen selbst wurden weniger Sinne angesprochen; nur selten blinkte und sang, surrte oder piepte etwas. Als Kinder verbrachten wir Stunden mit Rollenspielen, Verstecken, Verkleiden und dem Nachspielen von Erinnerungen und Gesehenem.

Am liebsten spielten wir mit dem alten Brautkleid meiner Mutter Hochzeit oder wir bauten uns behelfsmäßige Raumschiffe und verwandelten uns mithilfe meiner glänzenden Gymnastikanzüge in die Charaktere, die wir von den körnigen Science-Fiction-Filmaufnahmen meines Vaters kannten.

Heute

Die Erwartungen gehen durch die Decke. Der (selbst auferlegte oder anderweitige) Druck ist beklemmend; alles in seinem eigenen Tempo zu machen ist nicht mehr in Ordnung. Mit Hunderten von Bällen auf einmal zu jonglieren, das bringt maximale Anerkennung – und führt im Zeitraffer in den Burnout. LIV

Das Leben macht keine Pause. Es hält einfach nicht inne. Zu jeder Tages- und Nachtzeit kann man im Fernsehen einen von Hunderten Kanälen einschalten. Wir verbringen oft so viel Zeit damit, am Wochenende nach dem richtigen Film zu suchen, dass ich, wenn wir endlich einen ausgewählt haben, zu müde bin, um ihn mir zu Ende anzusehen, und schon vorher ins Bett taumele.

Noch um drei Uhr nachts kann man seine Social-Media-Feeds aktualisieren, sodass sofort ein Update von Bildern und Informationen mit einem Ping auf dem hellen Display in der Hand erscheint. E-Mails, Nachrichten, neue Podcasts … alles kann zu jeder Zeit empfangen werden.

Es gibt kaum noch ein Innehalten. Die Arbeit geht in das häusliche Leben über, und die Grenzen zwischen Beruf und Freizeit verschwimmen. Nichts beginnt und endet so richtig, es sei denn, man schaltet bewusst ab und knallt der Außenwelt die Tür vor der

Nase zu, aber selbst dann summt unsere Innenwelt wie ein statisches Rauschen, weil wir wissen, dass sich die Kommunikation und die vielen Appelle an unsere Aufmerksamkeit aufstauen und darauf warten, dass wir sie wieder einschalten und uns erneut einklinken.

Wir schalten nicht ab und lassen unser Gehirn nicht in Ruhe arbeiten so wie damals. BLUM

Die Tage sind lang und das Jonglieren ist anstrengend. Wie oft habe ich erlebt, dass Kolleginnen oder Kollegen fluchtartig ein Meeting verließen! Hastig stopften sie Unterlagen in Taschen, während sie stotterten, dass der andere Elternteil eigentlich an der Reihe wäre, heute die Kinder von der Kita abzuholen, aber leider verhindert wäre.

Wir sind eine Sandwichgeneration. Wir wollen wie unsere Mütter sein, aber wir lieben unseren Job. MARISA

Das Leben ist teurer geworden: Pendeln, Kinderbetreuung, Hypothekenkredite. Das führt dazu, dass wir unglaublich viele verschiedene Funktionen ausüben und sie ständig wechseln. Uns wird der Glaube verkauft, dass wir alles schaffen können, doch in Wirklichkeit fühlen wir uns wie auf einem Laufband, dessen Geschwindigkeit zu hoch für unsere Beine eingestellt ist.

Anstatt in der Lage zu sein, das Leben in sättigende Kuchenstücke aufzuteilen, sind wir gezwungen, es in unappetitliche Häppchen zu zerlegen, die uns hungrig und unzufrieden zurücklassen. Ich habe oft das Gefühl, dass alles und jeder ein winziges Stück von mir abbekommt, dabei sehne ich mich nach mehr Abgrenzung.

Ich hätte gerne mehr Zeit, um mich intensiv mit den Kindern zu beschäftigen, fern von den Anforderungen des Hauses, des Lebens und der Technologie, die unaufhörlich mit Signaltönen um meine Aufmerksamkeit buhlt. Zeit, um die Arbeit zu erledigen, ohne dass dabei meine Aufmerksamkeit in dreißig verschiedene Richtungen gezerrt wird. Ich hätte gerne Zeit mit meinem Mann, ohne am Ende langer Tage nur noch über simple Logistik grunzen zu können, weil wir beide auf ganz unterschiedliche Weise erschöpft sind. Ich habe es satt, alles Mögliche zu erledigen und dennoch das Gefühl zu haben, nie alles richtig zu machen, weil nicht genug von mir da ist, um die Ansprüche ausreichend zu erfüllen.

Kommt dir das bekannt vor? Seit wann haben wir das Gefühl, dass unsere Ressourcen einfach nicht ausreichen, weil die Anforderungen, die an uns gestellt werden (von uns selbst oder von der Gesellschaft oder beidem), einfach zu viele sind, als dass ein Mensch allein sie vollständig erfüllen könnte?

Spielzeuge piepsen, blinken und singen. Die elektronischen Melodien von Florence' Babywippe dudeln mir in Dauerschleife im Kopf herum, während ich versuche einzuschlafen. Vor Kurzem haben wir die Anzahl der Spielsachen im Kinderzimmer halbiert, da die Kinder sie beim Spielen immer alle rausgeholt haben. Sie merkten nicht einmal, dass die Hälfte fehlte.

Wir werden von allen Seiten unablässig bombardiert: mit Lärm, Aktivität, Kommunikation. Freiraum entsteht nicht von selbst, da nichts fehlt. Wir befinden uns häufiger denn je im Arbeitsmodus, sind müde und gestresst. Unser ständiger Alarm- und Funktionszustand lässt den Cortisol-(Stress-)Pegel steigen, und als Folge davon fühlen wir uns ständig unter Strom.

Unser Lebensstil signalisiert unserem Körper, dass wir gestresst und gefährdet sind, und löst unseren Kampf-oder-Flucht-Modus aus. Das hindert uns daran, die Ruhe zu finden, die wir als Balsam brauchen.

Unser Lebensstil signalisiert unserem Körper, dass wir unter Stress stehen und gefährdet sind.

Ratschläge und Informationen

Damals

Wenn man Informationen benötigte, bestand die einzige (und sehr kostspielige) Möglichkeit darin, Freunde oder Verwandte anzurufen, die »schon mal so was mitgemacht hatten« und hoffentlich aus eigener Erfahrung ein paar Ratschläge beisteuern konnten. Oder man fragte eine Freundin, wenn man sie zufällig in der Spielgruppe traf oder wenn man eine Besorgung in der Stadt erledigte.

Wenn es sich um eine medizinische Frage handelte, konnte man einen Arzttermin vereinbaren, um mit jemandem zu sprechen, der oder die aufgrund professioneller Erkenntnisse wahrscheinlich mehr wusste als man selbst.

Oder man improvisierte einfach und verließ sich auf seine Intuition. Wenn es sich richtig anfühlte, richtig aussah und es dem Kind gut ging, dann war es wahrscheinlich richtig. Und wenn nicht … dann machte man es beim nächsten Mal eben anders. Solange die Kinder gesund und glücklich waren, war es im Grunde egal.

Heute

Inzwischen ist es so, dass unsere Intuition viel zu oft vom Getöse zahlreicher anderer, jederzeit zugänglicher oder ungebeten auf uns einprasselnder Meinungen übertönt wird. Wenn man nur lange genug sucht, so glauben wir, findet sich irgendwo eine Antwort auf einfach alles. Jedoch: Je mehr man sucht, desto schwerer fällt es, die richtige Antwort aus der Menge herauszufiltern. Und während unserer unablässigen Suche verlieren wir den Kontakt zu der leisen Stimme, die uns verrät, was für uns das Richtige ist, unabhängig davon, was der Lärm um uns herum behauptet.

Wir trauen unserem Bauchgefühl nicht mehr. PAZ

Ich erinnere mich noch, wie es Oscar mit vier Monaten einmal gar nicht gut zu gehen schien. Wir waren bei einer Freundin zu Besuch, und alle waren der Meinung, dass er zahnt. Wir kramten die Kügelchen und Beißringe hervor, aber er hörte nicht auf zu schreien.

Früh am nächsten Morgen erwachte ich nach einer wahnsinnig unruhigen Nacht mit dem untrüglichen Gefühl, dass irgendetwas ganz und gar nicht stimmte. Es fühlte sich an, als wäre mein Magen mit zerklüfteten Felsbrocken beschwert, und meine Brust war erfüllt von tausend unruhigen Schmetterlingen. Ich rief einen Krankenwagen, und Oscar musste notfallmäßig am Darm operiert werden. Ich will jetzt nicht bis ins Detail erzählen, was er hatte und was mit ihm geschah, denn wenn ihr nur ein bisschen so gestrickt seid wie ich, werdet ihr das ganze Szenario in euren Aktenschrank zu »all den schlimmen Sachen, die möglicherweise passieren könnten« einordnen.

Was ich jedoch damit sagen wollte: Inmitten des Tauziehens der subjektiven Meinungen anderer Leute zu jeder einzelnen Facette der Elternschaft und des Mutterseins gibt es auch deine Meinung, dein Gefühl und deine mütterliche Intuition.

Je mehr widersprüchlichen Meinungen wir ausgesetzt sind, desto mehr sind wir geneigt, an uns selbst zu zweifeln. Das triggert Ängste, weil wir befürchten, etwas falsch zu machen. Und obwohl es vielleicht auch wichtig sein mag, die Meinung von Freunden, Verwandten und Fachleuten einzuholen, hört auch auf euer Bauchgefühl.

Wir verfügen heute über mehr Informationen. Statt flüchtig über etwas nachzudenken, können wir jetzt alles überanalysieren. VIKTORIA

Schicksalsschläge

Damals

In der Generation unserer Eltern erfuhr man die Nachrichten zu bestimmten Tageszeiten – entweder im Fernsehen oder man schnappte sich eine Zeitung. Geschichten aus der näheren Umgebung erfuhr man durch Klatsch und Tratsch und durch belauschte Gespräche. Gelegentlich bekam man Wind von einem tragischen Unfall, einer Totgeburt, einem Autounfall oder einer Krebsdiagnose und war voller Sorge und Mitgefühl für die betroffenen Familien.

Schlimme und tragische Dinge passierten nicht jeden Tag jedem, sie waren keine alltäglichen Ereignisse. Sie fühlten sich auch nicht so an. Man kannte nicht alle möglichen Krankheiten und gefährlichen Szenarien, die die Welt zu bieten hatte, denn wenn sie nicht gerade in den Nachrichten erwähnt wurden oder dem Freund einer Freundin eines Freundes passiert waren, hatte man noch nie davon gehört.

Heute

Heutzutage haben wir das Gefühl, dass tragische und traurige Geschichten alltägliche Begebenheiten sind, alltägliche Realitäten, die möglicherweise auch uns betreffen könnten. In unmittelbarer Reichweite, auf unseren Bildschirmen, sind wir mit Hunderttausenden von Geschichten pro Tag verbunden, nicht nur mit denen, von denen man in den Acht-Uhr-Nachrichten hört oder weil die Mutter am Abend mit der Tante telefoniert hat.

Im Internet findet man für jede einzelne Lebenserfahrung und jede Eventualität mehrere Communitys, was wunderbar ist, wenn man sich nach der Unterstützung von Leuten sehnt, die wissen, was man gerade durchmacht. Wenn man sich jedoch auf der Suche nach Tipps zur Vermeidung des Plötzlichen Kindstods auf einmal in einem Irrgarten von Müttern wiederfindet, die ein Kind verloren haben, hat man plötzlich das Gefühl, als wäre das Risiko fast schon eine Gewissheit.

Die Berichterstattung ist ausgeufert und damit das Bewusstsein für die Gefahren im Leben. DI

Eines Tages habe ich mir eine Doku über eine obskure und seltene Todesursache angesehen, von der ich noch nie gehört hatte – und zwar deswegen, weil noch nie irgendjemand, den ich kenne, davon betroffen war. Dennoch erfasste mich »die Angst«, und ich stürzte mich ins Internet, um mich mit Wissen über alle möglichen Symptome zu bewaffnen, falls jemand, den ich kannte, davon betroffen sein sollte. Denn dann wüsste ich schließlich Bescheid, oder? Ich könnte es der Person sagen, ihr das Leben retten. Eine Tragödie von uns abwenden.

Als ich die Unmengen an digitalen Informationen überflog, stieß ich auf so viele Nachrichtenartikel, Foren, Geschichten und Erfahrungen aus erster Hand, dass die Sache in meinem Kopf schnell von »so selten, dass ich noch nie davon gehört habe« zu einer sehr realen Bedrohung wurde, die höchstwahrscheinlich irgendwann meine Familie betreffen würde. Die schiere Menge an Informationen, die wir konsumieren, die wir unbewusst beim gedankenlosen Blättern verschlingen, die wir, hungrig nach Wissen, suchen und von denen wir uns erhoffen, dass sie unser Gemüt beruhigen, verzerren unsere Realität. Sie verzerren statistische Wahrscheinlichkeiten und Verhältnisse wie ein verformter Jahrmarktspiegel, der die Realität zu etwas verbiegt, was unser Gehirn nur schwer verarbeiten kann.

Wir gieren nach Informationen, weil wir glauben, dass sie uns beruhigen. Aber zu viel davon, aus zu vielen Quellen, verleiht uns stattdessen die Stabilität eines Ruderbootes in einem tosenden Ozean. Kein Wunder, dass wir alle ein wenig ängstlich sind. Je mehr wir über die Risiken, Herausforderungen und Potenziale des Lebens wissen, desto verletzlicher fühlen wir uns.

Freundschaften

Damals

Wir wuchsen in einem kleinen Dorf in Herefordshire auf. Wir kannten die Nachbarn und hatten Freunde, mit denen wir uns regelmäßig trafen. Wir kamen nie weiter als bis zum Gemüseladen, bevor wir einem bekannten Gesicht begegneten. Wir hingen an Mamas Beinen, während sie sich mit ihren Freundinnen über langweilige Erwachsenendinge unterhielt.

Die längste Fahrt, die wir regelmäßig unternahmen, dauerte fünfzig Minuten und führte sonntags zu meinen Großeltern. Wir saßen stumm vor Reisekrankheit auf dem Rücksitz, und uns knurrte der Magen vor Hunger auf den Braten, der uns bei der Ankunft erwartete.

Wir kannten nicht sehr viele Leute und meine Eltern auch nicht. Sie hatten ein paar Freunde aus der Kindheit, ein paar Freunde aus dem College und Leute, die sie bei uns in der Gegend kennengelernt hatten. Das war's auch schon.

Wir waren von Menschen in verschiedenen Stadien ihres Lebens, verschiedenen Alters und mit unterschiedlichen Lebenserfahrungen umgeben. Es war deutlich erkennbar, dass das Leben größtenteils in Etappen verlief, schon indem man beobachtete, wie die Leute um einen herum die Herausforderungen der Elternschaft meisterten. Man konnte Zuversicht daraus ziehen, wenn man andere beobachtete, die einem einen oder zwei Schritte voraus waren.

Man erschuf sich nicht sein eigenes Dorf; die Gemeinschaft bestand aus den Menschen, die man regelmäßig sah, und die Freunde waren zufällig diejenigen, mit denen man mehr Zeit verbrachte als mit anderen. Es gab mehr Leute in unserem Leben, die uns von klein auf hatten aufwachsen sehen, die unsere Entwicklung miterlebt und unsere Familie über die Jahre hinweg gekannt hatten.

Auch entfernte Verwandte wohnten meist nur eine Autofahrt entfernt. Arbeitnehmer gingen früher in Rente, sodass es möglicherweise mehr Leute gab, die mit anpacken konnten, wenn sie gebraucht wurden. Man gründete früher eine Familie, sodass diese helfenden Hände potenziell rüstiger waren. Mütter- und Spielgruppen waren selten, und es war auch nicht so billig und einfach, mit Kindern auswärts zu essen, daher wurden mehr Mahlzeiten zu Hause eingenommen, und die Kinder spielten meistens draußen im Freien.

Heute

Ich weiß nicht, wie es euch geht, aber ich kenne unglaublich viele Leute, und dennoch habe ich das Gefühl, dass die meisten von ihnen mich nicht kennen. Ich meine so richtig. Ich könnte die Freunde aus meiner Kindheit, zu denen ich noch Kontakt habe, an einer Hand abzählen, und in meinem Handy sind Kontakte aufgelistet, von denen ich kaum noch sagen kann, woher ich diese Leute kenne.

Wir haben so viele Bekannte, Kontakte, Leute, die wir in den verschiedenen Phasen und Kontexten unseres Lebens gesammelt haben, aber wie viele Menschen kennen uns wirklich? Wissen, wie wir ticken, kennen unsere Geschichte, kennen die Stolpersteine, die uns zu dem gemacht haben, was und wer wir sind? Wir führen mehr Gespräche als je zuvor, in mehr Formaten als je zuvor (digital und live), doch wie viel Intimität kommt dabei zustande?

Trotz der Tatsache, dass ich noch nie so vernetzt war, habe ich mich andererseits noch nie so einsam und allein gefühlt, wie ich es heutzutage manchmal tue. Es gibt viel mehr Austausch unter den Menschen als je zuvor, Millionen von Bildern und Worten werden in jeder Sekunde geteilt, aber menschliche Kontakte, wahre Intimität, sind seltener geworden.

Früher habe ich häufig mit meinen Freunden telefoniert. Wenn mich heute jemand anruft, gehe ich möglichst nicht dran. Ich habe das Gefühl, dass mich die viele Kommunikation überfordert. Auch wenn die vielen kurzen Nachrichten, die ich pro Tag mit anderen austausche, nicht annähernd so gehaltvoll sind wie die langen Gespräche früher. ANONYM

Die verbesserten Bildungschancen und die Knappheit von Arbeitsplätzen führen dazu, dass Familien immer häufiger weit verstreut leben. Wir entfernen uns physisch von unseren ursprünglichen Unterstützungsnetzwerken.

Mit achtzehn zog ich nach Loughborough, über die Autobahn zwei Stunden von meinem Elternhaus entfernt. Dort lernte ich Tarun kennen, meinen heutigen Ehemann. Nach unserem Abschluss zogen wir auf der Suche nach Arbeit und Weiterbildungsmöglichkeiten nach London. Inzwischen lebe ich zweieinhalb Stunden von meinen Eltern entfernt. Das ist eine ganz schöne Strecke, wenn man drei kleine Kinder hat, die mehrere Pausen zwischendurch einfordern. Man kann nicht einfach mal für einen Tag hinfahren, also bleiben nur die Wochenenden, aber die nutzen wir in der Regel, um das Chaos zu Hause zu beseitigen.

Am Ende versuchen wir, Versäumtes möglichst erinnerungsträchtig nachzuholen und uns in kurzer Zeit so sehr miteinander zu beschäftigen, wie wir es ansonsten über Tage und Wochen verteilt täten, wenn die Entfernung zwischen uns nicht so groß wäre. Ich kann mir denken, dass viele von euch an dieser Stelle zustimmend nicken und vielleicht noch weiter entfernt von ihrer Familie wohnen, sodass sie möglicherweise sogar fliegen müssen.

Heutzutage müssen wir uns zwangsläufig unsere eigenen Gemeinschaften erschaffen, die die alten Dorfstrukturen nachahmen. Und es ist wahrscheinlicher, dass wir uns zu denen hingezogen fühlen, die unser Schicksal teilen. Die meisten Freunde in unserer Nähe befinden sich in der gleichen Lebensphase wie wir. Unsere

Kinder sind in einem ähnlichen Alter, wir stehen vor ähnlichen Herausforderungen, und obwohl das in vielerlei Hinsicht schön ist, entgehen uns andererseits die vielen Vorteile, die gewachsene, aus mehreren Generationen bestehende Gemeinschaften bieten.

Wenn wir das Gefühl haben, dass man uns nicht gut genug kennt, ist es weniger wahrscheinlich, dass wir unser Innenleben mit anderen teilen. Wenn wir Probleme haben oder uns mit einer Situation überfordert fühlen, kann es uns schon einmal zu viel sein, auch noch die entsprechende Hintergrundgeschichte zu liefern, damit eventuelle Zuhörer verstehen, wie sich alles entwickelt hat. Viele Freundinnen und Freunde in unserer Nähe kenne ich gerade einmal seit fünf Jahren.

Es ist auch ziemlich schwierig, so eine Hintergrundgeschichte zu erzählen, wenn man nicht mehr als Halbsätze wechseln kann, weil man von der lärmenden Kakophonie spielender Kinder, übermüdeter, quengelnder Babys und mit dudelndem, ratterndem Spielzeug kämpfenden Kleinkindern in Spielgruppen umgeben ist. Die Themen sind für uns alle mehr oder weniger dieselben: Wir sind frustriert, weil die Beziehung leidet, bedingt durch den Zeitmangel, der durch den Familienzuwachs entsteht, und hinzu kommen die Einschränkungen durch die Kinder, die hohen Ausgaben und die komplizierte Organisation der täglichen Aufgaben.

Die Sorgen und Herausforderungen, die uns vereinen, kommen uns manchmal umso größer vor, je mehr Bedeutung wir ihnen zubilligen und je mehr Aufmerksamkeit wir ihnen schenken.

Wir bestätigen die Ängste der anderen und geben ihnen das Gefühl, dass es in Ordnung ist, sich um vieles zu sorgen, was gerade im Leben anliegt. Es ist toll, das Gefühl zu haben, dass wir mit dieser Art von Sorgen nicht allein sind, aber es sollte nicht dabei bleiben. Nur weil es nicht ungewöhnlich ist, als Mutter Ängste zu haben, heißt das nicht, dass wir nicht nach Möglichkeiten, Techniken und Erkenntnissen suchen sollten, um den Raum, den die Sorgen im Kopf einnehmen, zurückzuerobern.

Dadurch, dass wir zunehmend offener über alltägliche Ängste sprechen, werden andererseits manche der tiefer verwurzelten, komplexeren Probleme weniger thematisiert. Das liegt daran, dass es vielen Beziehungen an Tiefe, Dauer und Intimität mangelt, um uns die Sicherheit zu bieten, auch über heiklere, uns stärker berührende Themen reden zu können.

Vergleichen

Damals

Als es noch viel weniger Fernsehkanäle, keine sozialen Medien und nur ein Regal mit Zeitschriften gab, wurden wir deutlich weniger mit Hochglanzdarstellungen der Biografien anderer bombardiert. Zwar waren viele Fotos wohl auch damals schon nachbearbeitet, aber die Technik war noch nicht so weit fortgeschritten.

Als ich Kind war, war die Finanzierung des Lebens für meine Familie gelinde gesagt eine Herausforderung. Es gab Zeiten, in denen das Geld sehr knapp war, und so manche Phasen, in denen uns nur die selbstlose Großzügigkeit von Freunden und Verwandten rettete.

Es gab Zeiten, in denen unser altes Auto endgültig und irreparabel kaputt gegangen war; da lieh uns jemand seines, damit meine Mutter uns weiterhin zur Schule bringen konnte, wohin wir bei uns auf dem Land nicht anders kamen. Es gab eine Zeit, in der meine Schwester nicht mehr lange zu leben hatte, da buchte jemand einen Familienurlaub für uns, den wir uns nie hätten leisten können. Damit schenkten uns diese Menschen ein paar letzte kostbare gemeinsame Erinnerungen.

Manche unserer Freunde waren durchaus wohlhabend. Ich erinnere mich lebhaft daran, wie ein Paar meinen Bruder und mich eines Tages mit in das Schwimmbad ihres Fitnessclubs nahm, um meinen Eltern etwas Ruhe und Zeit zu geben, sich auf meine Schwester zu konzentrieren. Wir betraten diese glänzende Welt jenseits des öffentlichen Schwimmbads im Ort und waren fasziniert von den glänzenden Böden, den Wasserflaschen und flauschigen Handtüchern, die zur freien Verfügung standen. Es war ein großer Luxus für uns. Es rückte unser Leben in eine neue Perspektive, und ich sehnte mich danach, in diese andere, glücklichere Welt zurückzukehren. Ich glaubte, dass Geld der entscheidende Faktor für eine andere Lebensart war.

Und ich erinnere mich, dass ich eine hübsche, zierliche Freundin hatte. Eines Tages ging ich nach der Schule zu ihr nach Hause, und wir zogen uns ihre Kleider an. Ich warf mir ihr Oberteil über den Kopf, hatte aber Mühe, beide Arme hineinzubekommen, da mein Körperbau anders war. Auch das gab mir frisches Futter für Vergleiche und verlieh mir einen unmittelbaren Einblick in die Unterschiede, die durch die zunehmende Konfrontation mit der Werbung nur noch verstärkt werden würden.

In der Vergangenheit wurde uns das Leben anderer Menschen nicht in einem kuratierten, bearbeiteten Stream gezeigt, sondern es war real. Man sah das Raue und das Glatte, die Höhen und die Tiefen. Man war weniger geneigt, sie zu idealisieren.

Heute

Und jetzt? Milliardenschwere Industrien leben davon, dass wir das Gefühl haben, mehr sein und mehr haben zu müssen. Unsere Wirtschaft blüht, weil wir uns anderen gegenüber minderwertig fühlen und das Bedürfnis haben, diese Lücke zu füllen … vorzugsweise mit etwas, für das wir Geld ausgeben müssen. Du kannst es dir nicht leisten? Kein Problem; es gibt keinen Grund zu warten. Beantrage eine neue Kreditkarte oder eröffne ein Kundenkonto. Das Glück ist nur eine Unterschrift entfernt. Mehr brauchst du nicht, um ein bisschen mehr wert zu sein.

Es besteht ein äußerer und innerer Druck, alles haben zu wollen und alles erreichen zu können. SUKRITI

Wir werden dazu angeregt, ein Leben zu führen, das wir uns nicht leisten können, um ein Glück zu erlangen, das es nicht geben kann. Wir werden mit geschönten Bildern bombardiert, die die Höhepunkte des Lebens zeigen sollen. Daraufhin entwickeln wir unweigerlich einen verzerrten Sinn dafür, was erreichbar ist und sein sollte.

Wir neigen eher dazu, uns der glatten Lüge hinzugeben, dass diese Bilder die großen und einzig wahren Bilder seien. Ganz gleich, wie wir versuchen, es zu rationalisieren, wenn uns ein so großer Schwindel in solch beständiger Menge verkauft wird: Es ist, als würde man versuchen, einen undichten Damm mit Fetzen von Klopapier zu stopfen.

Soziale Medien

Damals

Wie bitte? Was soll das denn sein?

Heute

Die sozialen Medien stehen vor unserer Tür und hämmern wie wild darauf ein. CHERRY

Die sozialen Medien gehören zu den allgegenwärtigen Phänomenen unserer Generation, und sie sind unbestreitbar eine der spannendsten und innovativsten Errungenschaften. Jeder findet dort die Geborgenheit einer Gemeinschaft, während sich früher viele gänzlich isoliert fühlten. Doch sie können auch enorm zerstörerisch sein und süchtig machen. Es ist schwer, die Balance zu finden.

Man hält eine ganze Welt von »mehr« in der eigenen Hand. Wir scrollen, wir schalten ab, aber wir hören nie auf zu konsumieren. Das Leben anderer Menschen, Werbung und Geschichten ziehen in einem beständigen Strom an unseren Augen vorbei. Es ist schwer zu sagen, was real ist und was nicht. Wir denken vielleicht, dass es keine Rolle spielt, aber das tut es.

Wir sehen das, was in den sozialen Medien präsentiert wird, durch den Filter unserer jeweiligen Stimmung. Wenn man sich in irgendeiner Weise ausgelaugt fühlt, ist man anfälliger für Vergleiche, da es schwieriger ist, auf den rationalen Teil des Verstandes zuzugreifen. Die Wahrscheinlichkeit ist hoch, dass man sich dadurch hinterher noch niedergeschlagener fühlt als zuvor.

Ich habe gerade zwei Jahre Seelsorge an einer Sekundarschule hinter mir, und der Einfluss der sozialen Medien und Reality-TV-Programme wird überall sichtbar. Selbst als Erwachsene vergesse ich, dass das »Insta-Leben« nicht immer das wahre Leben ist. ANONYM

Die Standards und Erwartungen erhöhen sich in dem Maße, wie wir uns mit dem vergleichen, was wir von anderen sehen. Allmählich verdrängen wir unsere weniger schönen Seiten, sowohl online als auch offline, und wir unterliegen der immer weiter verbreiteten Überzeugung, dass wir nur im Topzustand akzeptabel oder liebenswert seien. Obwohl wir alle immer mehr von unserem Leben mit anderen teilen, erhält die Versuchung, immer weniger von unserem authentischen Selbst zu zeigen, diesen Kreislauf aufrecht.

Gelegentlich hat das gedankenlose Scrollen durch die sozialen Medien dazu geführt, dass ich mich anschließend besser informiert und weniger allein fühlte. Doch wesentlich häufiger ist es, als würde Salz in die Wunden meiner Verletzlichkeit gestreut, wenn ich das aufregende, erfüllte Leben von Hunderten anderer sehe, und ich fühle mich anschließend schlechter.

Wenn ich stark und ausgeruht bin, neige ich weniger zu dem

Glauben, dass alles, was ich sehe, real ist, und dass nicht jede Mutter Instagram-würdige Basteleien oder belegte Brote in Hasenform kreiert oder eine Gefriertruhe voller liebevoll selbst gemachter Würfel mit Entwöhnungsleckereien hat. Oder dass jede andere Frau Mitte dreißig ihre Wäsche zu bügeln scheint, und ihre Kinder lächeln und backen und sich nicht ständig um das gleiche Scheißspielzeug streiten (obwohl du nachgegeben und ihnen jeweils eines gekauft hast).

Wir sind ängstlicher, weil wir uns all der kleinen, scheinbar unbedeutenden Dinge im Leben anderer Leute mehr bewusst sind. Früher wussten wir nicht genau, wie aufgeräumt der Hauswirtschaftsraum der Nachbarn war oder was unsere Arbeitskollegen am Wochenende so getrieben hatten. Doch jetzt wissen wir das alles und fühlen uns unter Druck gesetzt, ein so sauberes und ordentliches Zuhause wie möglich, ein so aufregendes gesellschaftliches Leben wie möglich, eine so perfekte Beziehung wie möglich usw. zu haben. Zusätzlich zu all dem anderen Druck, den wir vorher schon hatten, ist das einfach zu viel! Ich versuche mir das ständig vor Augen zu halten. LEILA

Da meine Fähigkeit, rational zu denken, nach der Geburt von Charlie durch chronischen Schlafmangel geschwächt war, verfiel ich dem Mythos der Supermum. Ich hatte das Gefühl, das Leben auf eine Weise darstellen zu müssen, die nicht meiner Erfahrungswirklichkeit entsprach. Ich zwang mich zu lächeln, während ich mich niedergeschlagen und allein fühlte. Ich zwang mich, von der Liebe zu meinem neuen Baby zu sprechen, während es mir fremd war.

Ich fühlte mich als Versagerin, weil das, was ich vermeintlich erleben »sollte«, weit von meiner eigenen Wahrheit entfernt war. Die Bilder, die auf mich einprasselten, verfestigten diesen Glauben nur und waren wie Öl ins Feuer meiner Angst. Erst als ich begann, meine bröckelnde Fassade abzustreifen, konnte Licht in die dunklen Ecken sickern.

Vergleiche hindern uns daran, das Schöne in unserem eigenen Leben zu genießen. Sie gaukeln uns vor, Glück wäre dort nicht zu finden.

Fazit

Unser ausgefülltes, schnelles Leben trägt dazu bei, dass die Ängste in unserer Generation zugenommen haben. Ich hoffe, du verstehst jetzt besser, warum das Muttersein in unserer Generation etwas so Bedrückendes und Furchteinflößendes haben kann. Was wir dagegensetzen müssen, ist Selbstmitgefühl. Von außen wird schon genug Druck auf uns als Mütter ausgeübt; wenn wir mit unseren eigenen Ansprüchen noch eine Schippe drauflegen, ist es kein Wunder, dass wir manchmal kurz vor dem Nervenzusammenbruch stehen.

Ich habe meine Social-Media-Follower gefragt, ob sie das Gefühl haben, dass wir eine ängstlichere Generation sind als die zuvor, und warum. Überwältigend häufig lautete die Antwort, dass soziale Medien und die durchweg verzerrte Realität, die man uns ständig vorsetzt, einen großen Einfluss auf unsere Psyche haben. Dadurch neige ich inzwischen dazu, den sozialen Medien gegenüber wachsamer zu sein, um mich vor diesem zweischneidigen Schwert zu schützen. Die Welt in unserer Handfläche schläft nie. Die Insta-Kultur nährt Ängste, aber wenn wir uns dessen bewusst sind, können wir darüber entscheiden, wie wir mit ihnen umgehen.

Top-Tipp

Wenn du das Gefühl hast, besonders anfällig dafür zu sein, dich mit anderen zu vergleichen, solltest du deinen Umgang mit sozialen Medien überdenken.

Für dein Tagebuch

- Gibt es irgendwelche Bereiche deines Lebens, die möglicherweise deine Ängste nähren?
- Kannst du irgendetwas anders machen, um etwas dagegen zu tun?
- Wie viel von deinem Leben filterst du nach außen hin?
- Was hält dich hauptsächlich davon ab, authentischer zu sein?

5. Kapitel
WAS MACHT DIR ANGST?

MANTRA

ICH HABE EIN LEBEN VERDIENT, DAS VOLLER POSITIVER ERFAHRUNGEN STECKT.

Kannst du dich an eine unbeschwertere Zeit in deinem Leben erinnern, in der alles ein bisschen einfacher schien? Vielleicht hat sich deine Angst mit der Zunahme von Verantwortung und Druck allmählich eingeschlichen. Oder wurde sie von einem bestimmten Lebensereignis ausgelöst? In diesem Kapitel gehen wir der Frage nach, von welchem Zeitpunkt an deine Ängste nicht mehr so leicht abzuschütteln waren und warum.

Wenn wir uns daranmachen, das zu identifizieren, was unsere Angst ausgelöst oder verschlimmert hat, und uns fragen, welchem Zweck diese Angst dient, können wir sie gezielter angehen. Vielleicht identifizierst du dich mit einer oder mehreren der möglichen Ursachen deiner Ängste. Meistens ist eine Kombination von Faktoren im Spiel, so viel schon einmal im Voraus. Ich fange damit an, mit dir die Auslöser durchzugehen, die sich auf meine Angst ausgewirkt haben.

Wann habe ich angefangen, mir solche Sorgen zu machen?

Ich weiß nicht genau, wann sich die Angst bei mir eingeschlichen hat. Unsere Familiendynamik war schon immer eine Herausforderung für mich. Das schwerwiegendste Ereignis in meinem Leben war, als bei meiner jüngeren Schwester im Alter von vier Jahren ein Hirntumor diagnostiziert wurde. Im zarten Alter von sieben Jahren wurde mir plötzlich bewusst, auf welch hauchdünnem Grat wir zwischen Leben und Tod balancieren und wie der Bumerang des Lebens wie aus dem Nichts heranschnellen kann, um dich von deinem sorglosen Ästchen zu werfen und dir das Gefühl zu vermitteln, dass dir der Boden unter den Füßen weggezogen wird. Das Leben fühlte sich nicht mehr sicher an, sondern war ein unsicherer Ort geworden.

Ich weiß noch, wie ich im Wartezimmer saß und auf die Prognose für meine Schwester wartete. Meine Eltern saßen mit aschfahler Miene auf den festgeschraubten Plastikstühlen. Ich hatte den verzweifelten Wunsch, dass das Leben in Ordnung ist. Ich fühlte mich, als stünden wir am Rande eines Abgrunds. Ich hatte das Gefühl, wir würden alle hineinfallen.

Vielleicht war es dieser Moment, in dem ich eine brennende Verzweiflung spürte, weil ich die grausame Wendung, die unser Familienleben nahm, aufhalten wollte. In meinem Kopf lief in einer Schleife die Musik der Platte, die wir am Wochenende hörten, wenn das Feuer im Kamin brannte und das Essen kochte. Die Musik bedeutete Trost. Beständigkeit. Alltäglich, schön, langweilig.

Ich sehnte mich plötzlich mehr denn je nach Langeweile.

Schreiben hat eine therapeutische Wirkung. Nachdem ich dies niedergeschrieben habe, habe ich den Moment erkannt, in dem mir die Augen für die Tatsache geöffnet wurden, dass ich letztlich nicht die Kontrolle habe, die ich gerne hätte. Ich weiß, das alles klingt sehr ominös, aber es ist hilfreich zu erkennen, was Angst ist.

Angst ist das nackte Bewusstsein der Zerbrechlichkeit des Lebens und der fehlenden Kontrolle an der Stelle, wo wir sie uns dringend wünschen.

Dies sind einige Ängste, die mir in den letzten Tagen zu schaffen machten:

- Charlie wird einen Asthmaanfall bekommen und sterben, bevor ich seinen neuen Inhalator abholen kann.
- Ich werde einen Autounfall bauen, während ich mit den Kindern unterwegs bin.
- Mein Mann wird von einem betrunkenen Autofahrer angefahren werden, während er mit Freunden spät aus dem Pub zurückkommt.
- Meine Eltern kommen heute Abend und werden auf dem Weg zu uns bei einem Autounfall sterben.
- Meine Kopfschmerzen werden von Krebs ausgelöst, wie bei meiner Schwester. Es muss in der Familie liegen.
- Ich bin zu müde, um meinem Mann genügend Aufmerksamkeit zu schenken. Bestimmt fängt er deswegen eine Affäre an.
- Die Leute werden dieses Buch nicht mögen oder es nicht so hilfreich finden, wie ich es mir zutiefst wünsche.
- Ich muss zu viele Bälle gleichzeitig in der Luft halten, sodass ich nichts richtig mache. Ich bin eine Versagerin.

All diese Gedanken haben mit einem Gefühl mangelnder Kontrolle zu tun. Alle diese Gedanken klingen wie feststehende Tatsachen oder eilen in eine Zukunft voraus, die noch nicht eingetreten ist. Und all diese Gedanken drehen sich um mögliche Ereignisse, stimmt's? Niemand kann mir mit Sicherheit sagen, dass sie nicht eintreten werden. Ich fürchte mich ja nicht davor, verzaubert oder von einem Troll entführt zu werden. Mein Verstand spiegelt mir Szenarien vor, die nicht unwahrscheinlich sind.

Einige dieser Gedanken kamen mir um zwei Uhr nachts, nachdem ich von Charlie geweckt worden war, der jammerte, weil er plötzlich entdeckt hatte, dass seine Schlafzimmertür um 1,786 Grad weniger weit geschlossen war als beim Zubettgehen (anscheinend geht das gar nicht!). Jeder dieser angstvollen Gedanken hätte mich leicht in einen Strudel der Angst stürzen können. Früher wäre das auch passiert.

Sobald ich über eines dieser Szenarien länger als nur einen flüchtigen Moment nachgedacht hätte, wäre es unglaublich schwierig geworden, wieder einzuschlafen. Diese Angstspiralen gleichen einem dieser Albträume, aus denen man erleichtert erwacht, bei denen das Herz Zeit braucht, um sich zu beruhigen, und bei denen man vielleicht das Licht einschalten muss, um sich zu vergewissern, dass alles nur ein Traum war. Die beängstigenden Gedankenspiralen werden uns heimsuchen, aber es liegt an uns, was wir mit ihnen anstellen.

Dies waren also einige der Auslöser für meine Ängste; jetzt wollen wir erforschen, was für dich die Auslöser sein könnten.

Ein Blick auf deine umständebedingten Auslöser

Mit »umständebedingten Auslösern« sind solche Lebensereignisse gemeint, die uns das Gefühl vermitteln, die Kontrolle zu verlieren, und die uns mit einem Schlag bewusst machen, was alles passieren kann. In der Regel sind es Ereignisse oder Umstände, die dazu geführt haben, dass wir uns verängstigt, hilfsbedürftig oder abgewertet fühlten, zum Beispiel Arbeitsstress, Trauer, Krankheit, Verlust oder das Scheitern einer Beziehung. Wenn wir uns in einer emotionalen Notlage befinden, können die früher erlebten Emotionen durch andere, ähnliche Situationen erneut ausgelöst werden.

Ich habe schon früh meine Mutter durch Krebs verloren, und jedes Mal, wenn mein Vater krank wird, packt mich die Angst. Selbst wenn er sagt, es sei nur ein Husten, befürchte ich, es sei Lungenkrebs. Dann muss ich ständig nach ihm sehen. Er findet das ein bisschen nervig. Aber ich habe solche Angst, ihn auch noch zu verlieren! PETRA

Bei mir löst es Ängste aus, wenn eines meiner Kinder über Kopfschmerzen klagt oder wenn sie bei anderen im Auto mitfahren (nicht, dass ich meine Fahrkünste besonders hoch einschätze, aber ich habe einfach mehr Kontrolle, wenn sie in »Sind wir bald da«-Hörweite sind). Ich neige dann zu Vorstellungen, dass schlimme Dinge passieren werden, dass es Krebs ist, dass sie einen Unfall haben werden. Beides habe ich schon erlebt, und man wird die Gedanken an solche Ereignisse nie ganz los.

Manchmal wird die Angst, die wir empfinden, fehlgeleitet, etwa so, als wäre man frustriert über seinen Partner. Man findet keine Zeit, darüber zu reden. Stattdessen lässt man seinen ganzen Frust an der Wäsche aus, die sich wegen einer roten Unterhose rosa verfärbt hat. Es geht nicht um dieses Handtuch, aber es bekommt die eigentlichen, tieferen Gefühle der Frustration zu spüren, die durch es ausgelöst wurden.

Ist deine Angst ein Bewältigungsmechanismus?

Ich werde jetzt etwas sagen, das vielleicht seltsam klingt. Angst wirkt manchmal wie ein Bewältigungsmechanismus, durch den wir uns in Zeiten der Unsicherheit sicherer fühlen. Beispielsweise kann unsere

Angewohnheit, uns übermäßige Sorgen zu machen, uns das Gefühl geben, dass wir dadurch auf das Schlimmste vorbereitet sind.

Angenommen, mein Sohn hat einen Ausschlag. Mein erster Gedanke ist: »Oha, ein kleiner Ausschlag. Das behalte ich mal besser im Auge.« Dann fällt mir diese furchtbare Sache mit dem Sohn der Cousine einer Freundin ein, der an Meningitis erkrankt war. Die Angst vor Meningitis wird plötzlich zu einem Wirbelsturm in meinem Kopf. Ich stelle mir in allen Einzelheiten vor, was passieren würde, wenn es Meningitis wäre. Sie wird plötzlich zu einer sehr realen Bedrohung, daher sage ich alle Verabredungen zum Spielen ab, damit ich meinen Sohn genau beobachten kann.

Wenn ich alles durchdenke, spüre ich eine Entschlossenheit, als würde ich mich auf das Schlimmste vorbereiten. Ich glaube dann, ich würde eine Meningitis viel früher erkennen, weil ich den ganzen Ablauf schon im Kopf durchlebt habe. Außerdem habe ich das Gefühl, dass ich, falls es eine Meningitis ist, besser auf den Gefühlsansturm vorbereitet bin, der damit einhergehen würde.

Ich komme mir albern vor, wenn ich das sage, aber wenn ich mir Sorgen mache, fühle ich mich irgendwie nützlich. Ich habe das Gefühl, dass ich zumindest viel über die Situation nachdenke und mich so irgendwie auf den Fall vorbereite, dass etwas passiert. Es ist allerdings ziemlich anstrengend und es bringt im Grunde nichts, das weiß ich. ANONYM

Es ist unbestreitbar, dass Angst uns hilft, alle Möglichkeiten in Betracht zu ziehen. Problematisch wird es dann, wenn das Ganze über einfache Überlegungen hinausgeht, wenn wir uns die schlimmsten Szenarien vorstellen und sie im Geiste durchleben. Dabei setzen wir uns unnötigerweise Gefühlen von Angst, Trauer, Verlust, Hilflosigkeit oder Hoffnungslosigkeit aus.

Ich gehe davon aus, dass jedes Mitglied meiner Familie den Verlust meiner Schwester im Geiste durchgespielt hat, bevor sie starb. Alle stellten sich den Herzschmerz und die Leere vor. Aber als es dann tatsächlich passierte, hat die Tatsache, dass wir einen Teil davon bereits in unserer Vorstellung durchlebt hatten, nichts dazu beigetragen, die Realität zu beschönigen oder zu mildern. Wir hatten den Schmerz schon öfter erlebt, als notwendig gewesen wäre.

Die Sache ist die: Wenn unsere Ressourcen in irgendeiner Weise so stark beansprucht werden wie beispielsweise oft in diesen ersten Monaten und Jahren der Betreuung unserer Kinder, wechseln wir viel schneller vom Rationalen zum Irrationalen. Doch Rationalisieren erfordert Energie, und die meisten von uns haben sie nicht im Überfluss, es sei denn, wir bekommen jede Menge Schlaf und haben sonst keine Probleme.

Angst ist jedoch kein geeigneter Bewältigungsmechanismus für uns. Sie ist in vielerlei Hinsicht anstrengend – emotional, körperlich und seelisch. Wenn du erkennst, dass sie für dich zu einer Art der Bewältigung geworden ist, dann hältst du das richtige Buch für dich in der Hand.

Angst kann manchmal als Bewältigungsmechanismus dienen, durch den wir uns in Zeiten der Unsicherheit sicherer fühlen.

Ist deine Ängstlichkeit erlernt?

Möglicherweise hast du schon als Kind gelernt, dass Ängste eine Methode sind, um schwierige Situationen zu bewältigen. Vielleicht hatte eine Person in deinem Umfeld die Angewohnheit, Worst-Case-Szenarien heraufzubeschwören, wenn jemand krank wurde oder wenn diese Person mit Unsicherheit oder Furcht zu kämpfen hatte.

Meine Mutter war definitiv der »Das Glas ist halb leer«-Typ. Sie hat bei allem die negativen Seiten gesehen. Sobald ich den Führerschein hatte, befürchtete sie, ich könnte einen Unfall bauen, und verlangte, dass ich sie anrief, wenn ich an meinem Ziel angekommen war – selbst wenn es nur das Haus einer Freundin in zehn Minuten Entfernung war. Ich glaube, ich habe diese Angewohnheit übernommen. Immer stelle ich mir das Schlimmste vor, was passieren könnte. Irgendwie würde ich gerne lernen, positiver zu sein, denn ich möchte nicht, dass Jack ebenso empfindet. JACQUI

Nach den Erfahrungen mit dem Hirntumor meiner Schwester ertappte ich meinen Vater dabei, wie er meine Pupillen überprüfte, wenn ich Kopfschmerzen hatte. Ich spürte, wie intensiv ihn in dem Moment seine Angst überkam, er könne eine zweite Tochter verlieren. Ich versuche daher, mich zu beruhigen und meine sich überschlagenden Gedanken zu bremsen, wenn meine Kinder über Kopfschmerzen klagen.

Möglichweise war dein Vater, deine Mutter oder eine andere Betreuungsperson stets auf das Schlimmste vorbereitet und sah das Leben immer nur von der negativen Seite. Oder eine nahestehende Person hat versucht, durch Kontrolle oder obsessives Verhalten mit emotionalen Problemen umzugehen, in dem Bestreben, der Lage Herr zu werden.

Ich bin bei meiner Tante aufgewachsen. Jedes Mal, wenn wir das Haus verließen, kontrollierte sie zigmal, ob die Tür abgeschlossen war. Ich mache heute dasselbe. Ich kann nichts dagegen tun. Ich bin mir einfach nie sicher, dass ich tatsächlich abgeschlossen habe, und befürchte, es könnte eingebrochen werden. ANONYM

Eine gute Freundin unserer Familie fürchtete sich vor dem Autofahren, weil sie Sorge hatte zu verunglücken, weshalb sie niemals fuhr, obwohl sie einen Führerschein hatte. Fahrangst ist zwar weit verbreitet, aber es könnte sein, dass sie es war, die meine eigene spätere Furcht genährt hat. Sie hat mir vorgelebt, dass es am besten ist, etwas zu vermeiden, wenn man große Angst davor hat.

In einer idealen Welt würden uns Eltern und Autoritätspersonen beibringen, wie man auf konstruktive Weise mit Stress umgeht. Stattdessen kann es passieren, dass wir lernen, ängstlich oder defensiv zu leben, was mehr Stress und das uns vertraute Gefühl nervöser Anspannung verursacht.

Das ist jedoch kein Grund zur Verzweiflung. Wenn wir uns dieser Neigungen bewusst werden, können wir etwas daran verändern. Erlernte Verhaltensweisen können mit etwas Mühe, Zeit und der richtigen Unterstützung auch wieder verlernt werden. Natürlich dauert es eine Weile, bis unsere neue Art der Bewältigung zum Standard wird, deshalb ist es wichtig, Geduld mit sich selbst zu haben. Es gibt keine schnelle Lösung, aber ich verspreche dir, dass sich die Investition deiner Zeit und Energie für dich lohnen wird.

Mögliche körperliche Auslöser deiner Ängste

Wurde in letzter Zeit ein Gesundheitscheck bei dir durchgeführt? Ich wette, dein Baby hatte schon mehrere Vorsorgeuntersuchungen. Als Mütter ist unsere Aufmerksamkeit so sehr auf das Wohlergehen unserer Kinder gerichtet, dass wir unser eigenes leicht vernachlässigen. Es ist erstaunlich, wie viel eher wir proaktiv sind, wenn es sich um jemanden handelt, den wir lieben. Ich bitte dich an dieser Stelle, etwas von dieser Achtsamkeit auf dich anzuwenden.

Vergiss nicht, dass du mehrere gewaltige hormonelle Umstellungen durchgemacht hast und es eine Weile dauern wird, bis sich alles wieder eingespielt hat. Wenn dich also körperliche Symptome von Angstzuständen plagen, kann es hilfreich sein, zugrunde liegende physische Ursachen auszuschließen.

Ehrlich gesagt nehme ich seit der Geburt meines Babys meine Hormonschwankungen viel deutlicher wahr. Ich weiß nicht, ob es daran liegt, dass ich müde bin, aber meine Angstzustände verschlimmern sich massiv, bevor ich meine Periode bekomme. Inzwischen habe ich den Zusammenhang herausgefunden und kann meine Gefühle auf die Hormone zurückführen, was mir sehr hilft. Vorher war mir das gar nicht bewusst. SABINE

Eine ärztliche Beratung kann abklären, ob möglicherweise irgendein Medikament körperliche Angstgefühle verschlimmert oder auslöst. Auch chronische Krankheiten oder Veränderungen in der Medikation können zu Angstzuständen führen. Lass dich untersuchen, falls du Grund zu der Annahme hast, dass etwas getan werden muss.

Auch andere äußere Faktoren können körperliche Gefühle wie bei Angstzuständen auslösen. Ein gutes Beispiel dafür sind die kurzzeitigen Energieschübe, die uns Koffein und Zucker bescheren können. Das Hochgefühl und die Hibbeligkeit können manche Menschen stark an Angstgefühle erinnern.

Ich hatte in der Vergangenheit viele Klienten, die zu mir kamen, weil sie unter Nervosität litten. Nach einer kurzen Anamnese fanden wir heraus, dass die vielen Tassen Tee und Kaffee mit einem gehäuften Löffel Zucker die wahrscheinliche Ursache waren. Wenn wir körperliche Symptome der Angst spüren, kann das angstvolle Gedanken auslösen und umgekehrt. Bei manchen kann die körperliche Reaktion auf Sport – die erhöhte Herzfrequenz und der daraus resultierende Schwindel – die Grenze zwischen Angst und normalen physischen Folgen der Anstrengung verwischen.

Ich hatte schon Klienten, die sagten, dass sie nicht trainieren könnten, weil das Angst bei ihnen auslöse, aber sobald wir erkannt hatten, was eigentlich mit ihnen geschah, konnten sie besser zwischen Körpergefühlen und echter Angst unterscheiden. Angstgefühle, unabhängig davon, wie sie ausgelöst werden, können sich ohne die richtigen Techniken und Einsichten leicht verschlimmern, weil die Gefühle selbst weitere Ängste auslösen.

Achte auf die Faktoren,
die deinen Körper unter Stress setzen.

Achte auf Einflüsse, die deinen Körper unter Stress setzen, etwa Erschöpfung, Schlafmangel, Dehydrierung und Hunger. All das kommt bei frischgebackenen Müttern nur allzu häufig vor.

Wir sind so eingebunden, dass wir unsere eigenen körperlichen Bedürfnisse nicht ausreichend erfüllen und nicht auf sie achten, was den Körper unter Stress setzt und den Cortisolspiegel (Cortisol ist das Stresshormon) erhöht. Erst gestern überkam mich, nachdem ich den ganzen Tag lang unterwegs gewesen war, das Gefühl, gestresst, gereizt und ausgelaugt zu sein. Plötzlich fiel mir ein, dass ich bisher nichts außer einem hastig hinuntergeschlungenen Apfel gegessen hatte, gefolgt von zwei Tassen lauwarmem Kaffee … Inzwischen war es drei Uhr nachmittags. Ich tankte auf, trank einen halben Liter Wasser und schon fühlte ich mich körperlich und seelisch wesentlich besser.

Ängste, die durch ein Trauma ausgelöst werden

Ein Trauma ist ein negatives Ereignis (es kann aber auch eine Reihe von Ereignissen im Laufe der Zeit sein), das, aus welchem Grund auch immer, ein intensives Gefühl von Angst und Unsicherheit verursacht. Aufgrund der Intensität der einstmals erlebten Angst wird das Ereignis vom Gehirn nicht richtig verarbeitet und gespeichert.

Es ist, als hätte man seine Sonnenbrille fallen gelassen. Man hebt sie auf und stellt fest, dass die Gläser in der Mitte zerkratzt sind. Man setzt sie wieder auf, aber anstatt alles so zu sehen, wie es ist, verzerren die Kratzer beim Hindurchschauen die Sicht.

Ich hatte eine traumatische Geburt hinter mir, bei der ich mich alleingelassen gefühlt hatte. Deshalb geriet ich einige Monate lang jedes Mal in Panik, wenn ich innerlich aufgewühlt und allein war. Ich rief dann meinen Mann an und wollte, dass er nach Hause kam, was aber nicht möglich war. Ich bin mir nicht sicher, wovor genau ich Angst hatte. Ich habe eine Therapie gemacht, und es hat wirklich geholfen. Das Alleinsein brachte mich zurück in den Kreißsaal und zu der schlimmen Geburt. ALYSIA

Möglicherweise hast du körperlichen oder emotionalen Missbrauch, Trauer oder Mobbing erlebt oder du wurdest in der Vergangenheit mit einem traumatischen Ereignis wie einem körperlichen oder emotionalen Zusammenbruch, einer schwierigen Geburt, einem Autounfall oder einem gefährlichen Erlebnis konfrontiert. Alte Traumata können wieder auftauchen, wenn unsere üblichen Abwehr- und Bewältigungsmechanismen durch die Veränderungen im Leben, die Müdigkeit und die hormonellen Schwankungen, die mit der Zeit nach der Geburt einhergehen, nicht mehr richtig funktionieren.

Wenn du ein Trauma oder anhaltenden Stress egal welcher Art erlebt hast, kann dies angstvolle Gefühle und Gedanken auslösen oder verstärken. Wenn ich von Trauma spreche, meine ich nicht nur Momente, in denen du um dein Leben gebangt hast, sondern ich meine jegliche Erfahrung, die auf dich traumatisierende Auswirkungen hatte. Ich sage »du«, weil wir alle aufgrund unserer eigenen einzigartigen Geschichte, Persönlichkeit, Art und Weise der

Verarbeitung heftiger Emotionen und der Bewältigungsmechanismen, die wir anschließend einsetzen, Dinge anders erleben.

Nicht jeder, der etwas erlebt, was als traumatisches Ereignis wahrgenommen werden könnte, wird psychisch traumatisiert.

Ein Beispiel für ein Trauma

Eine meiner Klientinnen kam zu mir, um über ihre Erfahrungen während der Geburt zu sprechen. Es war eine regelrechte Bilderbuchgeburt gewesen, ohne Komplikationen. Ihre Wehen hatten nicht allzu lange gedauert, und sie hatte die von ihr gewünschte Schmerzlinderung erhalten. Ihr Baby kam gesund zur Welt, und sie wurde am nächsten Tag entlassen.

Meine Klientin hatte die Geburt jedoch als schrecklich empfunden. Sie hatte das Gefühl gehabt, keine Kontrolle über ihren eigenen Körper zu haben, erlebte hinterher Flashbacks der Pressphase und litt regelmäßig unter Albträumen. Sie hatte sich eingeredet, kein Recht darauf zu haben, so zu empfinden, weil sie eine so leichte Geburt gehabt hatte.

Meine Klientin hatte ihre Gefühle abgewertet, weil sie meinte, dass sie sich nicht traumatisiert fühlen »sollte«. Sie erzählte mir, dass einige ihrer Freundinnen viel schwierigere Geburten mit medizinischen Komplikationen hinter sich hatten und es ihnen trotzdem gut ging. Als wir näher auf ihre Probleme eingingen, fanden wir heraus, dass ihre Großmutter während der Geburt gestorben war, und obwohl sie während der Geburt ihres Kindes keine Parallelen gezogen hatte, hatte sie sich hilflos und verletzlich gefühlt und befürchtet, dass sie sterben müsse. Aufgrund dieser Erkenntnis konnten wir dann beginnen, ihr dabei zu helfen, ihre Gefühle und Ängste so zu verarbeiten, dass die Symptome des Traumas allmählich abnahmen.

Es ist wichtig, eine persönliche Traumaerfahrung nicht dadurch zu entwerten, dass man sie mit den Erlebnissen anderer Menschen vergleicht. Die eigene Erfahrung ist nicht vergleichbar, egal wie ähnlich sie auch erscheinen mag. Und wenn wir sie abwerten, neigen wir dazu, uns nicht die Unterstützung zu suchen, die wir brauchen und die wir verdienen.

Meine Erfahrungen mit Traumata

Aufgrund meiner traumatischen Erfahrung mit Charlies nicht diagnostiziertem stillen Reflux nach seiner Geburt überkam mich nach einer unruhigen Nacht mit Florence Panik, dass so etwas noch mal passieren könnte. Es gab Vormittage, an denen ich so von Angst erfüllt war, dass mich praktisch nichts ablenken konnte.

Die Müdigkeit beeinträchtigte meine Fähigkeit, rational zu denken und mich zu beruhigen. Obwohl Florence keine Anzeichen von Reflux zeigte, wurde jedes Mal, wenn sie Zeichen von Unwohlsein zeigte, meine Angstreaktion ausgelöst.

Es gab Zeiten, in denen meine Entscheidung, ein drittes Kind zu bekommen, von der Furcht beeinflusst wurde, dass sich das schwierigste Jahr meines Lebens wiederholen könnte. Der traumatisierte Teil meiner selbst wollte mich davor schützen, das noch einmal erleben zu müssen. Er sagte mir, dass wir es vielleicht besser bei zwei Kindern belassen sollten.

Ich durchlitt eine Welle der Angst, wann immer ich jemanden mit einem schreienden Baby sah, und eine Welle der Eifersucht, wenn ich jemanden mit einem zufriedenen erlebte. Ich musste das Trauma zumindest teilweise verarbeiten und mir eine Strategie zurechtlegen, die mir helfen würde, mit der Situation umzugehen, sollten wir noch einmal etwas Ähnliches durchmachen. Als ich meinen Plan in die Tat umsetzte, fühlte ich mich in der Lage (wenn auch unter Vorbehalt) zu versuchen, ein drittes Kind zu bekommen. Ich bin froh, dass das Trauma nicht gesiegt hat, denn es hätte mich der Freude über mein kleines Mädchen beraubt.

Ich bin ein Jahrzehnt lang nicht Auto gefahren, weil das Trauma eines Autounfalls im Alter von achtzehn Jahren mich sehr belastet hat. Ich habe mich jahrelang mit Bussen durchgeschlagen, bin kilometerweit gelaufen und ließ mich von meinem Mann kutschieren. Ich erinnere mich noch genau an jenen Tag, an dem ich einen schweren, mit Einkäufen beladenen Buggy bei strömendem Regen einen steilen Hügel hinaufschob, auf dem viereinhalb Kilometer langen Hin- und Rückweg zu einer Freundin. Mein Auto stand zu Hause und setzte Staub an. Da wurde mir klar, in welchem Ausmaß meine Angst mein tägliches Leben beeinflusste. Ich setzte mich endlich damit auseinander, und inzwischen habe ich das Gefühl, dass sich mir die Welt geöffnet hat.

Mich meiner Angst zu stellen hat mir ermöglicht, mich mit neuen Leuten anfreunden und mit den Kindern Ausflüge unternehmen zu können. Okay, bis heute flattern mir die Nerven, wenn ich schmale Landstraßen benutzen muss, die derjenigen gleichen, auf der ich den Unfall erlebte, aber ich habe mir Techniken angeeignet, die mir dabei helfen, diese Attacken zu meistern. Am wichtigsten ist, dass ich nicht länger eine Gefangene der Angst bin, gezwungen, mich nur in einem bestimmten Radius zu bewegen. Es war hart, sich damit auseinanderzusetzen, es kostete Energie und erforderte zaghafte Schritte aus meiner Komfortzone heraus. Aber es war die Mühe wert.

Wenn du ein Trauma erlitten hast: Es gibt Hoffnung!

Es muss nicht sein, dass dein Trauma dein Leben für immer beeinflusst. Ich werde dir Techniken vermitteln, die dir helfen können, ein Gefühl der Sicherheit wiederzuerlangen. Doch ganz unabhängig von den Einflüssen des Traumas auf deinen Alltag zielt die Therapie auch darauf ab, dich bei der Verarbeitung dessen zu unterstützen, was du durchgemacht hast. Wenn wir ein Trauma nicht verarbeitet haben, ist es, als würden wir es Tag für Tag aufs Neue ein Stück weit durchleben, und damit kann es leicht unsere Entscheidungen und die Fähigkeit beeinflussen, Freude zu empfinden.

Ein Trauma schürt Ängste und Intrusionen.

Traumata gehen mit vielerlei Symptomen einher, daher solltest du ärztliche oder therapeutische Beratung in Anspruch nehmen, um dir bei einer genaueren Klärung zu helfen. Die Verarbeitung eines Traumas ermöglicht es, dass es sich langsam in unsere Vergangenheit einreiht, und zwar auf weniger intensive, schmerzhafte Weise. Suche dir eine Therapeutin, die auf Traumabehandlung spezialisiert ist und Techniken wie Visuell-Kinästhetische Dissoziation (auch als Fast Phobia bekannt) oder EMDR (Eye Movement Desensitization and Reprocessing) anwendet.

Ein unverarbeitetes Trauma schürt Ängste, weil es dich ständig daran erinnert, dass etwas Schlimmes passieren kann. Da du die psychologischen Auswirkungen erlebt hast, weißt du, wie schmerzhaft diese Gefühle sein können, sodass du vermutlich alles Mögliche unternimmst, um sie zu vermeiden.

Du hast es verdient, die Ressourcen und die Möglichkeit zu finden, dein Trauma zu verarbeiten. Und die Anstrengung lohnt sich, denn bei dem Versuch, uns vor potenziellem Schmerz und Schaden zu schützen und zu verteidigen, schotten wir uns häufig auch von positiven Erfahrungen ab. Du hast es verdient, ein Leben zu führen, das von schönen Erlebnissen und Erinnerungen geprägt ist.

Der Sache auf den Grund gehen

Ich hoffe, dieses Kapitel hat dir geholfen, einige der Ursachen für deine Ängste zu erkennen. Wenn dir klar wird, woher die Angst kommt, bist du in der Lage, dir gezieltere Unterstützung und Hilfsmittel zu suchen und hoffentlich freundlicher und sanfter mit dir selbst umzugehen. Falls keine der möglichen Ursachen, die ich hier erwähnt habe, auf dich zutrifft, ist das in Ordnung; vielleicht solltest du in diesem Fall im Rahmen einer Therapie ein bisschen tiefer schürfen.

Top-Tipp

Denk über deinen Koffein-, Alkohol- und Zuckerkonsum nach, wenn du das Gefühl hast, dass etwas davon deine Ängste verschlimmern könnte.

Für dein Tagebuch

- Überlege, wann deine Angst zum ersten Mal aufgetreten ist. Was war zu diesem Zeitpunkt in deinem Leben los?
- Was könnte deiner Meinung nach deine Angst auslösen oder ausgelöst haben?
- Gibt es irgendetwas in deinem Leben, das deine Ängste verschlimmert oder dich physisch stresst?
- Was könntest du unternehmen, um den Druck auf dich ein wenig zu lindern?
- Glaubst du, dass du positive Erfahrungen und schöne Gefühle verdient hast?
- Würdest du von einer Traumatherapie profitieren? Überlege, welche Möglichkeiten dir offenstünden.

6. *Kapitel*

WIE GEHST DU MIT DEINEN ÄNGSTEN UM?

MANTRA

WENN ICH MICH MIT MEINEN ÄNGSTEN UND SORGEN AUSEINANDERSETZE, KANN MEINE WELT GRÖSSER WERDEN.

Nachdem wir allerlei mögliche Ursachen der Angst erforscht haben, sehen wir uns nun die verschiedenen Möglichkeiten an, wie du mit Angstgefühlen und -gedanken umgehen kannst. Wir setzen Mechanismen ein, mit denen wir versuchen, die Angst zu bewältigen oder zu kontrollieren. Es ist ganz natürlich, dass wir die Auswirkungen der Angst auf unsere Psyche und unser Leben verringern wollen. Oftmals vermindern diese Bewältigungsmechanismen die Angst jedoch nicht effektiv, sondern verdrängen sie nur für eine Weile. Sie sind wie der Wein aus der schicken Flasche, der köstlich schmeckt, sich aber am Morgen mit Kopfschmerzen rächt.

In diesem Kapitel werden wir viele gängige Bewältigungsmechanismen untersuchen. Wenn du diese erkennen kannst, hast du die Möglichkeit, sie anzugehen und durch neue Mechanismen zu ersetzen, die dich seelisch auf eine wirklich konstruktive Weise unterstützen, anstatt dich einzuschränken.

Vermeidungsstrategien

Bei einem Ausflug an die Küste hatte ich neulich immer wieder den Zwangsgedanken, Florence ins Meer werfen zu wollen. Ich war von Hormonen gebeutelt und hatte Augenringe, die von einer Woche unruhigen Schlafs zeugten. Es hört sich schrecklich an, und obwohl ich wusste, dass ich mein bezauberndes Wesen niemals ins Meer werfen würde, kamen und gingen die Gedanken wie Ebbe und Flut.

Was ich hätte tun können (und früher getan hätte), um diese Gedanken zu vermeiden, wäre gewesen, entweder eine andere Strecke zu wählen oder auf der anderen Seite des schönen Küstenwegs zu gehen. Ich hätte den Gedanken gelauscht, über sie nachgedacht, gespürt, wie die Angst in mir aufstieg, und alles getan, um den Auslöser für diese Zwangsgedanken zu vermeiden – in diesem Fall den Küstenweg.

Als wir mit der Beikost begannen, hatte ich solche Angst, dass Jenson sich verschlucken könnte, dass er bis zu seinem ersten Geburtstag nur Brei bekam. Wenn er mal würgte, geriet ich in Panik, deshalb durften nirgendwo Klumpen drin sein. JENNY

Es gibt zahlreiche Möglichkeiten, wie wir unsere Auslöser vermeiden können. Als ich schließlich aus der Not heraus nach zehn Jahren Abstinenz wieder am Steuer saß, baute sich auf der Autobahn eine Panikattacke in mir auf, und ich hielt bei nächster Gelegenheit an, um den Platz mit meinem Mann zu tauschen. Am Steuer zu sitzen war ein Auslöser; mich davon zu entfernen erlaubte dem wütenden, anschwellenden Sturm der Angst, sich wieder in ein laues Lüftchen zu verwandeln.

Warum dir Vermeidung nicht dient

Vermeidung ist ein natürlicher, angeborener Mechanismus, um Dingen zu entgehen, die uns Angst, Unbehagen oder Schmerzen bereiten. Dieser Mechanismus dreht jedoch so richtig auf, wenn wir irgendetwas als eine viel größere Bedrohung wahrnehmen, als es ist.

Hätte ich auf dem Küstenweg auf meine Angstgedanken gehört, hätte ich die frische salzige Luft nicht einatmen können. Ich hätte nicht die Freude der Jungs über die Boote erlebt oder wie sie mit ihren kleinen Zeigefingern auf die schaukelnden Bojen deuteten und ihre Farben aufzählten. Schöne Erinnerungen, die mir versagt geblieben wären.

Hätte ich das Autofahren für immer vermieden, hätte ich mich abgeschottet und in unserer Entwicklung ausgebremst gefühlt. Ich hätte drei Kinder in den Bus verfrachten müssen, der selten fährt. Wir hätten Treffen mit Spielkameraden, Ausflüge und Arzttermine verpasst. Wenn wir unsere Auslöser vermeiden, schränken wir unsere Lebenserfahrung ein. Obwohl wir uns dadurch natürlich sicherer fühlen, macht es unsere Welt kleiner.

Jedes Mal, wenn wir unseren Auslöser vermeiden, verleihen wir ihm Autorität. Stell dir vor, ich würde meinem Dreijährigen jedes Mal, wenn er mit einem Wutanfall drohte, Schokolade schenken oder ihm eines dieser teuren Comichefte mit Plastikschnickschnack kaufen. Damit würde ich mir auf lange Sicht ein größeres Problem einhandeln.

Je weiter ich den Küstenweg entlangging, ohne meine Tochter ins Meer zu werfen, und je häufiger ich Auto fuhr, ohne in einen tödlichen Unfall verwickelt worden zu sein, desto weniger Macht hatten die Gedanken an die schlimmen Dinge über mich. Wenn wir unseren Auslöser meiden, verpassen wir die Chance, die Macht, die er hat, zu untergraben. Gehen wir die Dinge, die als Auslöser fungieren, jedoch mit den richtigen Techniken an, die es uns ermöglichen, auf der Welle der Angst zu reiten, wächst unser Selbstvertrauen.

Stell dir die Angst wie eine Welle oder eine Wehe vor. Sie erreicht ihren Höhepunkt und fällt danach wieder ab. Sie kann nicht ewig weiter ansteigen. Das kann sie einfach nicht. Manchmal kommen diese Wellen der Angst, wenn ich auf der Autobahn Lastwagen überhole. Ich wende meine bevorzugten Atem- und Erdungstechniken an, um mein Nervensystem zu beruhigen, und fahre weiter. Die Welle ebbt ab und ich bin immer noch auf der Straße. Ein Angstgedanke könnte mir sagen, dass jede Fahrt mit einem tödlichen Unfall enden wird, doch indem ich jede Fahrt mit zuverlässigen Techniken angehe, kann ich mir mit rationalem Verstand sagen, dass der Angstgedanke kategorisch falsch ist.

Eine Gesundheitsberaterin hat mir den Unterschied zwischen Würgen und Ersticken erklärt, und ich habe einen Erste-Hilfe-Kurs gemacht, damit ich weiß, was im Notfall zu tun ist. Als ich anfing, meinem Sohn feste Nahrung zu geben, musste ich mir selbst gut zureden, aber inzwischen fühle ich mich viel wohler, und er mag die vielen verschiedenen Sachen auf seinem Teller gern. Er hat auch schon zugenommen. JESSICA

Soziale Isolation

Der nächste Bewältigungsmechanismus, den wir demaskieren werden, ist der der Isolation. Ich weiß noch, wie ich ein paar Wochen nach der Geburt von Florence fix und fertig war, weil ich mich fragte, wie ich das alles bloß schaffen sollte. Ich hatte eine gute Freundin eingeladen, vorbeizukommen und unseren Neuzugang kennenzulernen. Doch nach dem Aufwachen war ich völlig aufgelöst und tränenüberströmt. Eine Stunde vor ihrer Ankunft schrieb ich der Freundin eine Nachricht: »Hey Barbara, komm lieber nicht rüber, ich bin ein Wrack.« Ich fühlte mich elend und mein Bewältigungsmechanismus bestand darin, mich zurückzuziehen.

Ich habe mehrere Freundinnen und Freunde, die still werden, wenn sie Probleme haben. Nachrichten bleiben unbeantwortet, Treffen werden abgesagt. Manche von uns schalten ab und verschließen sich, wenn wir uns schlecht fühlen, obwohl das Gegenteil viel hilfreicher wäre.

Wenn ich übermäßig besorgt oder ängstlich bin, schalte ich ab. Ich behalte meine Gedanken für mich, weil ich befürchte, dass die Leute mich für verrückt halten. Und wie könnten sie mir schon helfen? Ehrlich gesagt fühle ich mich dann einsam. ANONYM

Ich meine damit übrigens nicht die Zeiten, in denen du eine kleine Auszeit brauchst, um dich neu zu sortieren. Diese können sehr hilfreich sein. Meine Freundinnen aus der Geburtsvorbereitung und ich nannten sie »Lockdowntage«. Sie boten uns eine Gelegenheit, alles etwas langsamer angehen zu lassen, uns einen Kapuzenpulli überzustreifen und uns mit einem Film und Snacks zu verkriechen. Solche Phasen hat man vor allem, während das Baby einen Wachstumsschub macht oder zahnt oder wenn man eine Reihe harter Nächte hinter sich hat. Solche Tage nimmt man sich nicht aus dem Wunsch heraus, sich abzuschotten und sich vor der Welt zu schützen, sondern aufgrund der Erkenntnis, dass man auftanken muss, um wieder am Leben teilnehmen zu können.

Isolation ist ein solches Einigeln. Man kann zu dieser Strategie greifen, wenn es schwierig wird, und sich wie ein Igel zu einem kleinen, stacheligen Ball zusammenrollen, mit dem Ziel, sich nicht mit der Welt und den Emotionen in seinem Inneren auseinandersetzen zu müssen.

Warum Isolation nicht hilfreich ist

Ich weiß nicht, wie es euch geht, aber wenn ich mich isoliere, werden meine Angstgedanken lauter und aufdringlicher. Wenn wir uns physisch von anderen abschotten, schließen wir die beruhigenden Stimmen und vertrauten Gesichter aus, die uns erden. Manchmal brauchen wir andere Menschen zum Ausgleich, damit sie uns andere Einsichten, Energie, Stimmungen, Worte und Taten der Unterstützung anbieten.

Zu meinen besten Strategien als frischgebackene Mutter gehörte es, auf jeden Fall einmal am Tag Kontakt zu einem anderen Erwachsenen zu suchen und einmal am Tag aus dem Haus zu gehen – egal ob ich zum Telefon griff, mich mit jemandem auf einen Kaffee traf oder in die Pekip-Gruppe ging. Manchmal musste ich mich dazu zwingen, vor allem wenn ich mich platt und kaputt fühlte. Aber egal ob es ein Telefonat oder ein flotter Spaziergang war, ich fühlte mich durch die frische Luft und die Gesellschaft jedes Mal aufgemuntert.

Nachts, wenn alles ruhig ist, können meine Gedankenstrudel manchmal noch finsterer werden. Bist du jemals aus einem Albtraum erwacht und hast das Licht eingeschaltet, um die schlimmen Gefühle loszuwerden? Die Suche nach der richtigen Gesellschaft und sozialer Interaktion, wenn die Versuchung groß ist, sich zu verkriechen, kann so ähnlich sein wie das Einschalten eines Lichts nach einem Albtraum.

Wir isolieren uns aus dem Wunsch heraus, unsere Welt innerhalb eines gewissen Rahmens zu halten und uns sicherer zu fühlen. Je weniger wir unternehmen und je weniger Leuten wir begegnen, desto weniger Risiko. Allerdings verpassen wir dann auch das Leben und positive soziale Erfahrungen. Wenn du dich dabei ertappst, dass du das Bedürfnis hast, dich zu isolieren, überlege dir, wovor du dich möglicherweise schützen willst. Gibt es eine Freundin oder eine Verwandte, der du eine Nachricht schreiben oder die du anrufen könntest und die dich in der Vergangenheit unterstützt hat?

Ich erwischte mich dabei, wie ich Verabredungen zum Spielen und andere Treffen in letzter Minute absagte, vor allem wenn Leute dabei zu sein drohten, die ich nicht kannte. Das verschlimmerte meine sozialen Ängste sogar noch, weil ich nicht mehr aus dem Haus ging und mich einsam fühlte. Mir wurde klar, dass ich diese Barriere durchbrechen musste, also bat ich eine Freundin, mich vorher abzuholen, quasi als Schutz. Ganz allmählich baute ich mein Selbstvertrauen wieder auf, und inzwischen werde ich nur noch ein bisschen flattrig, bevor ich irgendwo ankomme. KIRA

Eine Maske aufsetzen

Das gehört zu meinen liebsten Bewältigungsmechanismen. Ich weiß noch, wie ich in der Zeit meiner schlimmen postpartalen Ängste in die Stadt ging. Ich schob den Doppelbuggy durch den Sonnenschein, trug Shorts und eine übergroße Sonnenbrille. Jeder Passant hätte eine Mutter gesehen, die energisch mit ihren zwei kleinen Kindern einherschritt, und Beobachter hätten angenommen, dass ich in meiner neuen Rolle aufblühte.

Doch das war eine Maske. Nur fünfzehn Minuten zuvor hatte ich noch meinem Mann am Telefon vorgeheult, dass ich mich restlos überfordert fühle, sodass mir die Wimperntusche über das Gesicht lief und ich nach Luft schnappte. Ich fühlte mich wie eine schuldige, unwürdige Versagerin von einer Mutter. Dann trocknete ich meine Augen und setzte eine (ziemlich hohe) fröhliche Stimme für die Kinder auf. Ich tuschte meine Wimpern neu mit einer weiteren Schicht wasserfester Mascara, bewaffnete mich mit einer riesigen Sonnenbrille, um die bienenwabenartigen Flecken zu verbergen, und ging hinaus in den Sonnenschein zu einer Spielgruppe.

Für mich war das Aufsetzen einer »Ich habe alles im Griff«-Maske ein Schutz gegen das Auseinanderbrechen. Und tun wir das nicht alle manchmal? Wir murmeln: »Mir geht's gut«, obwohl es gerade nicht so rosig aussieht. Mal wollen wir vermeiden, dass man uns verurteilt, mal wollen wir einfach nicht darüber reden oder nachdenken, wie wir uns wirklich fühlen. Verletzlich zu sein ist ein Eingeständnis, für das wir die Unterstützung, den Trost, die Führung oder das Mitgefühl anderer brauchen, und das ist ganz einfach ein großer Schritt.

Ich glaube, an einem schweren Tag lächle ich besonders viel. Nicht weil ich tatsächlich glücklich bin, sondern weil ich nicht über meine Probleme reden möchte, und wenn die Leute jemanden sehen, der glücklich aussieht, machen sie sich nicht die Mühe, Fragen zu stellen. LEAH

Warum das Aufsetzen einer Maske dir nicht hilft

Eine Maske aufzusetzen ist ein Schutzmechanismus, wie ein Schild in einer Schlacht. Manchmal erfüllt sie ihren Zweck, schützt uns und ermöglicht uns, in problematischen Phasen stark zu sein. Ein Schild ist in der Schlacht wertvoll, aber wenn der Soldat seinen Schild auch dann noch hochhält, nachdem die Angreifer abgewehrt wurden, verteidigt er sich unnötigerweise.

Die Maske zu tragen, wenn man sie nicht braucht, ist eine Form der emotionalen Isolation. Es hält andere Leute fern, sodass Gefühle unausgesprochen und unbewertet bleiben. Es ist okay, nicht jedem alles zu erzählen. Es ist ein Privileg und eine Ehre für diejenigen, für die du dich entscheidest, deinen Schutzschild sinken zu lassen. Nicht jeder hat das Recht, in dein Inneres zu sehen, aber es ist sehr wichtig für deine Psyche, manche Menschen hinter deine Maske blicken zu lassen. An Oscars erstem Schultag fand ich es wahnsinnig stressig, drei kleine Kinder nacheinander in Schule und Kita zu bringen. Ich glaube, ich habe eine Stunde lang die Luft angehalten. Ich war mit etwa fünfzehn Müttern, die sich nicht wirklich kannten, zum Kaffee eingeladen. Ich kam an, setzte mich hin und erzählte den Müttern an meinem Tisch, dass mich meine Hormone plagten und ich den ersten Schultrip unglaublich stressig gefunden hatte.

Die Maske zu tragen, wenn man sie nicht braucht, ist eine Form der emotionalen Isolation.

Früher hätte ich mich geschämt, Fremden so offen Einblick in mein Inneres zu erlauben, doch die anderen fühlten sich daraufhin ebenso frei, ehrlich über ihre Erfahrungen zu sprechen. Damit hatte der Small Talk ein Ende, und ich spürte, dass ich ich selbst sein konnte. Das kann sehr befreiend wirken.

Je komplexer meine Gefühle, desto verlockender ist es oft, die Maske aufzusetzen und mich abzuschotten. Es macht mir weniger aus, über Stress, soziale Ängste und Hormone zu sprechen als über meine Gefühle der Unzulänglichkeit, die aus meiner Kindheit stammen. Nicht jeder muss alles wissen.

Wenn wir dann unsere Masken für einige wenige Auserwählte abnehmen, kann das die Beziehungen zu diesen Menschen stärken und uns das Gefühl geben, gehört zu werden. Es kann uns auch helfen, im Miteinander klarer zu sehen und eine wertvolle Perspektive zu eröffnen. Für diese wenigen Auserwählten ist es eine Ehre, hereingelassen zu werden. Nicht jeder verdient einen Einblick in dein Innenleben, vor allem dann nicht, wenn es sich um eine Person handelt, die deine Schwäche zuvor ausgenutzt hat. Es ist ein Privileg, in die Nähe der Bereiche gelassen zu werden, die du nur ungern preisgibst.

Unsere Maske fallen zu lassen bedeutet, mit kleinen Schritten gewisse Risiken in Bezug auf Authentizität und Verletzlichkeit einzugehen. Es ist wichtig, dass wir uns sicher und gehört fühlen, auch wenn unser Gegenüber nicht genau versteht, was wir durchmachen und was in uns vorgeht. Lass die Maske jedes Mal ein paar Zentimeter weiter sinken, bis du dich stabil genug fühlst, mehr zu enthüllen.

Die ganze Zeit so zu tun, als ginge es mir gut, hat mich sehr angestrengt. Die Erste, der ich mich öffnete, ganz spontan, war eine befreundete Mutter. Sie war so lieb! Als Nächstes erzählte ich meinem Mann, dass ich mit Angstzuständen zu kämpfen hatte. Ich hatte immer gedacht: »Wie sollen mir andere überhaupt helfen können?« Doch schon allein, dass ich darüber sprach, machte meinen Kopf freier und nahm mir eine Last von den Schultern. Ich wusste jetzt, dass ich diesen beiden gegenüber ehrlich sein konnte, auch wenn ich anderen Freunden gegenüber immer noch eine Fassade aufrechterhielt. LEONA

Vergleiche mit anderen

Wir vergleichen unsere Lebensumstände oft mit denen anderer, sei es im Berufsleben oder im Privatleben. Dies tun wir aus zahlreichen Gründen, und entweder es beruhigt uns oder es macht alles noch schlimmer. Wenn Florence dünnen Stuhl hat, könnte ich mich beruhigen, indem ich an das Kind einer Freundin denke, das beim Zahnen auch mit Durchfall zu kämpfen hatte. Ich könnte mich aber auch an eine Situation erinnern, in der ein betroffenes Kind Tage später dehydriert im Krankenhaus lag. Anstatt mich mit Florence' Unwohlsein konkret auseinanderzusetzen, benutze ich die Umstände anderer Leute als Leitfaden dafür, wie ich mich fühlen und auf meine eigene Situation reagieren sollte.

Ich beobachtete andere Mütter auf der Straße. Alle sahen so aus, als wären sie glücklich und kämen gut zurecht. Ich fühlte mich, als wäre ich die Einzige, die zu kämpfen hatte, und schämte mich so sehr. ANONYM

Wir können Vergleiche anwenden, um unsere Gefühle zu bestätigen und/oder zu verdrängen. Wir können uns Vorwürfe machen, weil wir mit bestimmten Situationen mehr Probleme haben als andere. Doch würdest du zu einer Assistenzärztin, die mitten in der Nachtschicht mit müden, rotgeränderten Augen gähnt, sagen: »Worüber beschweren Sie sich? Sie sind schließlich keine Herzchirurgin. Die haben das Recht dazu, müde zu sein!«

Eines ist doch klar: Mit jeder Prüfung, für die wir lernen, mit jedem geretteten Leben, jedem verarbeiteten Todesfall geht eine mühsame Erweiterung unserer Kapazitäten einher. Eine zunehmende Fähigkeit, mit Veränderungen, Traumata, medizinischen Rätseln umzugehen. Nur durch Erfahrung wird das Denken schneller, werden Medikamentendosierungen routinierter und Reaktionen laufen automatischer ab.

Wir schätzen Ärztinnen und Ärzte auf jeder Stufe ihrer Ausbildung, weil sie nützlich sind. Warum sollten wir also nicht auch uns selbst wertschätzen? Wir wachsen immer weiter, wachsen über unsere bisherigen Fähigkeiten hinaus, lernen ständig dazu. Wachstum ist lebensverändernd und kann auch unbequem sein. Manchmal habe ich das Gefühl, einen Wachstumsschub zu erleben, wenn ich einen dieser Tage durchgestanden habe, an denen ich dachte, ich würde es nicht schaffen. Teilweise geht das Wachstum dagegen langsam, aber beständig voran.

Es ist unfair von mir, mich als Mutter von drei Kindern mit meinem jüngeren Ich als Mutter von einem Kind zu vergleichen und zu sagen: »Ich weiß nicht, worüber ich mich damals beklagt habe.« Wir wachsen mit unseren Aufgaben, und wir haben alle eine einzigartige Geschichte, die bedingt, dass wir Lebenssituationen auf unterschiedliche Weise erleben. Es wird immer Leute geben, die es schwerer haben als du, aber auch solche, deren Leben leichter und unbeschwerter verläuft.

Warum dich Vergleiche nicht weiterbringen

Vergleiche sind letztlich der Wunsch, unsere Gefühle, Handlungen oder Emotionen zu bestätigen, um sie zu rechtfertigen. Das Problem besteht darin, dass wir dadurch entweder besser oder schlechter wegkommen als andere. Wir messen dem Vergleich eine große Bedeutung bei, wenn er bestimmen darf, ob wir unsere Sache gut machen oder nicht oder ob unsere Gefühle berechtigt sind oder nicht.

Meine erste Schwangerschaft endete mit einer Fehlgeburt in der sechsten Woche. Ich war am Boden zerstört, doch dann erzählte mir eine Freundin, dass sie ihr Kind in der vierzehnten Woche verloren habe. Ich hatte das Gefühl, dass ich nicht traurig sein durfte, weil sie viel Schlimmeres erlebt hatte. Lange Zeit habe ich meinen Kummer irgendwie heruntergeschluckt. Jetzt weiß ich, dass wir alle ein Recht darauf haben, nach einer Fehlgeburt traurig zu sein. Es ist jedes Mal der Verlust eines Traums und einer Hoffnung. Die Onlinecommunity hat mir geholfen, das zu erkennen. ANONYM

Wenn du dich das nächste Mal dabei ertappst, wie du deine Erfahrungen, Gefühle oder Handlungen mit denen von jemand anderem vergleichst, ist es sinnvoll, darüber nachzudenken, was du dir damit bestätigen möchtest – vermutlich geht es um eine Überzeugung dich selbst betreffend. Wir finden immer das, wonach wir suchen, wenn wir es nur lange genug tun.

Ich glaube eine Menge von dem, was ich denke, und ich gestehe mir nicht gerne ein, dass ich mich vielleicht selbst falsch einschätze. Wenn ich das Gefühl habe, zu versagen, neige ich dazu, mich auf die Frauen zu fixieren, die als Mütter erfolgreich zu sein scheinen, um mein Gefühl des Versagens zu bestätigen. Trotzdem bedeutet das nicht, dass unsere Annahmen in Bezug auf uns selbst wahr sind. Deshalb ist es so wichtig, unser Selbstwertgefühl und unseren inneren Dialog zu kultivieren und in beides zu investieren.

Durch Vergleiche fühlen wir uns nur oberflächlich besser und bestätigt. Es ist ein bisschen wie bei einer Droge; wir suchen nach dem nächsten Schuss, indem wir auf Äußerlichkeiten schauen, um herauszufinden, ob wir in Ordnung sind oder nicht. Je nachdem, was wir daraus schließen, geraten wir auf eine Achterbahn der Gefühle, und indem wir unsere emotionalen Reaktionen und Umstände vergleichen, ist es weniger wahrscheinlich, dass wir sie konstruktiv verarbeiten, und auch weniger wahrscheinlich, dass wir uns zugestehen, sehr berechtigte Gefühle wie Frustration, Schmerz, Trauer, Stolz oder Glück zu empfinden.

Abhängigkeit von Substanzen

Als ich 2014 Instagram heruntergeladen habe, war ich begeistert von dem Eskapismus, den die Feeds auch mitten in der Nacht boten. Ich freute mich über den voyeuristischen Einblick in das Leben anderer; bearbeitete Hochglanzfotos neben ehrlichen, ungeschönten Schnappschüssen. Auf einmal hatte ich Communitys zu jedem noch so obskuren Thema in unmittelbarer Reichweite. Ich fand Kluges, Lustiges und Tröstliches.

Daneben stieß ich auf eine Fülle von »Send coffee«-Posts. Es gab Eingeständnisse von Gin zum Abendessen, Geschichten von Schokoriegeln, die hinter Schranktüren heruntergeschlungen wurden, und Prosecco getränkte Kinderspielnachmittage. Das Verlangen nach Zucker und Belohnungen, die sich aus Gläsern schlürfen ließen, schien etwas ganz Normales zu sein. Wenn es so aussieht, als ob das alle machen, ist die Wahrscheinlichkeit geringer, dass wir darüber nachdenken, ob es auch für uns das Richtige ist.

Wenn ich mich mit meinen Freundinnen aus dem Geburtsvorbereitungskurs traf, erzählten sie davon, dass sie zur Badezeit etwas zu trinken brauchten. Der stressige Teil des Tages, an dem alle übermüdet sind. Ich hatte das Gefühl, als ob das alle machten. Es war wie ein Ritual. BEA

Ich kenne das Gefühl. Die Kinder im Bett, der Boden halbherzig von herumliegendem Spielzeug befreit, die Beine müde und die

Schultern verspannt. Keine Zeit, sich zu entspannen. Neunzig Minuten, um aufzuräumen, E-Mails zu beantworten, Abendessen zu kochen und die Lunchpakete für den nächsten Tag vorzubereiten.

Ich schaffe es, den Großteil einer Familientüte Chips zu essen, ohne es zu bemerken, und nippe jedes Mal an einem Glas Wein, wenn ich die Küche passiere. Der Wein ist wie eine Umarmung von innen nach außen, die schnelle Betäubung gegen den Stress verspricht. Er ist immer noch da, aber irgendwie weiter weg, wie ein Echo.

Es gibt viele schnelle Lösungen, die uns zuflüstern, dass sie den Stress oder das zehrende, gesteigerte Gefühl der Angst lindern werden – Drogen, verschreibungspflichtige Medikamente oder eine kesse Zigarette, die dich in ein sorgloseres Jahrzehnt versetzt. Und es gibt viele Communitys, die dir bestätigen, dass das vollkommen normal ist.

Warum dir die Sucht nicht hilft

Es ist üblich, dass wir zu Substanzen irgendeiner Art greifen, wenn wir Gefühle verändern wollen. Wir wünschen uns vielleicht Ruhe, Energie, Eskapismus oder Schlaf anstelle von Angst, Stress, Einsamkeit, Frustration oder Kummer. Doch solche Substanzen machen nicht nur abhängig, sondern verschlimmern die Situation häufig noch, obwohl sie zunächst das Gefühl vermitteln, dass sie uns helfen. Werfen wir mal einen Blick auf die in unserer Kultur gängigsten und gesellschaftlich akzeptierten Substanzen: Alkohol, Zucker und Koffein.

Alkohol wirkt entspannend, doch regelmäßiger Konsum greift in die Chemie unseres Gehirns ein und senkt den Spiegel des stimmungsregulierenden Serotonins. Er beeinträchtigt unser Immunsystem, verlangsamt die Reaktion unseres Gehirns und hemmt unser Urteilsvermögen und unsere Denkfähigkeit. Zucker und Koffein sowie viele illegale Drogen haben zudem den Effekt, manche der physischen und psychischen Symptome von Angst auszulösen.

Die Mittel, zu denen wir greifen, scheinen eine Weile lang ein Bedürfnis zu stillen, doch es folgt immer in irgendeiner Weise ein Kater, ob man sich dessen bewusst ist oder nicht. Eine Rache der Hirnchemie. Ein Zuckertief, Schuldgefühle, ein Koffeinentzug, eine Panikattacke. Und all das landet noch zusätzlich oben auf dem Haufen der Dinge, die wir beim nächsten Mal zu betäuben versuchen.

Ich trank tagsüber eine Tasse Kaffee nach der anderen, weil ich so furchtbar müde war. Daraufhin bekam ich Herzrasen und wurde furchtbar hibbelig. Im Nachhinein betrachtet hat der Kaffee meine Angst definitiv verschlimmert, weil ich körperlich so aufgedreht war und mir die Gedanken im Kopf herumwirbelten. LOLA

Es ist gesund und hilfreich, darüber nachzudenken, wie die Mittel, zu denen man greift, mit der eigenen psychischen Verfassung interagieren. Wenn wir ausreichend informiert sind, können wir fundierte Entscheidungen treffen, die sich positiv auf unsere Gefühle auswirken.

Die Entscheidung, die schnelle Lösung durch etwas Wohltuenderes zu ersetzen, erfordert bewusste Anstrengung. Das liegt daran, dass die Belohnung schnell kommt, wenn wir als Reaktion auf unsere Emotionen etwas essen oder trinken. Wir müssen dafür einen Ersatz finden, der uns eine größere Hilfe ist, beispielsweise Meditation, ein Gespräch mit einer Freundin, ein Bad oder eine Runde Sport.

Anfangs ist es manchmal schwierig, sich den Gefühlen zu stellen, die wir bisher immer betäubt haben. Wir spüren den Stress, das Bedauern, die Frustration, den Groll oder die Angst intensiver. Wenn wir uns diese Gefühle eingestehen und sie zulassen, setzen wir uns mit ihnen auseinander, anstatt sie zu unterdrücken. Wir sehen sie als das, was sie sind. Es sind Gefühle, die kommen und gehen wie die Gezeiten, und nicht etwas, das für immer in einer dunklen Ecke aufbewahrt werden muss. Zwar erfordern zehn Minuten Achtsamkeitsübungen anstelle eines stressbedingten Zuckerrausches vielleicht mehr Anstrengung, aber sie ziehen nicht denselben emotionalen oder körperlichen Kater nach sich. Im Gegenteil: Sie bewirken positive Veränderungen in deiner Hirnchemie.

Wenn wir diese Gefühle zulassen, setzen wir uns mit ihnen auseinander, anstatt sie zu unterdrücken.

Ich trinke am liebsten ein Glas Wein, um mich zu entspannen, und darüber habe ich in letzter Zeit gründlich nachgedacht. Daraufhin habe ich mich entschieden, die Anzahl meiner alkoholfreien Tage zu erhöhen und habe meinen Entspannungswein durch ein zehnminütiges Stretching- oder Yoga-Video ersetzt. Die Chips tausche ich gegen Kräutertee und eine Handvoll Nüsse. Es macht mich zwar in dem Moment nicht zufrieden, aber im Nachhinein fühle ich mich viel besser.

Lerne deinen Körper und deine Seele kennen. Schreibe dir auf, welche Umstände und Emotionen dazu führen, dass du zu deinem Lieblingsbetäubungsmittel greifst. Sind es bockige oder kranke Kinder, der Verkehr oder ein Streit mit dem Partner? Notiere, wie lange diese Gefühle anhalten, bevor sie abklingen. Für mich liegt die schwierigste Zeit zwischen halb acht und halb neun Uhr abends. Wenn ich sie durchgestanden habe, lassen die Gefühle nach und ich entspanne mich.

Such dir etwas, was deinen Pulsschlag und deinen Blutdruck senkt, anstatt sie zu erhöhen, einen Ersatz, der dir Glückshormone beschert, anstatt ihre Ausschüttung zu hemmen. Es kann hilfreich sein, sich zu notieren, welche Bedürfnisse du zu erfüllen versuchst und welche Gefühle du durch dein Verhalten betäuben willst, um anschließend einen gesünderen Weg zu finden, wie du das erreichen kannst. Wenn du die Vorteile spürst, fühlst du dich hoffentlich dazu motiviert, weitere Veränderungen vorzunehmen.

Wenn du etwas ändern möchtest, es dir aber schwerfällt oder du das Gefühl hast, in irgendeiner Form süchtig zu sein, lohnt es sich, mit einer Therapeutin oder einem Berater zu sprechen. Möglicherweise sind die Gefühle, die du zu unterdrücken versuchst, komplex oder entwicklungsbedingt, sodass du von detaillierten Erkenntnissen profitieren würdest.

Keine Ruhepausen

Um mit ihren Ängsten umzugehen, versuchen manche von uns, sie zu unterdrücken, indem sie sich beschäftigen. Geschäftigkeit ist eine weitere Möglichkeit, uns von unseren wahren Gefühlen abzulenken. Das Muttersein begünstigt dieses Verhalten in vielerlei Hinsicht, und es ist sehr leicht, schnell von einem Termin zu einem Spieltreffen, dann zur Hausarbeit und weiter zum Füttern zu hüpfen, ohne dabei eine nennenswerte Atempause einzulegen.

Manchmal befürchten wir, die Gefühle könnten uns überwältigen, wenn wir einen Gang runterschalten, und dass wir uns dann vielleicht nicht mehr sammeln könnten. Es hilft, sich daran zu erinnern, dass solche Gefühle in ihrer Intensität unweigerlich nachlassen, sobald wir beginnen, sie anzuerkennen oder sie mit den richtigen Menschen zusammen zu verarbeiten.

Es kann auch sein, dass du aus deinem ständigen Einsatz ein Gefühl der Selbstbestätigung und der Sinnhaftigkeit beziehst. In solchen Fällen geschieht es häufig, dass man sich in seinem Eigenwert angekratzt fühlt, sobald man einmal weniger tut.

Ich suche definitiv absichtlich nach Beschäftigung. Ich weiß, wann ich eigentlich traurig oder ängstlich wäre, weil ich dann immer noch mehr tue, um ja keine Zeit zu haben. Meine Gefühle kommen dann alle nachts an die Oberfläche, wenn es nichts zu tun gibt und ich mich auf nichts anderes konzentrieren kann. LIZ

Warum Geschäftigkeit nicht hilft

Als Mütter sind wir manchmal zu beschäftigt, um an etwas anderes zu denken, so ist das eben. Das Leben ist ein akrobatischer Akt, und viele Bälle müssen einfach in der Luft gehalten werden. Der beste Indikator dafür, ob du beschäftigt bist, um dich emotional abzuschotten, oder ob du tatsächlich so viel tun musst, besteht darin, zwischendurch innezuhalten und zu sehen, was passiert. Was empfindest du?

Überfällt dich die Angst angesichts der Fülle deiner Aufgaben, wenn du mal eine Pause einlegst? Oder bist du zwar kaputt, freust dich aber dennoch über die Chance, innezuhalten und aufzutanken? Manche von uns kommen zu dem Schluss, dass das Innehalten dazu führt, dass wir uns nutzlos, ineffizient, ängstlich, einsam oder traurig fühlen.

Wenn ich ganz ehrlich bin, macht es mir Spaß, ein bisschen gestresst zu sein. Wenn ich mit vielen Aufgaben jongliere, fließt ein Schuss Adrenalin durch meine Adern. Ich fühle mich dann produktiv, nützlich, tatkräftig. Zugleich verliere ich aber auch leicht aus den Augen, wie ich mich eigentlich fühle. Meine innere Stimme kommt nicht zu Wort, und es besteht die Gefahr eines Burnouts. Ich bin keine Maschine. Und abgesehen davon brauchen auch Maschinen eine Pause, eine Inspektion und neuen Treibstoff, damit sie weiterhin sicher und effizient funktionieren. Erhalten sie all das nicht, fallen Teile ab, selbst dickes Metall bekommt Risse, sie gehen kaputt. Das ist bei uns nicht anders.

Geschäftigkeit ändert nichts an den zugrunde liegenden Problemen wie Angst oder geringem Selbstwertgefühl. Sie überdeckt sie lediglich. Denn was ignoriert wird, wird nicht verarbeitet. Wenn die Welt nur noch verschwommen an uns vorbeirauscht, entgeht uns unter Umständen die Freude an den kleinen Dingen. Daran werde ich erinnert, wenn ich mit den Kindern nach draußen gehe. Sie lieben es zu trödeln und verspüren nicht den Drang, sich zu beeilen. Sie werden ganz oft von kleinen Dingen abgelenkt, den Käfern, den Blumen (und den Zigarettenstummeln).

Ich hatte vor ein paar Jahren die Grippe. Ich hatte so hohes Fieber und so heftige Gliederschmerzen, dass meine Mutter kommen und auf Danny aufpassen musste. Ich habe eine ganze Woche lang rein gar nichts getan. Dabei bin ich sonst immer so beschäftigt! Ich war überrascht, wie schuldig ich mich fühlte. Ich konnte es kaum ertragen, mich so nutzlos zu fühlen. ANONYM

So zu leben bringt die Wahrscheinlichkeit mit sich, dass unser Nervensystem auf Hochtouren läuft und sich im Kampf- oder Fluchtzustand befindet. Doch wir sind nicht dafür geschaffen, über längere Zeit voll unter Strom zu stehen. Es ist ein Schutzmechanismus, aber keine geeignete Art zu leben. Stress und Angst können leicht Hand in Hand gehen, denn wenn wir uns keine Zeit zum Auftanken und zur Neuausrichtung nehmen, bleibt uns weniger Energie, um Angstgedanken zu rationalisieren.

Dein Wert bemisst sich nicht an der Summe dessen, was du tust. Dein Wert basiert nicht darauf, wie effizient du bist. Ruhe ist nicht nutzlos, sie ist ein menschliches Grundbedürfnis.

Es ist mehr für dich drin

Es gibt noch so viele andere Bewältigungsmechanismen, die wir hier besprechen könnten, und vielleicht fallen dir noch welche ein, die du gerne hinzufügen würdest. Es sind die Dinge, auf die wir zurückgreifen, um mit unseren Problemen und Ängsten fertig zu werden. Oft hinterlassen sie ein Gefühl der Enttäuschung, weil sie die Lücke nicht so ausfüllen, wie wir es uns erhofft hatten. Es ist so, als wenn mein Dreijähriger versucht, ein Puzzleteil an die falsche Stelle zu setzen. Es sieht richtig aus, die Abbildung passt sogar ungefähr, aber es ist irgendwie krumm und schief und drängt die anderen Teile von ihrem Platz.

Was ursprünglich dazu dienen sollte, dir das Gefühl zu vermitteln, die Kontrolle innezuhaben, hat wahrscheinlich dazu geführt, dass du dich kontrolliert fühlst. Das muss aber nicht so sein. Wenn du dir darüber im Klaren bist, wie du mit deinen Ängsten und belastenden Gefühlen umgehst, wirst du entdecken, dass es gesündere und konstruktivere Wege gibt, mit diesen Gefühlen umzugehen.

Top-Tipp

Stell dir die Angst wie eine Welle oder eine Wehe vor. Sie erreicht irgendwann ihren Höhepunkt und ebbt dann wieder ab.

Für dein Tagebuch

- Welche Bewältigungsstrategien gegen deine Ängste wendest du vorzugsweise an?
- Welche Gefühle versuchst du, mittels dieser Mechanismen in Schach zu halten?
- Inwiefern haben dir diese Mechanismen in der Vergangenheit geholfen?
- Inwiefern haben sie dir nicht geholfen?
- Welchen Bewältigungsmechanismus würdest du am liebsten loswerden?
- Welchen kleinen Schritt könntest du in dieser Woche unternehmen, um dich davon zu lösen?

7. Kapitel

ENTDECKE DEINE PERSÖNLICHKEITS-MERKMALE

MANTRA

DU HAST DAS MITGEFÜHL VERDIENT, DAS DU ANDEREN ENTGEGENBRINGST.

Es kann äußerst nützlich sein, eine Verbindung zwischen unserer Persönlichkeit und unserem Verhalten herzustellen. Wir gewinnen dadurch die Möglichkeit, eine Veränderung vorzunehmen, die sich positiv auf unser Wohlbefinden, unsere Denkweise oder unsere Lebenserfahrung auswirkt.

Ich werde im Folgenden einige dieser unterschiedlichen Persönlichkeitsmerkmale beschreiben; Eigenschaften, die mir häufig bei meinen Klientinnen und den Müttern auffallen, mit denen ich mich unterhalte.

Wir beginnen mit den positiven Seiten und Vorteilen dieser Merkmale und konzentrieren uns dann auf die Probleme, die sie verursachen können.

Stelle eine Verbindung zwischen deiner Persönlichkeit und deinem Verhalten her.

Ehrgeiz

Schauen wir uns mal an, inwiefern es zu Ängsten kommen kann, wenn man ein ehrgeiziger Mensch ist. Ich persönlich bin definitiv eine ehrgeizige Person. Ich war immer gut, ob bei der Arbeit oder in der Schule und im Studium, da ich konzentriert und zielstrebig bin. Ich lerne schnell, bewege mich schnell, arbeite schnell meine To-do-Listen ab und bin ganz allgemein effektiv. Ich stelle mir den Wecker und stehe auf, bevor die Kinder wach werden. Sobald der Wecker klingelt, springe ich aus dem Bett und in meine Workout-Leggings. Mein Mann dagegen drückt lieber noch ein paarmal auf die Schlummertaste.

Ich bin immer diejenige, die gebeten wird, bestimmte Aufgaben zu erledigen, weil ich sie gut mache. Ich habe ein paar Jahre lang in der Werbung gearbeitet und geholfen, Kundenkonten zu verwalten. Mir gefiel die Arbeit nicht besonders, aber ich war gründlich und hatte sehr hohe Ansprüche an mich. Obwohl ich den Job nicht mochte, war ich gut darin.

Klingt ziemlich positiv, oder? Ehrgeiz und Motivation können ja auch durchaus hilfreich sein – so lange, bis sie in den Perfektionismus abgleiten. Perfektionismus ist anstrengend. Es ist der Wunsch, unerreichbare Ziele anzustreben, wobei sich die Zielpfosten ständig verschieben. Nachdem der anfängliche Energieschub abgeklungen ist, fühle ich mich wie ein Lastesel, dem die Karotte des Perfektionismus vor der Nase baumelt. Der Preis ist verlockend nah, aber nie in Reichweite.

Ich empfinde den immensen Druck, alles richtig machen zu müssen. Aber ich schaffe es nicht. Und dadurch fühle ich mich, als hätte ich im Ganzen versagt, obwohl das nicht stimmt. HARRY

Nur weil man imstande ist, viel zu bewältigen, heißt das nicht, dass man sich alles aufbürden muss. Wenn man dich für deine Effizienz und deine hohen Ansprüche lobt, dann beruht möglicherweise dein Selbstwertgefühl zu einem Teil auf deiner Leistungsfähigkeit. Wenn du dann aus irgendeinem Grund nicht deinen angestrebten Standard erreichen kannst, fühlst du dich unter Umständen wie eine Versagerin. Ehrgeiz gepaart mit Perfektionismus ist ein todsicheres Rezept für Überforderung und Burnout.

Nur weil man imstande ist, viel zu bewältigen, heißt das nicht, dass man sich alles aufbürden muss.

Ich jongliere in meinem Leben mit vielen Rollen und werde manchmal dafür gelobt, eine Supermum zu sein. Ich bin nicht scharf auf diese Phrase. Es ist ein unerreichbares Ideal, das uns von den Medien verkauft wird und das uns vorgaukelt, dass wir alles schaffen können. Ja, ich kann vieles parallel erledigen, aber das hat seinen Preis. Es macht mich müde, reizbar und nachtragend. Mein Mann kann euch bestätigen, dass das nicht angenehm ist.

Neue Hobbys bleiben auf der Strecke, wenn ich nicht die Leistung erbringen kann, die ich mir erhoffe, und zwar in dem Tempo, wie ich es mir wünsche. Ich habe einen ganzen Schrank voller Überreste flüchtiger Hobbys: Häkelnadeln, Pilatesbibeln, Kalligrafiestifte. Ich lasse es lieber sein, als mich wie eine Versagerin zu fühlen. Prokrastination ist eine Gefahr für uns Perfektionistinnen, weil die

Angst vor dem Versagen uns daran hindert, etwas Bestimmtes überhaupt erst anzufangen.

Angst gedeiht dort, wo großer Druck herrscht.

Wenn wir unseren Ehrgeiz und unseren Perfektionismus auf unsere Rolle als Mütter übertragen, wird das unweigerlich Angst auslösen. Unsere Aufmerksamkeit wird ständig aus so vielen verschiedenen Richtungen gleichzeitig gefordert. Selten können wir eine Arbeit in Ruhe beenden, da wir zwischendurch immer von irgendetwas weggerufen werden: dem Piepen einer Waschmaschine, dem Klingeln an der Tür, der Notwendigkeit zu duschen, dem Weinen eines hungrigen Babys.

Angst gedeiht dort, wo großer Druck herrscht, dieser Kluft zwischen dem, was wir unserer Überzeugung nach tun, schaffen und erreichen sollten, und dem, was wir tatsächlich erreichen und erlangen.

Dein Wert ist nicht davon abhängig, wie gut du Aufgaben erledigst!

Wenn ich mich abends um halb acht umschaue und sehe, wie sich Wäscheberge auftürmen und wie die Küche aussieht, fühle ich mich mies. Ich denke: »Was habe ich heute eigentlich geschafft?« Es ist mir peinlich, wenn mein Mann nach Hause kommt und ich mir die Haare nicht gebürstet habe. Normalerweise bin ich so diszipliniert. Dabei ist es ihm egal. Er versteht, wie sehr einen ein Baby auf Trab hält, nur ich genüge meinen Ansprüchen nicht. Ich bin dann sauer auf mich selbst. SARAH

Sei fair zu dir

Wir alle haben zu kämpfen, wir alle sind unvollkommen. Das ist es, was uns menschlich macht. Mach dir bewusst, in welchen Momenten sich das Gefühl des Versagens einschleicht. Vielleicht bist du irgendwo zu spät gekommen oder hast einen Geburtstag vergessen. Dann betrachte einmal das Gesamtbild, die Anzahl der Dinge, die dein geschäftiger, müder Verstand zu bewältigen versucht.

Wie würdest du reagieren, wenn eine Freundin inmitten des Alltagstrubels mit einem kleinen Baby deinen Geburtstag vergessen hätte? Würdest du die Freundin beruhigen, die sich schrecklich fühlt, weil sie wegen einer bis obenhin vollen Windel zu spät bei dir auftaucht? Es ist leichter, Verständnis, Freundlichkeit und Vergebung für andere aufzubringen, weil wir ihnen oft mehr Wert beimessen als uns selbst. Aber du hast dasselbe Mitgefühl verdient, das du anderen entgegenbringst.

Du und die Ordnungsliebe

Es war ziemlich leicht, mein Leben zu organisieren und zu strukturieren, als ich mich nur um mich selbst kümmern musste. Na schön, mal hatte der Zug Verspätung oder ich war ein paar Tage krank, was meinen Tagesrhythmus vorübergehend durcheinanderbrachte, aber mit solch seltenen Störungen konnte ich umgehen. Routine und Ordnung geben mir ein Gefühl der Sicherheit.

Dann bekam ich ein Baby, und wie man weiß, halten sich Babys weder an Regeln noch lesen sie Memos. In den ersten Wochen und Monaten sehnte ich mich nach der Halt bietenden Vorhersehbarkeit von Ordnung. Auf meinem Nachttisch stapelten sich Bücher darüber, wie man Babys einen Rhythmus angewöhnt, und sie beruhigten mich und sagten mir, dass wieder Ordnung einkehren würde. Ich plante Verabredungen zum Kaffeetrinken, Termine und

Fahrten bis auf die Minute genau, um die geplanten Schlaf- und Weckzeiten einzuhalten.

Manchmal kehrte für kurze Zeit tatsächlich so etwas wie Ordnung ein. Und dann kamen Wachstumsschübe, Zahnen, Abstillen, Fieber, Zeitumstellung, Entwicklungssprünge und Hitzewellen. Und so dramatisch es klingt: In diesen Phasen konnte mich die Absage der Babygruppe oder ein unerwarteter Besucher förmlich in den Wahnsinn treiben. Mein Leben erschien mir so unbekannt und neu, und ich brauchte Ordnung, damit ich mich sicher fühlte, doch sie schien unerreichbar zu sein. Rhythmus war das Rettungsboot, an das ich mich klammerte. Aber es hatte ein Leck. Je mehr ich mich auf Routine und Ordnung verlasse, um die Nerven zu behalten, desto wahrscheinlicher lösen die Wechselfälle des Lebens Ängste in mir aus.

Ich spüre, wie ich in Panik gerate, wenn ich bei einer Freundin bin und es auf Zeds Schlafenszeit zugeht. Es stresst mich sehr, wenn wir nicht rechtzeitig zu Hause sind, damit er pünktlich schlafen gehen kann. Ich weiß nicht mal, warum. Manche Leute scheinen so entspannt zu sein, was Mittagsschlaf und feste Zeiten angeht. ZENA

Ein paar Jahre und zwei weitere Babys später ist mein Bedürfnis nach strikter Routine, um mich geerdet zu fühlen, nicht mehr ganz so stark ausgeprägt. Ich war einfach gezwungen, lockerer zu werden. Mit der kleinen Florence einen festen Rhythmus einzuhalten war schlichtweg unmöglich, da inzwischen so viele andere Faktoren ins Spiel gekommen waren: die beiden großen Brüder, die ich herumkutschieren musste, der Haushalt, der ständig irgendwelche Besorgungen erforderte … Ich habe es jedoch als sehr befreiend erlebt, mich nicht mehr so zu stressen, wenn sie mal früher aufwachte oder etwas länger schlief. Ich musste andere, beständigere und verlässliche Methoden finden, um mir innere Sicherheit zu geben, beispielsweise Atemtechniken und eigene kleine Gewohnheiten, die ich besser kontrollieren kann. Das können etwa zehn Minuten Stretching am Tag oder mein Abendritual vor dem Zubettgehen sein. Das ist machbar.

Ordnungsliebe alltagstauglich machen

Überlege, was Rhythmus für dich bedeutet. Wie gehst du mit deinem Wunsch nach Routine und der Angst um, die in dir aufkommt, wenn sich keine etablieren lässt? Mir persönlich hat es geholfen, herauszufinden, wann meine Angst ausgelöst wird. Ich erinnere mich zum Beispiel daran, wie ich einmal mit einem meiner Söhne bei einem anderen Kind zu Besuch war und ich mich zum ersten Mal ganz offen mit einer neuen Bekannten unterhielt. Damals sehnte ich mich nach Kontakten zu anderen Müttern und nach Gesprächen, die sich nicht immer nur um die Kinder drehten.

Während unserer Unterhaltung warf ich immer wieder verstohlen einen Blick auf die Uhr an ihrer Wand. Die vorgesehene Schlafenszeit rückte näher. Die Angst in meiner Brust wuchs, und obwohl mir das Gespräch sehr guttat, wurde ich allmählich nervös. Kennst du das Gefühl? Wenn du unruhig wirst und dich am liebsten entschuldigen und gehen würdest? Obwohl dir dein Verstand sagt, dass das unhöflich wirken würde?

Meine Angst störte unsere Unterhaltung, weil ich mich mehr auf die Uhrzeit konzentrierte als auf das, was meine Bekannte sagte. Ich beneidete die Mütter, die in einer solchen Situation gelassen und flexibel bleiben können, aber andererseits schien Oscar der Rhythmus, den wir etabliert hatten, gutzutun. Jedenfalls beendeten wir das Gespräch und Oscar machte mit zwanzig Minuten Verspätung seinen Mittagsschlaf. Er war müde, aber es war kein Problem für ihn.

Zehn oder zwanzig Minuten früher oder später ab und zu hätten unseren Rhythmus im Großen und Ganzen nicht zum Kippen gebracht, mir aber vielleicht mehr Möglichkeiten geboten, Kontakte zu knüpfen, zu verweilen und mich zu entspannen. Wenn die Mechanismen, die uns normalerweise erden, wackelig und unsicher sind, bieten sie uns nicht mehr den festen Boden unter den Füßen, den wir brauchen.

Stupse behutsam in den Grenzen deiner Komfortzone.

Wenn du bemerkst, dass deine Angst sich bemerkbar macht, versuche dir freundlich zuzureden. Angst ist Furcht in Aktion. Ich will damit nicht sagen, dass du auf deinen Rhythmus pfeifen sollst, aber ihn manchmal nicht ganz so eng sehen solltest. Überprüfe, ob du in bestimmten Fällen nicht ein wenig flexibler sein oder irgendetwas ein bisschen anders organisieren könntest, um dich an die jeweiligen Umstände anzupassen. Wenn du behutsam an die Grenzen deiner Komfortzone stupst, gibst du dir die Möglichkeit, in dem neu erworbenen, größeren Raum an Selbstvertrauen zu gewinnen.

Empathie: Du fühlst, was andere fühlen

Empathie bedeutet, dass du emotional auf andere reagierst und sensibel für deren Bedürfnisse und Gefühle bist. Vielleicht bist du eine der ersten, die erkennt, wenn eine andere Mutter nicht sie selbst zu sein scheint. Vielleicht bist du seit jeher eine Frau, an die sich andere wenden, wenn es ihnen nicht gut geht, weil sie das Gefühl haben, dass du ihnen zuhörst, sie verstehst und dich ihrer herzlich annimmst. Du bist diejenige, die ihnen ein offenes Ohr und ein heißes Getränk anbietet. Und wenn dir Leute ihre Geschichten erzählen, ist es manchmal, als würdest du ihre Gefühle ein Stück weit nachempfinden, sodass auch dir die Tränen kommen, wenn sie weinen. Ihre Geschichten beeinflussen dich und beschäftigen dich eine Weile lang.

Empathie ist eine wertvolle Eigenschaft. Anderen zu helfen, kann uns ein intensives Gefühl der Sinnhaftigkeit vermitteln. Das ist keinesfalls eine schlechte Sache. Allerdings ist es ein Unterschied, ob es dich zufrieden macht und du es sinnvoll findest, anderen zu helfen, oder ob sich dein Selbstwertgefühl daran ausrichtet. Letzteres stellt uns vor das Problem, dass unser Verständnis davon, was wir wert sind, mit dem verknüpft ist, was wir tun. Wenn andere auf uns zukommen, damit wir ihnen dabei helfen, sich besser zu fühlen, kann sich daraus ergeben, dass wir anderen Menschen helfen müssen, um uns nützlich zu fühlen. Wir müssen uns gebraucht fühlen, um das Gefühl zu haben, etwas wert zu sein.

Ich war schon immer die Kummerkastentante für alle. Das ist sogar mein Spitzname. Ich habe Gewissensbisse, wenn ich einen Anruf nicht beantworten oder mich nicht mit Leuten treffen kann, die mich um Hilfe bitten. Es ist jetzt einfach schwieriger geworden, alles unter einen Hut zu bringen. Ich habe das Gefühl, eine ganz miese Freundin zu sein. BERNIE

Empathie kann sich zu dem Wunsch entwickeln, andere glücklich zu machen, ihnen zu gefallen. Ich habe so viel Zeit meines Lebens damit verbracht, für andere da zu sein! Ich würde mich als People-Pleaserin in Rekonvaleszenz bezeichnen, wobei mein Mitgefühl für andere wahrscheinlich ein bedeutender Faktor bei meinem Wunsch war, Therapeutin zu werden. Anderen zu helfen gab mir einen Sinn. Ich fühlte mich furchtbar, wenn ich aus irgendeinem Grund jemanden verärgert oder enttäuscht hatte. Oft plagten mich die Schuldgefühle bis in den Schlaf, wenn ich befürchtete, jemanden beleidigt zu haben.

Der Wunsch, es anderen recht zu machen, gibt uns einen moralischen Kompass und macht uns die Auswirkungen unseres Handelns bewusst. Sich selbst zu erlauben, darüber nachzudenken, was anderen gefällt, ist jedoch etwas anderes, als sich völlig davon beherrschen zu lassen. Und ich wurde davon beherrscht.

In der frühen Mutterschaft werden nicht nur unsere persönlichen Ressourcen (Zeit und Energie) stark beansprucht, sondern wir werden oft mit einer ganz neuen sozialen Gruppe konfrontiert, der wir gefallen müssen. Ich erinnere mich daran, dass ich meine persönliche Meinung über Ernährung, Stillen und andere Erziehungsfragen je nach Einstellung meiner Umgebung veränderte.

Ich befürchtete, dass die anderen beleidigt wären, wenn ich eine Meinung äußerte, die sich von ihrer unterschied. Stattdessen wollte ich ihnen das Gefühl vermitteln, sie zu bestätigen und zu ermutigen. Ich weiß auch noch, dass ich es mir zur Aufgabe machte, jeder meiner neuen Freundinnen zu helfen, die sich ratlos, allein, niedergeschlagen oder verwirrt fühlte. Ich half anderen, so war ich nun mal. Deshalb mochten mich die Leute schließlich, oder? Deshalb wollten sie mit mir befreundet sein. Ich hatte Angst, dass es mich mein Unterstützungsnetzwerk kosten würde, wenn ich nicht immer versuchen würde, es den Leuten recht zu machen und den Frieden zu wahren.

Ich ertappte mich dabei, dass ich immer sagte: »Na klar – Baby-led weaning«, weil die anderen so begeistert davon zu sein schienen. Wenn sie zum Kaffee kamen, habe ich den Brei versteckt. JULES

Jedermanns Freund zu sein macht süchtig, denn kein noch so großes Dankeschön oder Kompliment wird jemals den Hunger nach Akzeptanz stillen. Sie bieten nur eine momentane Befriedigung. Das liegt daran, dass wir an dem, was andere über uns denken, unseren Eigenwert bemessen. Doch das ist der falsche Maßstab. Es ist, als würde man versuchen, die Temperatur mit einem Lineal zu ermitteln.

Es gibt keine feste Formel dafür, es anderen recht zu machen. Für die eine backst du einen Kuchen, und sie ist begeistert. Dann backst einen für die andere, und sie ist stinksauer, weil du vergessen hast, dass sie keinen Kuchen mag. Was einer Person gefällt, kann einer anderen missfallen. Man kann es einfach nicht immer allen recht machen. Mehr noch: Man kann es nicht jedem jederzeit recht machen.

Bei dem Versuch, anderen zu gefallen, laufen wir Gefahr, unsere eigenen Wünsche, Bedürfnisse und Meinungen zu unterdrücken. Jedes Mal, wenn wir das tun, vermitteln wir uns, dass unsere Gefühle, Meinungen und Bedürfnisse weniger wert sind als die eines anderen. Die Ironie dabei ist, dass wir versuchen, andere glücklich zu machen, um uns das Gefühl zu geben, selbst mehr wert zu sein. Die Realität ist jedoch, dass wir unser Selbstwertgefühl dadurch negativ beeinflussen.

Ich habe sechs Monate lang versucht, meiner Freundin zu helfen, die eine Ehekrise hatte. Ich habe fast jeden Tag mit ihr gesprochen. Ich habe so viel Zeit investiert, um ihr zu helfen, dass ich meinen Partner vernachlässigte und wir uns schließlich voneinander entfernten. KRYSTAL

Ein Großteil der Arbeit an diesem Drang, anderen zu gefallen, besteht darin, zu merken, wie schädlich er für dich in der Vergangenheit war und in welcher Form er Ängste und Furcht geschürt hat. Sobald wir das erkannt haben, können wir damit beginnen, einige der damit verbundenen Gedanken mithilfe von Erdungs- und Bewältigungsmechanismen zu rationalisieren und an unserem Selbstwertgefühl zu arbeiten.

Empathie richtig dosiert

Einer meiner Top-Tipps gegen die Neigung zu übertriebenem People-Pleasing lautet, zwischendurch innezuhalten. Einmal hatten wir zum Beispiel übers Wochenende Freunde zu uns eingeladen. Inmitten des morgendlichen Trubels bot mir meine Freundin an, Florence etwas vorzulesen, während ich duschen ging. Die People-Pleaserin in mir wollte ihr Angebot schon dankend ablehnen, aus Angst, ihr zu viel Mühe zu machen. Doch ich überlegte einen Moment und dachte, es wäre doch schön, duschen zu können, ohne dass sich Florence gelangweilt auf der Badematte herumwälzte, und außerdem war die Kleine gerne bei meiner Freundin.

Also sagte ich ja. Und es war schön für die beiden und schön für mich. Außerdem gab mir meine Freundin hinterher keineswegs zu verstehen, dass es ein Riesenopfer für sie gewesen sei und ich ihr im Gegenzug etwas schulde. Nichts wies darauf hin! Kleine Risiken einzugehen und mal von unserem selbstverleugnenden, gefälligen Verhalten abzuweichen, baut Selbstvertrauen auf. Es stärkt das Bewusstsein dafür, dass unsere Bedürfnisse, Gefühle und Meinungen genauso viel wert sind wie die eines jeden anderen.

Wenn sich dir das nächste Mal die Gelegenheit bietet, etwas zu äußern, was du normalerweise herunterschlucken würdest, halte inne und überlege, wie es wäre, es mitzuteilen. Wenn du das nächste Mal gebeten wirst, etwas zu tun, halte inne und überlege, ob du zurzeit die zusätzlichen Ressourcen aufbringen kannst und wie es wäre, freundlich und ohne einen übertriebenen Schwall von Entschuldigungen Nein zu sagen.

Fazit

Es ist ein großer Schritt, sich mit unseren Persönlichkeitsmerkmalen auseinanderzusetzen, denn diese Verhaltensweisen und Gewohnheiten haben in der Vergangenheit wichtige Funktionen erfüllt. Sie haben es uns ermöglicht, schwierige Situationen zu meistern und uns mit ihnen auseinanderzusetzen. Starre Persönlichkeitsmerkmale verschlimmern jedoch unsere Ängste, weil sie verhindern, dass wir flexibel auf das Leben und andere Menschen reagieren. Sie können das Gefühl verstärken, keine Kontrolle über das zu haben, was geschieht und was andere denken. Wenn ich zum Beispiel die Bestätigung brauche, dass alle mit mir zufrieden sind, fühle ich mich destabilisiert und ängstlich, wenn ich merke, dass ich jemanden ungewollt verärgert habe.

Das Bedürfnis, an einem der beiden Enden des Spektrums der Persönlichkeitseigenschaften zu leben, um sich sicher und geerdet zu fühlen, hat Nachteile, denn das Leben findet in den vielen Grauzonen dazwischen statt. Denke an das Pendel einer großen antiken Standuhr: Es verweilt nur für den Bruchteil einer Sekunde auf dem Höhepunkt seiner Schwingung; viel mehr Zeit verbringt es damit, sich zwischen diesen beiden Punkten hin- und herzubewegen. Und wenn es keinen Schwung mehr hätte, würde es sich genau in der Mitte einpendeln.

Wenn wir die Schwarz-Weiß-Verhaltensweisen an beiden Enden des Spektrums hinterfragen, können wir uns langsam an den grauen Mittelweg herantasten. Versuche dir vorzustellen, dass eine freundliche innere Stimme den ängstlichen Teil von dir durch die kleinen Risiken der Authentizität leitet, die du einzugehen wagst. Freundlichkeit ist wichtig, denn hier geht es nicht um »Fehler« oder »Unrecht«, sondern darum, Verhaltensweisen zu ändern, die uns daran hindern, wir selbst zu sein, und die unsere Ängste nähren.

Top-Tipp

Stell dir eine freundliche innere Stimme vor, die den ängstlichen Teil von dir coacht.

Für dein Tagebuch

- Welche dieser Persönlichkeitsmerkmale erkennst du an dir wieder?
- Welches sind deiner Meinung nach die positiven und negativen Seiten dieses Persönlichkeitsmerkmals für dich persönlich?
- Was würdest du gerne ändern?
- Welche kleinen Risiken hin zu mehr Authentizität könntest du eingehen, um dich in die Grauzone dieses Persönlichkeitsmerkmals zu bringen?
- Notiere dir in den kommenden Tagen die kleinen Risiken, die du eingegangen bist, und wie du dich dabei gefühlt hast. Überlege, wie dein Umfeld darauf reagiert hat und welchen Einfluss das auf dein Selbstvertrauen hatte.

8. Kapitel

ZWANGSGEDANKEN ABBAUEN

MANTRA

ICH BIN NICHT MEINE GEDANKEN.

Zwangsgedanken oder Intrusionen (also das in Gedanken erneute Durchleben von traumatischen Ereignissen) sind häufige angstbedingte Gedanken, bei denen wir uns eine Zukunft vorstellen, die noch nicht eingetreten ist und vielleicht auch nie eintreten wird. Sie können humorvoll sein, etwa wenn ich mir vorstelle, in einem überfüllten Geschenkeladen einen Ständer mit Tassen umzustoßen, aber auch zutiefst beunruhigend. Einige Intrusionen können Ängste oder frühere Erfahrungen widerspiegeln. Manche können aber auch direkt gegen deine persönlichen Überzeugungen und Moralvorstellungen verstoßen.

Die Zwangsgedanken, die uns am meisten zu schaffen machen, sind in der Regel die düsteren – solche, die unangenehm, beängstigend oder traumatisch sind. Sie werden oft aus Scham verschwiegen und können großen Einfluss auf unsere Gedanken, Handlungen und Entscheidungen ausüben. Doch das müssen sie nicht. Ich werde dir einige Einblicke in die Funktionsweise und die Ursachen von Zwangsgedanken vermitteln, denn zu verstehen, was sie sind und wie du sie angehen kannst, kann viel Licht in diese dunklen Bereiche bringen.

Zwangsgedanken müssen kein schmutziges Geheimnis sein

Zahlreiche Klienten, die in mein Sprechzimmer kommen, schleppen etwas mit sich herum, was sie für ein schambesetztes, schmutziges Geheimnis halten. Sie erzählen mir: »Ich habe solche schrecklichen Gedanken und Vorstellungen, die mir durch den Kopf gehen und mich an meinem Verstand zweifeln lassen.« Ihre Zwangsgedanken führen dazu, dass sie sich verrückt, schräg und allein fühlen. Oft kann ich ihnen ihre Erleichterung deutlich ansehen, wenn ich nicht vor lauter Entsetzen zurückspringe oder zum Telefon greife, um sie bei den Behörden zu melden.

Kürzlich habe ich eine Instagramumfrage durchgeführt, bei der ich wissen wollte, wie viele Leute Zwangsgedanken erleben. Von 4500 Befragten stimmten überwältigende 96 Prozent zu. Zwangsgedanken scheinen ein universelles Symptom von Angstzuständen und Posttraumatischer Belastungsstörung zu sein, und trotzdem werden sie nicht thematisiert.

Möglicherweise hattest du schon Zwangsgedanken, bevor du Mutter wurdest, aber vielleicht erschienen sie dir nicht so traumatisch oder schockierend oder du hattest die Kraft, sie rational zu verarbeiten. Auf diese Weise rational zu denken fällt uns jedoch schwerer, wenn wir müde, hormongeflutet, gestresst oder erschöpft sind, weshalb viele Mütter in der Anfangsphase der Mutterschaft stärker unter Zwangsgedanken leiden. Erschwerend hinzu kommt, dass wir uns plötzlich für dieses winzige Wesen, das wir so sehr lieben, voll verantwortlich fühlen.

Wenn wir Mütter werden, erreichen wir eine ganz neue Ebene des Risikobewusstseins und entdecken eine Welt potenzieller Gefahren und Angstauslöser, als da wären: Hautausschläge, SIDS, die Angst vor dem Ersticken an festem Essen oder vor Entführung. Uns werden Beipackzettel mit Symptomen tödlicher Krankheiten ausgehändigt, an die wir vorher möglicherweise keinen Gedanken verschwendet haben.

Als ich Mutter wurde, erhielten manche Fernsehberichte plötzlich eine ganz neue Bedeutung für mich. Ich kann mich heute viel mehr mit den Nachrichten und Geschichten identifizieren, in denen es um Kinder geht. Mein Mutterherz wird ausgewrungen wie ein Geschirrtuch. Diese neue Ebene der Empathie ist zwar nachvollziehbar, aber es kann sein, dass von nun an Dinge, die dich früher nie gestört haben, Angst auslösen und Zwangsgedanken schüren.

Wenn wir Mütter werden, erreichen wir ein ganz neues Level von Risikobewusstsein.

Meine Erfahrungen mit Zwangsgedanken

Ich denke, es ist hilfreich, wenn ich euch meine Erfahrungen mit Zwangsgedanken schildere, um euch zu zeigen, in welcher Form sie auftreten können.

Ich hatte schon Erfahrungen mit Zwangsgedanken, bevor ich Mutter wurde. Es gab eine Zeit in meinem Leben, in der ich mich sehr niedergeschlagen und deprimiert fühlte. Mein Gedankenfluss wurde jäh von Visionen unterbrochen, wie ich vor ein vorbeifahrendes Auto sprang oder Ähnliches. Ich konnte diese meist rationalisieren, weil sie meinem depressiven Zustand nicht widersprachen. Die Gedanken schienen zu meiner Gemütslage zu passen.

Wie dem auch sei: Ein paar Jahre später bekam ich einen kleinen Jungen und ich liebte ihn von ganzem Herzen. So sehr, dass es manchmal fast schmerzte, wenn ich ihn zu lange ansah. Eines Morgens ging ich nach einer harten Nacht die knarrende Treppe hinunter und: BÄMM! Blitzartig sah ich vor mir, wie er mir aus den Armen purzelte und die Treppe hinunterfiel.

Mir wurde ganz übel. Ich hielt ihn noch fester im Arm, straffte die Schultern und tapste die Treppe so langsam und vorsichtig hinunter wie eine alte Frau.

Schon beim Gedanken an diese inneren Bilder durchfuhr mich eine Mischung aus Angst, Schmerz und Trauer. Wer mich in diesen Momenten beobachtet hätte, in denen ich mir vorstellte, wie der Buggy auf eine belebte Straße rollt, hätte nichts weiter gesehen, als dass ich plötzlich tief durchatmete und meinen Weg fortsetzte.

Kommen wir zum Wochenbett Nummer zwei mit Charlie, meinem Baby mit dem stillen Reflux. Unsere Tage begannen oft um Mitternacht, da er rund um die Uhr schrie. Es gab Zeiten, da funktionierte ich (gerade noch) mit gerade mal fünfundvierzig Minuten Schlaf. Meine Augen waren trübe und trocken, ich sprach undeutlich und wagte es kaum, mich ans Steuer zu setzen. Es fiel mir schwer, mich zusammenzureißen, um für Oscar eine gute Mutter zu sein. Ich weiß noch, wie wund sich meine Haut durch das ständige Abtrocknen meiner Augen mit dem Geschirrtuch anfühlte, in dem Versuch, meine Tränen zumindest teilweise vor ihm zu verbergen. Ich bemühte mich, so normal wie möglich mit ihm zu sprechen, da ich wusste, dass er bei mir Sicherheit und Geborgenheit suchte, aber oft klang meine Stimme zittrig. In meinen dunkelsten, verzweifeltsten Momenten malte ich mir aus, dass mir etwas zustoßen würde, sodass ich ins Krankenhaus käme, was mir eine Pause verschaffen würde. Dort würde ich schlafen können und man würde sich um mich kümmern. Es ist erschreckend, das schwarz auf weiß zu lesen. Aber ich bezweifle, dass ich die Einzige bin, die von so etwas förmlich träumte. Falls du jemals so etwas gedacht hast und auch erschrocken über dich selbst warst, dann weißt du jetzt, dass du nicht allein bist.

Mit diesem Tiefpunkt ging eine andere Art von Zwangsgedanken einher. Während ich dies schreibe, überkommt mich eine Welle der Scham und Furcht. Ob du mich anschließend verurteilst? Ob du dich fragst, was für eine Rabenmutter ich bin? Vielleicht überlegst du sogar, die Polizei, einen Arzt oder das Jugendamt anzurufen. Um Bescheid zu sagen, dass man mir die Kinder wegnehmen sollte.

Diese Gefühle von Scham und Angst lassen uns mit unseren Zwangsgedanken allein und isoliert bleiben. Sie halten uns davon ab, uns an unterstützende, beruhigende Menschen zu wenden und sie darüber zu informieren, was mit uns los ist. Damals sah ich einfach keinen Ausweg. Meine Zwangsgedanken wurden immer furchterregender. Ich hatte Visionen davon, wie ich mein dunkelhaariges Baby nicht nur die Treppe hinunterfallen ließ, sondern es warf.

Mein erschöpftes Gehirn sehnte sich verzweifelt nach Erholung, nach einer Atempause. Es fiel mir schwer, zusammenhängende Sätze zu bilden, geschweige denn finstere Gedanken zu verarbeiten. Früher hatte ich mich entsetzt gefragt, wie um Himmels willen man ein Baby schütteln konnte. Das ging über meinen Verstand. Doch in meinen dunkelsten Zeiten, in den finstersten Nächten, konnte ich die tiefe Verzweiflung und Not nachfühlen, die diese Mütter empfunden haben mussten. In meiner Situation waren diese Gedanken nicht etwa ein Zeichen des Wahnsinns, sondern das Resultat hormongesteuerter, übermüdeter Bedrängnis. Sie rührten irgendwo aus einem tiefen fleischlichen Überlebensinstinkt.

Nur zur Beruhigung: Dass vernünftige Leute solchen Gedanken nachgeben und entsprechend handeln, kommt extrem selten vor. Wenn du dich betroffen fühlst, sprich mit deiner Therapeutin, Hebamme oder Ärztin. Sie sind dazu da, dir zu helfen. Ihr Ziel ist es, dich bei deiner Aufgabe als Mutter zu unterstützen, und nicht, dich von deinem Baby zu trennen.

Ich ging zu meinem Hausarzt, nachdem ich mich an meinem einunddreißigsten Geburtstag mit Freundinnen zum Kaffee getroffen hatte. Meine Freundinnen waren sehr erleichtert, da sie mich schon seit einiger Zeit gedrängt hatten, Unterstützung zu suchen. Sie gingen mit Oscar in den Park, damit ich mit Charlie in der Babytrage zur Praxis gehen konnte. Als der Arzt mich fragte, ob ich das Gefühl hätte, eine Bindung zu meinem Baby zu entwickeln, brach ich zusammen.

Als ich um Unterstützung bat, standen alle verfügbaren Systeme parat, um mir unter die Arme zu greifen und endlich Bewegung in die Sache zu bringen. Freunde und Verwandte, die darauf gewartet hatten, dass ich aufhörte, mich allein durchzuschlagen, waren erleichtert, als ich die Stahlmauer einriss, die ich um mich herum aufgebaut hatte. Ich brauchte Hilfe von außen.

Manches von dem, was ich durchgemacht habe, mag sich für einige von euch ziemlich extrem anhören, während andere Ähnliches mitgemacht haben. Aber dies war die Realität meiner Abgründe, und Zwangsgedanken spielten eine wichtige Rolle dabei. Wichtig ist mir jedoch auch, euch zu vermitteln, dass es einen Ausweg aus der Situation gab und dass ich in dem Moment Hoffnung schöpfen konnte, als ich meine Sorgen und Nöte offenbarte. Sich einzugestehen und nach außen hin zu vermitteln, dass es einem schlecht geht und man allein nicht mehr weiterweiß, war, wie so oft, auch in diesem Fall ein Wendepunkt auf dem Weg zur psychischen Genesung. Wir rackern uns immer weiter ab, weil wir glauben, dass das einfach dazugehört, wenn man eine gute Mutter sein will. Wir versuchen, uns allein durchzuschlagen, weil wir Angst davor haben, dass uns andere verurteilen könnten, wenn wir es nicht schaffen. Für mich führte diese Strategie allerdings immer weiter in Richtung Abgrund. Die weiße Fahne der Kapitulation zu schwenken, war das Mutigste und Stärkste, was ich je getan habe. Es war nicht das Ende, sondern der Anfang eines besseren Weges; eines Weges, den ich nicht allein gehen musste.

Heutzutage kommen und gehen meine Zwangsgedanken je nach Hormonschwankungen und der Menge an Schlaf, die ich bekomme oder auch nicht. Die Muster und Zusammenhänge zwischen meinem körperlichen Zustand und dem Auf und Ab der Zwangsgedanken zu erkennen, war sehr wichtig für mich. Ich kann inzwischen viel besser mit ihnen umgehen, weil ich sie darauf zurückführen kann, dass ich müde bin oder meine Periode bevorsteht.

Ich werde immer noch von Zwangsgedanken heimgesucht, und ich weiß, dass das wahrscheinlich in unterschiedlichem Ausmaß immer so bleiben wird. Häufig drehen sie sich darum, dass Menschen, die ich liebe, krank werden oder sterben könnten, dass ich die Treppe hinunterfalle, während ich ein Kind im Arm halte, oder dass ich auf der Autobahn einen Unfall baue. Aber diese Gedanken beeinflussen meine Stimmung, meine Handlungen oder meinen Gemütszustand nicht mehr in der Art und Weise, wie sie es früher getan haben. Ich sehe sie als das, was sie sind. Es sind grausame Visionen, die mir durch den Kopf schießen. Sie sind keine Gewissheiten meine Zukunft betreffend. Ich habe aufgehört, sie mit ihrer Lieblingsnahrung zu füttern – meiner Aufmerksamkeit. Heutzutage wachsen sie kaum noch, es sei denn, ich reagiere auf sie mit unverdienter Zuwendung.

Wie entstehen Zwangsgedanken?

Unser Verstand ist kreativ und clever. Wir bewerten ständig Risiken, Entscheidungen und Möglichkeiten, während wir durchs Leben gehen. Unser Gehirn berücksichtigt Impulse, Bedürfnisse, Ängste und Wünsche in einer einzigen flüchtigen Sekunde, die uns oft nicht bewusst ist.

Dieser Prozess ermöglicht es uns, schnell zu handeln und auf Risiken und Bedrohungen zu reagieren. Wenn meine Kinder draußen spielen, kalkuliert mein Gehirn die Risiken und achtet auf die

Geräusche von Fahrzeugen, ohne dass ich es merke. Ich unterhalte mich mit einer Freundin beim Spazierengehen und plötzlich stoße ich mitten im Satz eine Warnung aus.

Manchmal, in Zeiten der Angst oder verstärkt auftretender Zwangsgedanken, können wir uns dieses inneren Prozesses, der normalerweise im Hintergrund abläuft, überdeutlich bewusst werden. Wenn obskure Gedanken Emotionen wie Humor, Schock, Angst oder Trauer hervorrufen, ist es viel wahrscheinlicher, dass wir uns auf sie konzentrieren und uns eingehend mit ihnen beschäftigen.

Anstatt beim Geräusch eines Motors kurz zu checken, ob die Jungs auf dem Bürgersteig sind, stelle ich mir unter Umständen vor, dass ein Auto um die Ecke rast und eins der Kinder vom Roller stößt. Gedanken werden zu möglichen Szenarien, wenn wir sie mit unserer Vorstellungskraft füttern. Es ist, als machten wir aus einem einfachen Schwarz-Weiß-Foto einen ganzen Film in Technicolor.

Wenn ich diesen flüchtigen Gedanken Farbe gebe, wenn ich sie als Minifilm in meinem Kopf abspiele, hat das einen großen Einfluss auf meine Gefühle. Ich empfinde Schock, Entsetzen, Hilflosigkeit und Trauer. Und es fühlt sich so real an! Als würde es tatsächlich passieren.

Das Problem besteht darin, dass diese Zwangsgedanken nicht irrational sind. Man kann sie nicht einfach als unmöglich abtun und sich vorhalten, dass sie niemals real werden. Eben nicht: Ich beschwöre existierende, durchaus wahrscheinliche Szenarien herauf, Situationen, die tatsächlich passieren oder mir passiert sind – Dinge, von denen niemand versprechen kann, dass sie nie geschehen werden.

Wenn du mir versichern würdest, dass meinem Baby niemals etwas Schlimmes zustoßen wird, würde ich mich vielleicht anschließend besser fühlen. Aber wir wissen beide, dass es ein leeres Versprechen wäre. Dennoch würde ich es manchmal gerne hören. Ich wünschte, meine Mutter käme herein, nähme mich in den Arm und verspräche mir, dass es meiner Familie und mir immer gut gehen wird. In manchen Zeiten sind wir uns einfach besonders deutlich bewusst, dass niemand von uns, wie vorsichtig wir auch sein mögen, vor den Wechselfällen des Lebens gefeit ist. Der Umgang mit Ängsten und Zwangsgedanken ist ein Prozess, bei dem man lernt, sich mit der Tatsache abzufinden, dass schlimme Dinge passieren, und man Wege sucht, trotz allem ruhig und gelassen zu bleiben.

Was kannst du gegen Zwangsgedanken tun? Überlege, was sie auslösen könnte. Wenn du das herausfindest, bist du besser gewappnet. Wissen kann dir Halt bieten wie ein Bootsanker im Sturm. Die Wellen werden immer noch kommen und gehen, und das Boot schwankt mit den Gezeiten, aber es ist sicher.

Körperliche und seelische Befindlichkeiten

Die Art und Weise, wie unser Körper in einem bestimmten Moment funktioniert, hat Einfluss auf unsere Gedanken. Das Prämenstruelle Syndrom macht vielen von uns zu schaffen, und diejenigen, die mit Ängsten oder Zwangsgedanken zu kämpfen haben, können in diesen Phasen noch zusätzlich von ihnen geplagt werden. Ich persönlich finde es sehr hilfreich, mir dessen bewusst zu sein!

Wenn wir in irgendeiner Weise körperlich beeinträchtigt sind, fällt es uns schwerer, Zwangsgedanken zu rationalisieren. Wenn wir müde sind, uns unwohl fühlen, unter Hormoneinfluss stehen, gestresst sind oder ein Trauma verarbeiten, können die Gedanken schnell die Oberhand gewinnen, sodass wir zusätzliche Bewältigungsmechanismen nutzen müssen, um damit fertig zu werden.

Nachdem ich abgestillt habe, gingen mir plötzlich regelmäßig ganz schlimme Gedanken durch den Kopf. Meistens stellte ich mir vor, dass mein Mann sterben würde oder eine Affäre hätte. Ich ging also zu meiner Ärztin, und sie erklärte mir, dass sich durch das Abstillen meine

Hormone verändert hätten. Ich wäre nie auf die Idee gekommen, dass es da einen Zusammenhang geben könnte. Das hat mir sehr geholfen, und tatsächlich war es auch bald vorbei mit den Horrorvorstellungen. IONA

Die Rolle des Traumas bei Zwangsgedanken

Wie bei allen unerwünschten Gedanken oder Verhaltensweisen gibt es ein gewisses Maß, bis zu dem sie verstanden und abgebaut werden können, und das Leben kann weitergehen. Der beste Weg, Zwangsgedanken zu bekämpfen, ist nämlich nicht, sie als solche zu stoppen, sondern die Art und Weise zu verändern, wie wir mit ihnen umgehen.

Wenn deine Zwangsgedanken ein Thema haben, das mit einem traumatischen Erlebnis zusammenhängt, ist es wichtig, therapeutische Unterstützung zu suchen. Die Krebsdiagnose meiner Schwester war beispielsweise für mich traumatisch, was erklärt, warum sich viele meiner Zwangsgedanken um meine Kinder drehen und darum, dass sie ebenfalls an Krebs erkranken könnten. Je mehr ich das ursprüngliche Trauma als solches anerkannt und mir zugestanden habe, die daraus resultierende Trauer zu verarbeiten, desto weniger relevant und traumatisierend wurden diese Zwangsgedanken.

Ein Trauma ist eine Quelle für Ängste und Horrorvorstellungen. Das liegt daran, dass sich die Erinnerungen an unsere Erlebnisse immer noch bedrückend und schmerzlich anfühlen können. Für gewöhnlich sind es die Dinge, die wir unter den Teppich gekehrt haben, die sich in Form von Zwangsgedanken bemerkbar machen. Die Sache ist nämlich die: dass wir sie unter den Teppich kehren, bedeutet nicht, dass sie verschwunden sind. Sie machen den Teppich holprig und unangenehm, und wir stolpern.

Als Kian zwei Monate alt war, musste er am Herzen operiert werden. Es war furchtbar, aber wir haben es überstanden. Dann bekam ich Ivan, und der Schrecken kehrte mit Macht zurück. Ich ging schon fast davon aus, dass er auch Probleme haben würde, und lebte in der ständigen Angst, dass er sterben würde. Ich erhielt eine Überweisung für eine PTBS-Therapie, und sie hat mir sehr dabei geholfen zu erkennen, in welchem Maß mich Kians Operation belastet hatte. Das zu verarbeiten half mir gegen meine Zwangsvorstellungen. FAYE

Traumatherapie zielt darauf ab, dir bei der Verarbeitung des Erlebten zu helfen. Im Idealfall verblasst das traumatische Erlebnis daraufhin zu einer Erinnerung, die du nach Belieben abrufen kannst und die sich dir nicht länger ungebeten aufdrängen kann.

Woher weiß ich, ob meine Gedanken traumabasiert sind oder nicht?

Vielleicht haben dich solche Gedanken belastet, aber du konntest trotzdem normal weiterleben, und vielleicht hilft dir jetzt auch das Wissen, dass du bei Weitem nicht die Einzige bist, die so etwas erlebt. Dennoch ist es sinnvoll, sich zu fragen, ob diese Gedanken dein tägliches Leben, deine Entscheidungssicherheit, deine Beziehungen und dein Verhalten beeinträchtigen.

1. Sie bereiten dir emotionalen Kummer oder sind an sich traumatisch

Ich musste ständig an diese eine schreckliche Szene mit meinem Baby denken. Die Vorstellung überfiel mich jeden Tag wahllos und mehrfach. Ich hatte Angst vor ihr, aber je mehr ich versuchte, sie zu verdrängen, desto mehr suchte sie mich heim. Ich ging zur Therapie, und wir fanden heraus, warum das passierte. Inzwischen ist es wesentlich besser geworden. Zwar hat es nicht ganz aufgehört – manchmal kommt sie noch –, aber ich weiß jetzt, was es ist, und ich beachte es nicht mehr so sehr. ANONYM

2. Du fühlst dich nicht in der Lage, die Zwangsgedanken zu kontrollieren oder Möglichkeiten zu nutzen, um sie zu bekämpfen

Ich lag im Bett und hatte Angst, dass mein Baby aufhörte zu atmen. Ich stellte es mir die ganze Zeit vor. Mein Gehirn war wie ein führerloser Zug, und ich erlitt fast jede Nacht eine Panikattacke. Mein Mann meinte, ich müsse mir Hilfe suchen. Zum Glück habe ich inzwischen ein paar nützliche Techniken gelernt und weiß, dass ich anfälliger werde, wenn ich müde bin. LAUREN

3. Du neigst zu zwanghaftem Verhalten, in dem Versuch, die Gedanken zu kontrollieren

Ich hatte solche Angst, dass Tom eine Meningitis bekommt, nachdem ich einen Artikel darüber gelesen hatte, dass ich ihn mindestens dreimal am Tag auf Ausschläge untersuchte. Ich zog ihn nackt aus, um sicherzugehen, dass ich ihn vollständig kontrollieren konnte. Er hat es gehasst. Ich fühlte mich schuldig, aber ich konnte nicht aufhören. LANA

4. Die Zwangsgedanken beeinflussen dein Verhalten und deine Entscheidungen

Ich kann kaum glauben, dass ich das schreibe, aber es demonstriert, wie weit es mit mir gekommen war. Ich hatte schreckliche Angst, dass Caleb entführt werden könnte. Ich habe mich in diese Gedanken hineingesteigert und mir alles Mögliche ausgemalt. Ich ließ niemanden auf ihn aufpassen, der nicht direkt zur Familie gehörte, nicht einmal, um auf die Toilette gehen zu können. Und wenn ich mit ihm unterwegs war, benutzte ich immer nur die Babytrage, weil ich Angst hatte, dass jemand den Buggy mitnehmen könnte. Ich dachte irgendwie, dass die Gedanken eine Art Vorahnungen dessen wären, was passieren würde. Nur so konnte ich mir erklären, warum ich sie die ganze Zeit über hatte. FENELLA

Drei Tipps, um Zwangsgedanken zu bekämpfen

Dies sind meine bevorzugten Techniken, wenn ich von einem zwanghaften Gedanken gequält werde. Ich wende sie oft an, und sie können bei allen Arten von Ängsten und Zwangsgedanken eingesetzt werden, die sich in dein Gehirn drängen.

1. Entziehe ihnen die Aufmerksamkeit

Zwangsgedanken gieren nach und ernähren sich von einer sehr einfachen Kost, und ihre Lieblingsspeise ist deine ungeteilte Aufmerksamkeit.

Ich hatte einmal einen Farn. Ich hatte ihn bei uns im Gartencenter gekauft. Das Etikett hatte mich schon vorgewarnt, dass es sich um eine Pflanze mit ziemlich hohen Ansprüchen handelte. Eine Liste von genauen Pflegeanweisungen stand auf dem Plastikstäbchen, das ich auf dem Heimweg im Auto verlor. Alles, was mich interessierte, waren die zarten, fiedrigen Blätter, die so grün und gesund auf meinem Flurtisch aussahen.

Ich sage euch, diesen Farn anzuschleppen war quasi so, als hätte ich noch mal ein Baby im Haus. Schon nach knapp einer Woche war er nicht mehr so saftig grün. Sobald ich ihm nicht meine volle Aufmerksamkeit schenkte, welkte er. Ich brauche euch kaum zu erzählen, dass er am Ende auf der Terrasse ausgesetzt wurde, inzwischen nur noch ein dürrer, sonnenverbrannter Schatten seines einstigen Selbst. Ich habe ihn durch ein künstliches Exemplar ersetzt.

Du hast die Wahl, wie oder ob du mit deinen Zwangsgedanken interagierst.

Zwangsgedanken kommen immer wieder. Aber indem wir uns auf sie konzentrieren, gießen wir sie. Wir hegen und pflegen sie. Sie werden größer und stärker und beherrschender als zuvor. Indem wir ihnen unsere Aufmerksamkeit schenken, laden wir sie dazu ein, einen Platz in unserem Kopf einzunehmen, den sie, offen gesagt, nicht verdient haben. Messen wir ihrem Inhalt dagegen weniger Bedeutung bei, können wir uns im Vertrauen darauf weiterentwickeln, dass es sich bloß um Gedanken handelt und nicht um Vorahnungen oder Zukunftsvorhersagen.

2. Langweile sie zu Tode

Diese Technik habe ich in letzter Zeit oft angewandt und finde sie hilfreich. Jedes Mal, wenn mich ein Zwangsgedanke oder die Angst überkommen, raube ich ihnen die Kraft, indem ich ihnen eine langweilige, alltägliche Alternative entgegensetze.

Nehmen wir an, mein Sohn Oscar würde zur Schlafenszeit über große Übelkeit und Bauchschmerzen klagen. Damit war leider zu rechnen, da er auf einem Kindergeburtstag, wie mir berichtet wurde, viel zu viel Schokoladenkuchen gegessen hatte. Er hat keine weiteren Symptome, über die ich mir Sorgen machen müsste. Plötzlich überfällt mich jedoch die Vorstellung, dass seine Krämpfe von etwas Schlimmem verursacht werden könnten.

Ich könnte dann in Versuchung geraten, nach dem Handy zu greifen und das Internet zu durchforsten. Meine Angst würde von Sekunde zu Sekunde zunehmen, während ich hektisch durch Foren scrolle und erschütternde Geschichten überfliege. Ich wäre in höchster Alarmbereitschaft, vollgepumpt mit Adrenalin, immer auf der Suche nach dem nächsten typischen Symptom, das meine Befürchtungen bestätigen würde. Ich könnte in der Nacht nicht schlafen und würde darum ringen, mich auf die einfachen Fakten zu besinnen.

In dieser Situation könnte ich die Technik anwenden, mir die alltägliche, wahrscheinlichere Alternative vorzustellen. Ich würde meine Zwangsgedanken an eine schreckliche Krankheit ausbremsen, indem ich mir vorstellte, dass Oscar am nächsten Morgen wieder gut gelaunt und gesund aufwacht.

Wenn du diese Technik hilfreich findest, kannst du sie gegen alle Arten von Ängsten einsetzen. Zum Beispiel soziale Ängste: »Jeder auf dieser Party denkt, dass ich langweilig bin« kann mit: »Niemand denkt überhaupt etwas über mich, weil alle damit beschäftigt sind, sich zu amüsieren« entkräftet werden. Auch wenn du nicht jedes Mal auf die banale Alternative umsteigen kannst, ist es nützlich, sie heraufzubeschwören, denn sie ist oft viel realistischer und statistisch wahrscheinlicher. Sollten unsere anfänglichen Ängste oder Befürchtungen eintreten, werden wir zu diesem Zeitpunkt reagieren und uns mit ihnen auseinandersetzen, anstatt sie im Geiste hemmungslos zu durchleben. Das Durchspielen von Szenarien in unserem Kopf ist emotional anstrengend. Es ist vorteilhafter, unsere Energie für Situationen aufzusparen, in denen die Katastrophe tatsächlich eintritt, anstatt sie auf Situationen zu verschwenden, die vielleicht nie eintreten werden.

3. Der Moppverkäufer

Ich zitiere gern die Analogie mit dem Moppverkäufer. Keine Ahnung, wo ich sie herhabe – sie stammt irgendwo aus den tiefen und kreativen Winkeln meines Geistes –, aber diese Technik könnte dir nützen, wenn du Spaß an bildhaften Vorstellungen hast.

Stell dir vor, du sitzt freitags beim Abendessen. Es ist 20 Uhr, das Baby schläft endlich tief und fest und du bist kaputt. Du legst einen Film ein, schnappst dir ein Tablett mit leckerem Essen und lässt dich schnaufend aufs Sofa fallen. Auf diesen Moment hast du dich schon den ganzen Tag gefreut.

Und dann klingelt es plötzlich an der Tür. Du springst auf wie von der Tarantel gestochen, falls es jemand wagen sollte, noch einmal zu klingeln und das Baby zu wecken. Wer um alles in der Welt klingelt um diese Zeit an deiner Tür?

Du öffnest die Tür und findest einen Mann vor, der Mopps verkauft: »Ich möchte Ihnen meine neue Serie von Mega-Mopps vorstellen. Blitzsaubere Böden, und zwar doppelt so schnell!«, sagt er und grinst erwartungsvoll. Während die Fliesen, auf denen du stehst, zweifellos eine gründliche Reinigung vertragen könnten, brauchst du keinen Mopp. Du brauchst ganz dringend eine Wagenladung *comfort food* und Folge vier deiner Lieblingsserie.

Du heuchelst Interesse. »Kommen Sie rein«, sagst du. Er kommt rein, der Mopp stößt klappernd gegen den Türrahmen. Ehe du dich versiehst, hat der Mann die Schuhe ausgezogen, sitzt auf deinem Sofa, spricht beiläufig über den Supersplash G76 und nippt an dem Glas Wein, das du ihm aus Höflichkeit angeboten hast. »Möchten Sie ein paar Chips, wir haben reichlich«, sagst du. Er nimmt das Angebot dankend an, als hätte er nur darauf gewartet. Du schaust auf die Uhr und fragst dich, wie du in diese Situation geraten bist. Wenn er es sich weiter gemütlich macht, wirst du ihn deinem Baby als »Onkel« vorstellen müssen. Du fühlst dich überrumpelt.

Wie könnte ein alternatives Szenario aussehen? Es klingelt an der Tür, du machst schnell auf. »Ich möchte Ihnen meine neue Serie von Mega-Mopps vorstellen. Blitzsaubere Böden, und zwar doppelt so schnell!« Du erwiderst das Lächeln des Vertreters und sagst: »Ich bin mit Mopps bestens versorgt, aber danke fürs Vorbeikommen.« Und er geht weiter und weckt die Nachbarskinder. Du schließt die Tür und schaust weiter deine Serie.

Zwangsgedanken kommen unweigerlich. Wir können uns von ihnen bedrängt fühlen und uns ihnen passiv ausliefern, aber wir haben durchaus eine Wahl:

- Lass die Gedanken rein und konzentriere dich auf sie. Verwandle mithilfe deiner lebhaften Fantasie Schwarz-Weiß-Bilder in eine ausgeklügelte farbige Geschichte. Das führt

dazu, dass du ängstlich, erschöpft und verwirrt bist.
Dein Gehirn registriert eine Bedrohung, also schaltet sich dein Sympathikus ein, und ruckzuck wird die Angst zur Panik.

- Mach dir klar, dass du Zwangsgedanken nicht hilflos gegenüberstehst. Du kannst nicht kontrollieren, wie oft sie kommen und was sie mit sich bringen, aber du kannst bestimmen, wie viel Macht du ihnen durch deine Aufmerksamkeit verleihst. Winke den Gedanken durch.

Zwangsgedanken sind kein Spiegelbild deiner Persönlichkeit

Dies sind ein paar meiner bewährten Techniken, die auch für dich nützlich sein könnten. Ablenkungs- und Erdungstechniken helfen dir nämlich ebenfalls dabei, die Kontrolle wiederzuerlangen.

Wenn grausame Gedanken wie ein unwillkommener Besucher mitten im Alltag in deinen Verstand hüpfen, mach dir klar, dass sie nicht deine Persönlichkeit widerspiegeln. Vielleicht ist der Gedanke verrückt, aber du bist es nicht. Nicht der Gedanke selbst ist das Problem, sondern das, was du mit ihm machst.

Sei freundlich und geduldig mit dir, wenn du Zwangsgedanken angehst. Dein Verstand ist daran gewöhnt, auf eine bestimmte Art und Weise auf sie zu reagieren, und deshalb kann es einige Zeit dauern, das zu analysieren und zu ändern. Selbst wenn du nur eine von fünf Spiralen aufhalten kannst, ist das schon ein Sieg. Wir rüsten unser Gehirn aus und trainieren es neu, um beim nächsten Mal anders reagieren zu können.

Ich weiß, dass ich das Thema schon einmal angesprochen habe, aber wenn Zwangsgedanken dich belasten, hol dir bitte Hilfe, so wie ich es getan habe. Du bist es wert, die Techniken zu entdecken, mithilfe derer du dein Leben bewältigen kannst, ohne von traumatischen Gedanken bombardiert zu werden. Zwangsgedanken verdienen es nicht, eine beherrschende Position einzunehmen, aus der heraus sie deinem Erleben der Mutterschaft jeglichen Genuss und Frieden rauben.

Top-Tipp

Wenn dir das nächste Mal ein schrecklicher Zwangsgedanke kommt, versuche an die langweilige, alltägliche Alternative zu denken.

Für dein Tagebuch

- Hast du Zwangsgedanken?
- Wie ist das Gefühl, nun besser zu verstehen, worum es sich bei ihnen handelt?
- Kreisen deine Zwangsgedanken um bestimmte Themen? Welche sind das?
- Hast du vielleicht ein Trauma erlebt, das diese Gedanken auslösen könnte? Wenn ja, solltest du dir Unterstützung bei der Verarbeitung suchen.
- Kannst du ausmachen, was die Anzahl der Zwangsgedanken bei dir erhöht oder vermindert?
- Welche dieser Techniken würdest du vielleicht gerne mal ausprobieren?

9. Kapitel

DU UND DEIN INNERER DIALOG

MANTRA

ICH VERDIENE DASSELBE MASS AN MITGEFÜHL, DAS ICH MEINEM KIND ENTGEGENBRINGE.

Ertappst du dich auch oft dabei, wie du krampfhaft über Dinge nachgrübelst, die du zu anderen gesagt hast oder die sie zu dir gesagt haben? Du bist dir bewusst, in welchem Maß der Tonfall und die Worte, die dein Kind zu hören bekommt, Einfluss darauf haben, wie geliebt und sicher es sich fühlt. Worte können Gemeinsamkeit und Nähe schaffen. Sie ermutigen, inspirieren, unterstützen. Aber sie können auch dekonstruieren, entmutigen, zerstören.

Auch wenn dein innerer Dialog im Hintergrund abläuft, kann er zur größten Bedrohung für dein Selbstmitgefühl werden.

Das wichtigste Gespräch, das du jemals führen wirst, findet jedoch in den geheimen Tiefen deines Geistes statt. Es bildet die Grundlage deiner inneren Welt. Es bestimmt dein Selbstwertgefühl, die Art und Weise, wie du mit anderen interagierst, und die Entscheidungen, die du triffst. Auch wenn dein innerer Dialog im Hintergrund abläuft, hat er das Potenzial, die größte Bedrohung für dein Selbstwertgefühl zu sein. Wir werden einen Blick darauf werfen und uns ansehen, wie dein innerer Dialog zu deiner größten Unterstützung werden kann, wenn du an deinen Ängsten arbeitest.

Der Charakter deines inneren Dialogs

Betrachten wir zunächst die Eigenschaften deiner inneren Stimme. Die meiste Zeit meines Lebens war mein innerer Dialog unversöhnlich, streng, perfektionistisch und kritisch. Das ist bei Angstzuständen sehr häufig der Fall, und es würde mich nicht wundern, wenn deine innere Stimme einen ähnlichen Tonfall hätte. Wir ahnen meist nicht, wie groß der Teil unseres Lebens ist, der durch diese Art von ständigem Dialog beeinflusst wird, bis wir beginnen, ihn herauszufiltern. Und das möchte ich dir in diesem Kapitel bewusst machen.

Wenn wir ungnädig mit uns selbst sprechen, hat das dieselbe Wirkung auf uns, als wenn sich ein grantiger Lehrer über unsere Arbeit beugte und unerbittlich jede unserer Notizen kritisieren würde. Im Laufe der Jahre zermalmt es unsere Selbstachtung und hackt an unserem Selbstwertgefühl herum.

Kannst du dir vorstellen, mit deinem Baby, einer Freundin oder einem geliebten Menschen so zu sprechen, wie du mit dir selbst redest? Bedenke die Auswirkungen, die das auf das Selbstwertgefühl der anderen hätte. Würde es etwa nicht ihr Verständnis davon prägen, wer sie sind? Es würde sich darauf auswirken, ob sie glauben, dass sie liebenswert oder gut genug sind.

Und was hat das mit der Mutterschaft zu tun? Sehr, sehr viel. Es beeinflusst, wie verständnisvoll und geduldig wir mit uns selbst umgehen, während wir uns mit dieser neuen Rolle auseinandersetzen. Es ist schwieriger, die schwankenden Schritte eines jeden Übergangs im Leben zu gehen, wenn wir diese Stimme in unserem Kopf haben, die uns sagt, dass wir nicht gut genug sind, nicht schnell genug lernen, nicht genug schaffen.

Ein grausamer innerer Dialog
heizt mütterliche Schuldgefühle an.

Dieses grausame innere Zwiegespräch entfacht die mütterlichen Schuldgefühle wie Öl, das auf ein kleines Fünkchen gegossen wird. Wer braucht schon ständige Kritik während des Versuchs, ein Leben zu meistern, das völlig anders aussieht als noch ein paar Monate zuvor? Würdest du eine Praktikantin dafür kritisieren und beschimpfen, dass sie nicht genauso effektiv arbeitet wie die Firmenchefin?

Ich habe mir immer wieder gesagt, ich wäre nicht gut genug für Evan. Ständig hatte ich das Gefühl, dass er bei mir zu kurz käme. Die Schuldgefühle waren ständig präsent. ABI

Mein innerer Dialog

Ich werde mein Leben lang an meinem inneren Dialog arbeiten. Es gleicht der ewigen Restaurierung eines großen, alten, baufälligen Gebäudes. Weißt du, was ich meine? Diese alten Schlösser und Herrenhäuser, in die uns meine Eltern früher begeistert mitgeschleppt haben? Diejenigen, für die wir jetzt eine Jahresmitgliedschaft kaufen, damit wir sie besuchen können, wann immer wir Lust haben? (Es besteht eine hohe Wahrscheinlichkeit, dass ich mich in meine Mutter verwandle. Zum Glück ist das keine schlechte Sache.)

In diesen großen, alten Gebäuden arbeiten Menschen rund um die Uhr, um die von der Sonne ausgebleichten Kunstwerke und die verwitterten Steine zu restaurieren. Sie entstauben, lackieren, streichen und schleifen. Es gibt immer etwas zu tun. Während alte Abnutzungserscheinungen beseitigt werden, entstehen neue Beulen und Schrammen. So wie die Handwerker das Gebäude pflegen, muss ich meinen inneren Dialog regelmäßig warten. Das müssen wir alle.

Nachdem ich Charlie bekommen hatte und mich so schlecht fühlte, wurde mir klar, wie grausam mein innerer Dialog geworden war. Er war lange Zeit unkontrolliert und verwahrlost vor sich hin gewuchert. Er war sogar so weit ausgeufert, dass ich mich als Mutter wie eine absolute Versagerin fühlte. Eine andere Meinung ließ ich nicht gelten. Ich schaute mein unruhiges, unglückliches Baby an und empfand es als konkreten Beweis für mein Versagen. Um dem entgegenzuwirken, setzte ich alle mir zur Verfügung stehende Energie ein, um mein schändliches Versagen vor der Welt zu verbergen. Ich musste den Anschein erwecken, alles im Griff zu haben.

Ich lehnte praktische und emotionale Unterstützung ab, wenn sie mir angeboten wurde. Ich hatte Angst davor, dass die Leute meine brüchige Fassade womöglich durchschaut hatten, und fuhr Abwehrstacheln aus wie ein Igel. »Mir geht's gut«, quiekte ich. Eine glatte Lüge! Doch mein innerer Dialog war so unbarmherzig kritisch und unfreundlich, dass ich im Innersten davon überzeugt war, eine Versagerin zu sein, wenn ich Unterstützung annahm, die ich ohnehin nicht verdient hatte.

Als ich den Tiefpunkt erreichte, begann ich, mich nach und nach mit der Grausamkeit meines inneren Dialogs auseinanderzusetzen, und da hielten die rostigen Rädchen quietschend an und setzten sich knarrend in Richtung eines gesünderen, gütigeren und mitfühlenderen Umgangstons in Bewegung.

Ich arbeite immer noch daran und werde es, realistisch betrachtet, wahrscheinlich bis an mein Lebensende tun müssen. Es muss sein, um meiner inneren und äußeren Gesundheit willen. Ich merke es sehr wohl, wenn ich den Fuß vom Gas nehme und versuche, eine Weile im Leerlauf zu fahren! Ich habe das Gefühl, dass die Arbeit an meinem inneren Dialog in einem ständigen Rückgängigmachen und Aufdröseln dessen besteht, was die Außenwelt mir über mich selbst zu erzählen versucht.

Du bist in Ordnung.

Du bist gut genug.

Die lohnendste Investition

Wahrscheinlich hast du jetzt den Eindruck, dass es schrecklich viel Arbeit ist, sich mit seinem inneren Dialog zu befassen. Aber ich sage dir (und wenn du eines aus diesem Kapitel mitnimmst, dann dies): Deinen inneren Dialog anzugehen und ihm eine freundlichere Stimme zu verleihen, ist möglicherweise die lohnendste Investition überhaupt, sowohl deiner Zeit als auch deiner Energie. Nichts in meinem Leben, nicht die winzigste, dunkelste Ecke, ist davon unberührt geblieben, dass ich meinen inneren Dialog infrage gestellt habe. Zwar ist es manchmal so, als versuchte ich, eine Rolltreppe gegen die Richtung hinaufzuklettern, aber ich werde weiterstapfen, weil die Qualität meines Lebens und meiner Beziehungen davon abhängt.

Dein innerer Dialog ist das wichtigste Gespräch, das du jemals führen wirst.

An meinem inneren Dialog zu arbeiten, hat mein Selbstwertgefühl verändert, und dies wiederum hat verändert, wo ich meine Grenzen gegenüber anderen ziehe. Es hat meine Überzeugung erschüttert, dass die Bedürfnisse der anderen wichtiger seien als meine eigenen. Es hat meinen Glauben verändert, dass ich nur aufgrund dessen wertvoll bin, was ich für andere tun kann, was ich ihnen geben, wie ich ihnen helfen und wie ich für sie da sein kann. Es hat meine Maßstäbe dafür verändert, wie ich behandelt werden will. Es hat mir die Erkenntnis vermittelt, dass ich der Liebe wert bin, die mir mein Mann, meine Familie, meine Kinder schenken. Ich habe dadurch die Fähigkeit entwickelt, Unterstützung und Hilfe zu suchen und anzunehmen. Es hat mir eine Stimme verliehen und das wachsende Selbstvertrauen, sie zu benutzen. Es hat den Perfektionismus abgebaut und ihn durch das Motto »genug ist genug« ersetzt. Ich entschuldige mich nicht mehr so oft dafür, dass ich Platz in der Welt beanspruche. Das ätzende Flüstern: »Tja, aber wenn du mich wirklich kennen würdest …«, ist sanfter und leiser geworden. Ich bin ein unfertiger Mensch. Ich werde immer *work in progress* sein.

Zugegeben, es ist viel Arbeit. Aber es tut so gut, im Chaos des Fortschritts zu fühlen, zu leben und zu lieben!

Also, krempeln wir die Ärmel hoch!

Aber ich glaube, bei mir gibt es gar keinen inneren Dialog …

Ich glaube nicht einmal, dass ich eine innere Stimme habe. Alles, was ich höre, sind meine Gedanken. RUDY

Wir alle haben einen inneren Kommentator. Vielleicht ist er so lange unbemerkt und unangefochten geblieben, dass er für dich zum Muster in der Tapete geworden ist. Vielleicht ist er für dich keine hörbare Stimme. Möglicherweise erscheint er dir eher als ein Strom leiser Gedanken oder Gefühle, der sich wie ein roter Faden durch deinen Kopf zieht.

Fang an, darauf zu achten, was dein Kopf dir sagt. Es ist wahrscheinlicher, dass er sich bemerkbar macht, wenn deine Emotionen oder dein Stresslevel einen Höhepunkt erreichen oder etwas Unerwartetes passiert. Vielleicht wird er hörbar, wenn du die Flasche mit der schmerzhaft abgepumpten Milch fallen lässt oder befürchtest, dass du beim zehnten nächtlichen Gewecktwerden die Beherrschung verlierst. In solchen Momenten hören wir die Stimme besonders deutlich. Meine sagte: »Du blöde Kuh, wie konntest du nur so dumm sein!«

Das wäre der passende Zeitpunkt, damit anzufangen, der Stimme bewusst zuzuhören. Übung macht den Meister: Mit der Zeit hörst du sie immer deutlicher. Du wirst sensibler für den Tonfall und die Sprache. Dann bist du in einer guten Position, sie anzugehen.

Wovon der innere Dialog geprägt ist

Überlege, wovon dein innerer Dialog geprägt wurde. Er erwacht bereits in jungen Jahren und gewinnt an Dynamik, je älter wir werden. Wir konstruieren unsere innere Stimme aus der Erfahrung heraus, wie andere mit uns sprechen und uns behandeln.

Waren deine Eltern oder Bezugspersonen freundlich und liebevoll, geduldig und beruhigend, ist das eine gute Basis. Es ist das ideale Szenario; genau das, was wir alle hoffen, unseren Kindern bieten zu können.

Aber das Leben ist oft komplexer, und nicht jeder von uns hatte das Glück, auf diese Weise erzogen zu werden. Wenn es in unserem Leben verbalen Missbrauch, Kritik oder Mobbing gegeben hat, kann es uns die Arbeit an unserem inneren Dialog entsprechend erschweren. Möglicherweise erinnerst du dich an einen besonders fiesen Lehrer oder eine strenge Verwandte. Knifflig wird es auch, wenn diejenigen, die uns beeinflusst haben, nicht freundlich über sich selbst geredet haben, da wir diesen grausamen Dialog absorbieren können, selbst wenn er nicht an uns gerichtet ist.

Meine Mutter war immer verständnisvoll, aber mein Vater hatte große Pläne für mich und verlangte, dass ich in der Schule viel erreiche. Er wollte nur das Beste für mich, aber ich fühlte mich ständig unter Druck gesetzt und hatte Angst, ihn zu enttäuschen. Ich nehme an, dass daher mein Perfektionismus stammt. Ich möchte nicht, dass Toby mit diesem Gefühl aufwächst, deshalb versuche ich, mit meinen Erwartungen entspannter umzugehen, uns beiden zuliebe. TANIA

Egal ob ein Ereignis oder die Worte anderer deine innere Stimme geprägt haben: Es bedeutet nicht, dass sie recht hat. Menschen sprechen aus ihrer eigenen Zerrissenheit heraus, aber deshalb musst du nicht mit einem verletzenden Dialog leben, der deine Handlungen und Beziehungen prägt wie eine Inschrift, die in einen Felsen am Meer gekratzt wurde.

Harsche innere Dialoge können über Generationen hinweg tradiert werden und jede Generation irgendwie beeinflussen. Manchmal kann man bestimmte Züge wiedererkennen, etwa wenn dein Vater und dein Großvater beide eine perfektionistische Ader haben und ihr Selbstwertgefühl daraus beziehen, dass sie sehr viel erreichen und sich zutiefst schämen, wenn sie ihr eigenes, selbst gesetztes Ziel verfehlen.

Vielleicht erkennst du diesen Charakterzug auch an dir wieder und hast während deiner gesamten Schul- und Berufslaufbahn die Last dieser Eigenschaft auf deinen Schultern gespürt. Deinen Sohn oder deine Tochter möchtest du unbedingt ermutigen, realistischere und gesündere Erwartungen an ihre eigenen Leistungen zu haben. Vielleicht hattest du das Gefühl, gut sein zu müssen, um deinem

Vater zu gefallen, und erlebtest ein Gefühl des Versagens, wenn du nicht die Noten erzieltest, die er sich von dir erhoffte. Du wünschst dir dagegen, dass sich dein Kind bedingungslos geliebt fühlt, unabhängig von der Note, die unter seinen Hausaufgaben steht.

Wenn das der Fall ist, kann die Tradition mit dir enden. Wenn wir uns mit unseren inneren Dialogen auseinandersetzen, fangen wir an, uns selbst anders zu sehen, und wir erziehen letztendlich unsere Kinder anders. Ich betrachte die Arbeit an meiner Psyche als ein Geschenk an meine Kinder. Ich tue es für mich; ich tue es für sie. Es ist nicht egoistisch oder selbstverliebt, in die Pflege der eigenen psychischen Gesundheit zu investieren – es ist mutig! Ich betrachte es als eine Art und Weise, diejenigen zu lieben, die uns lieben.

Die Fähigkeit, sich geliebt zu fühlen

Wenn ich in Gedanken freundlicher mit mir spreche, verhalte ich mich auch freundlicher mir gegenüber. Meine Kinder merken mir an, dass ich mich für würdig erachte, Respekt und Fürsorge zu empfangen. Das wiederum vermittelt ihnen die Überzeugung, dass auch sie und andere Respekt und Fürsorge verdient haben.

Denn Fakt ist: Wir können die Liebe anderer nur in dem Maße annehmen und zulassen, wie wir uns selbst lieben. Ehrlich, genauso ist es! Ich versuche es mal so zu erklären: Angenommen, du könntest deinen Wert mit einer Zahl auf einer Skala von eins bis zehn angeben. Es gab Zeiten in meinem Leben, in denen ich das Gefühl hatte, nur zwei von zehn Punkten wert zu sein. Fast wertlos, aber nicht ganz, denn ich tat nette Dinge für andere, was mich ein klein bisschen wertvoll machte. Zu meiner Mutter sagte ich oft: »Tja, du musst ja sagen, dass du mich lieb hast, weil du meine Mutter bist.« Und bei meinen Freundinnen hatte ich immer das Gefühl, dass sie mich nur mochten, weil sie mich nicht wirklich kannten. Ich fühlte mich in so ziemlich allen Beziehungen zu anderen wie eine Hochstaplerin.

Und dann kam mein jetziger Ehemann. Unsere Blicke trafen sich in einer überfüllten, stickigen Bar. Er war gut zu mir, nett zu mir. Er mochte mich. Er war der Meinung, ich sei viel mehr wert als diese zwei von zehn Punkten, die ich mir selbst zugestand. Er gab mir zehn von zehn.

Einerseits konnte ich mein Glück nicht fassen. Andererseits war es mir wahnsinnig unangenehm. Ich wartete mit angehaltenem Atem darauf, dass er entdeckte, dass ich in Wahrheit ziemlich blöd war und bei Weitem nicht all die Zeit, Aufmerksamkeit und Zuneigung von ihm verdient hatte. Manchmal habe ich versucht, es ihm zu beweisen, indem ich Anstalten machte, unsere Beziehung zu sabotieren oder mit ihm Schluss zu machen. Seine Wut hätte sich angenehmer angefühlt als seine Liebe. Ich bin immer noch einigermaßen überrascht, dass wir es über all die Jahre hinweg geschafft haben.

Da sich mein innerer Dialog verändert hat und freundlicher geworden ist, hat sich auch mein Selbstwertgefühl verändert. Zwar gibt es noch Momente, in denen meine Widerstandskraft nachlässt und mein innerer Dialog eine Zeit lang unkontrolliert abläuft, aber dennoch halte ich mich für durchaus liebenswert. Ich kann die Zuneigung meiner Freunde, meiner Familie und meiner Kinder inzwischen besser annehmen.

Wenn dein Wert auf der Skala deiner Meinung nach nur bei zwei liegt und jemand kommt daher und sagt dir, du wärst eine Zehn wert, fällt es dir vermutlich schwer, die Aufmerksamkeit und Zuneigung anzunehmen, die du nach Meinung dieses anderen Menschen verdient hast. Ich sag dir mal was: Deine Kinder werden dich für die Allergrößte halten! Und du wirst das so viel leichter akzeptieren können, wenn du zu der Überzeugung gelangt bist, dass du letztendlich genauso liebenswert bist, wie sie es sind.

Manchmal wirst du Fehler machen. Vielleicht sogar sehr oft. An manchen Tagen wird Durcheinander herrschen, innerhalb und außerhalb deines Kopfes. Du bist ein wundervolles, komplexes menschliches Ganzes – und manchmal etwas chaotisch. Aber sind wir das nicht alle?

Findest du, dass dein Baby weniger Liebe verdient hat, wenn es das von dir zubereitete Essen ablehnt oder dich die ganze Nacht wach gehalten hat? Natürlich nicht, denn sein Wert ist für dich keine Variable. Und das Gleiche gilt für dich – es ist dein innerer Dialog (bei dem womöglich auch diverse lieblose Menschen aus der Vergangenheit mitreden), der dir lange Zeit etwas anderes suggeriert hat.

Aber meine innere Kritikerin hält mich in der Spur!

Viele, mit denen ich gesprochen habe, sind gar nicht so erpicht darauf, ihren inneren Dialog zu analysieren und möglicherweise zu ändern. Sie glauben, sie verdankten ihm ihre hohen Ansprüche, ihren Perfektionismus oder ihr Durchhaltevermögen. Diese Eigenschaften können einerseits die Wahrscheinlichkeit erhöhen, dass wir häufig Schuldgefühle oder ein schlechtes Gewissen haben, aber andererseits können sie uns auch zu großen Leistungen befähigen. Möglicherweise hat dir dein Perfektionismus zu einer beruflichen Karriere verholfen, weil du für hervorragende Ergebnisse sorgst.

Meine innere Kritikerin treibt mich dazu an, als Mutter mein Bestes zu geben. Wenn es nicht so klappt, habe ich natürlich manchmal Schuldgefühle, aber andererseits strebe ich immer nach Perfektion. Ich befürchte, ich könnte meine Ansprüche an mich als Mutter verringern, wenn ich netter zu mir wäre. BARBS

Ich glaube nicht, dass eine Auseinandersetzung mit unserem inneren Dialog dazu führt, dass wir weniger erreichen und unsere Ansprüche an unsere Leistungen herunterschrauben. Es mag sein, dass sich manches ändert, wenn wir unsere eigenen Ressourcen und Grenzen stärker respektieren, aber letztlich ist das eine gute Sache. Ich will es dir erklären.

Stell dir vor, du springst ein paar Jahre in die Zukunft, und es wird Zeit, sich um den Platz an einer Schule zu bewerben. Du siehst dir zwei Schulen an, beide nah und günstig gelegen. Beide erzielen durchweg hervorragende Ergebnisse in Ranglisten und Statistiken.

Allerdings sind die Schulen unterschiedlich. Als du die erste Schule besuchst, spürt du eine Atmosphäre der Angst. Deine Schultern spannen sich an und du befürchtest, etwas falsch zu machen. Du stellst fest, dass die Schule ihre guten Ergebnisse durch harte, strenge Disziplin und Angst erzielt. Die Kinder werden gemaßregelt, wenn sie nicht in dem Tempo lernen, wie es von ihnen erwartet wird. Nachsitzen und nervenaufreibende Gespräche mit der streng dreinblickenden Schulleiterin sind an der Tagesordnung. Regelmäßig werden Kinder vor die Klasse gestellt und gedemütigt, wenn sie das Einmaleins nicht schnell genug auswendig lernen oder ein kompliziertes Wort nicht auf Anhieb richtig buchstabieren.

Die andere Schule vermittelt dir ein ganz anderes Gefühl. Du hörst Gelächter und siehst Kinder, die lächeln und fröhlich spielen. Die Lehrer wirken freundlich und schaffen es, mit fester Stimme, aber ohne zu schreien, Disziplin herzustellen. Die Schülerinnen und Schüler scheinen zu wissen, wohin sie gehen und was sie tun sollen. Regeln werden unmissverständlich durchgesetzt, und wenn sich Kinder danebenbenehmen, gibt es eine Diskussion und die Möglichkeit, sich zu entschuldigen und ihr Verhalten beim nächsten Mal zu korrigieren. Der Schwerpunkt liegt auf dem Loben von positivem Verhalten.

In welche Schule würdest du dein Kind lieber schicken? Denke daran, dass beide Schulen die gleiche Bewertung erhalten haben und die gleichen Ergebnisse mit zwei sehr unterschiedlichen Methoden erzielen. So ausgedrückt, braucht man gar nicht lange nachzudenken. Warum sollte man sich also bei sich selbst für die strenge

Stimme entscheiden? Mit einer freundlichen inneren Unterstützerin kannst du genauso viel erreichen wie mit einer strengen Schulleiterin, die dich herumkommandiert und kritisiert.

Den inneren Dialog ins rechte Licht rücken

Überlege, wie dein Kind reagieren würde, wenn du in demselben Tonfall oder mit denselben Worten mit ihm sprechen würdest, wie du es insgeheim mit dir tust. Was würde das mit seinem Selbstwertgefühl und seiner Selbstachtung machen? Ich finde, dass diese Übung sehr deutlich betont, wie wichtig es ist, an unserem inneren Dialog zu arbeiten.

Die Leute sind immer ganz verblüfft, wenn ich ihnen diese Frage stelle, weil es eine schreckliche Vorstellung ist, mit unseren Kindern auf dieselbe kritische Art und Weise zu reden, wie wir es mit uns selbst tun. Für mich ist es unvorstellbar, meinen Sohn mit »Du Idiot!« anzuschnauzen, wenn er sich beim ersten Anziehen mit den Knöpfen seines Schulpoloshirts schwertut. Genauso wenig wie ich meine Tochter grob anfahren würde, wenn sie beim Sitzenlernen auf das Kissen kippt.

Was ich damit sagen will: Wenn du das Geschwätz in deinem Kopf, mit dem du dich abplagst, als ungeeignet für deine Kinder betrachtest, dann ist es auch ungeeignet für dich. Sie verdienen Geduld, die Möglichkeit, Fehler zu machen, etwas falsch zu machen, etwas in Ruhe zu lernen. Sie verdienen Vergebung, wenn sie problematische Gefühle ausleben. Und dasselbe gilt für dich. Manchmal hilft es, es so zu sehen, es zu externalisieren, um eine sinnvolle Perspektive zu gewinnen.

Oje! Natürlich haut es mich um, wenn ich mir vorstelle, dass Austin jemals so mit sich reden würde wie ich mit mir. Ich würde verzweifelt versuchen, ihm mehr Selbstwertgefühl zu vermitteln. HANNAH

Indem wir unsere inneren Dialoge erkennen und an ihnen arbeiten, können wir auch allmählich unser Verhalten ändern, da wir unsere Entscheidungen auf einer anderen Basis fällen. Wenn du bisher beispielsweise stets auf die Wünsche anderer eingegangen bist, unabhängig davon, ob du die persönlichen Ressourcen hattest, sie zu erfüllen, kannst du jetzt durch deine Auseinandersetzung mit deiner inneren Kritikerin womöglich erkennen, dass dein Wert nicht ausschließlich darauf beruht, dass du dich für andere aufopferst, und vielleicht entscheidest du dich daraufhin, auch mal Nein zu sagen. Dadurch gewinnst du zusätzliche Energie und mehr Zeit für deine Familie.

Ich gehe nun besser mit mir um und kann auch anderen gegenüber vertreten, dass ich so in Ordnung bin, wie ich bin, anstatt ständig das Gefühl zu haben, dass ich mir Akzeptanz verdienen muss. Ich bin eher in der Lage zu sagen: »Hey, ich brauche Hilfe, ich komme nicht allein zurecht«, als alleine weiterzukämpfen und irgendwann zusammenzuklappen.

Es ist hart, aber die schwierigsten Veränderungen sind oft die tiefgreifendsten. Also schauen wir uns einmal an, wie du deinen inneren Dialog verändern kannst.

Wie man eine empathische Stimme entwickelt

Ich weiß, dass es ganz schön viel von dir verlangt ist, etwas zu verändern, was dich über viele Jahre als innerer Dialog begleitet hat. Aber wenn sich wirklich etwas bewegen soll, muss sich diese strenge Kritikerin allmählich einen freundlichen, verzeihenden und unterstützenden Ton angewöhnen. In deinen Ohren klingt das vielleicht so gut wie unmöglich, aber ich verspreche dir, dass es geht.

Wenn ich von einer freundlichen, vergebenden und unterstützenden Stimme spreche, fällt dir da jemand ein, den du kennst oder den du irgendwann im Leben gekannt hast? Vielleicht eine ehemalige Lehrerin oder eine Bekannte? Es könnte auch eine Freundin oder ein entfernter Verwandter sein, der schon nicht mehr am Leben ist. Es spielt keine Rolle, wer es ist; wichtig ist nur, dass du dich daran erinnern kannst, wie es sich anfühlt, so angesprochen und mit deinen Zweifeln, Sorgen und Schwächen freundlich angenommen zu werden.

Deine strenge Kritikerin wird sich einen freundlichen, verzeihenden und unterstützenden Ton angewöhnen.

Sammle diese netten, freundlichen Stimmen, wie eine Elster Glitzerkram sammelt. Dein kritischer innerer Dialog wurde im Laufe deines Lebens von den Worten und der Behandlung anderer geformt, und auf dieselbe Art und Weise kannst du deine freundliche innere Stimme entwickeln.

Wenn dir dein innerer Dialog mal wieder seine alten Streiche spielt, frage dich, was jemand anderer sagen würde, wenn du die Worte laut aussprechen würdest. Was würde eine der Personen, an die du gedacht hast, als Antwort zu dir sagen? Sie würde hoffentlich freundliche, mitfühlende, ermutigende und verständnisvolle Antworten geben, und genauso musst du der kritischen Stimme entgegnen.

Wenn du dich darin übst, freundlich mit dir selbst zu reden, solltest du dabei die tatsächliche Stimme von jemandem heraufbeschwören, den du kennst. Wenn diese Person einen liebevollen, freundlichen und unterstützenden Einfluss hat, kann das gut funktionieren.

Wenn ich merke, dass ich ungeduldig mit mir bin, erinnere ich mich jedes Mal an meine Tante. Sie erkannte immer, wenn ich frustriert war, und sprach dann so ruhig mit mir, dass ich versuche, ihre Stimme in meinem Kopf zu hören und mir vorzustellen, wie sie mit mir reden würde. Das hilft wirklich! SAM

Wenn du das regelmäßig tust, wirst du deinen inneren Dialog gut kennenlernen. Du wirst ihn viel schneller identifizieren, wenn er loslegt, und du wirst mit der Zeit wissen, wann das typischerweise geschieht. Möglicherweise wird er lauter, wenn du müde oder gestresst bist. Nur Mut: Auch wenn es sich manchmal so anfühlt, als würdest du einen Schritt vorwärts und zwei zurück gehen, wirst du irgendwann an einen Wendepunkt gelangen, und von da an ist es nicht mehr so schwer.

Wenn du das Getränk deiner Tochter zu Hause vergessen hast, schimpft deine innere Kritikerin vielleicht: »Du blöde Kuh! Kannst du dich denn gar nicht um dein Kind kümmern?«

Die mitfühlende Stimme dagegen sagt so etwas wie: »Ja, heute musste ich wirklich an zu viel denken. Wir machen einen Abstecher zur Tankstelle und kaufen dort ein stilles Wasser.«

Es ist schwer, aber die schwierigsten Veränderungen sind oft die nützlichsten.

Das Ungeheuer

Es gibt auch noch eine etwas andere Art, mit seinem inneren Dialog zu arbeiten. Ich spreche gerne verschiedene Techniken durch, in der Hoffnung, die richtige für dich zu finden, mit der du etwas anfangen kannst. Die folgende eignet sich besonders für diejenigen, die am besten durch Bilder lernen. Dafür holen wir den inneren Dialog aus deinem Kopf und schauen, ob das hilft.

Also: Ich möchte, dass du dir ein Ungeheuer auf deiner Schulter vorstellst. Dieses Ungeheuer ist dein grausamer innerer Dialog.

Hole ihn aus deinem Kopf raus. Er gehört dort nicht hinein, weil das nicht du bist. Setz ihn dir auf die Schulter wie einen hässlichen, krächzenden Miniaturpapagei. Oder stoße ihn runter auf den Boden zu deinen Füßen wie einen kläffenden Handtaschenhund.

Der Dialog des Ungeheuers ist nicht deiner, seine Stimme ist auch nicht deine. Seine piepsigen Sätze bestehen aus Worten und Phrasen derjenigen, die dich verletzt, schikaniert oder missbraucht haben. Sein Ton ist nicht freundlich, ermutigend oder mitfühlend. Stell dir vor, wie dein Ungeheuer aussieht und wie es sich anhört. Meines hat lila-grüne warzige Haut und lange, behaarte Finger. Es ist klein und rundlich. Es hat buschige, graumelierte, dichte Augenbrauen.

Dein Ungeheuer ernährt sich gierig von Aufmerksamkeit. Es wird jedes Mal größer, schwitziger, hässlicher und lauter, wenn du ihm zuhörst, ihm zustimmst und auf das, was es sagt, reagierst.

Fange damit an, dass du das Ungeheuer geflissentlich ignorierst. Es hat dich lange genug unter der Knute gehalten. Jedes Mal, wenn du ihm Aufmerksamkeit entziehst, wird seine Stimme leiser. Jedes Mal, wenn du bewusst auf die freundlichere, rationalere Stimme hörst, schrumpft es. Jedes Mal, wenn du dir im Gegensatz zu dem, was es sagt, etwas Gutes tust, und jedes Mal, wenn du ein Bedürfnis äußerst oder Unterstützung annimmst, verliert es an Bedeutung.

Leider wird das Ungeheuer nie verschwinden. Wir alle haben eines. Sogar der Mensch mit dem gesündesten Selbstwertgefühl von allen. Aber wir können seine Größe und Lautstärke verändern, indem wir ihm seine Nahrung entziehen – Aufmerksamkeit, Selbstkritik, Selbsterniedrigung und Selbstverleugnung. Manchmal wird es zwischendurch wieder größer und lauter, aber das ist in Ordnung: Setze mit deinen Techniken neue Prioritäten, und schon bald wird es dir gelingen, dich auf etwas anderes zu konzentrieren. Lieber ein winziges, quietschendes Ungeheuer, das dir um die Füße hüpft, als ein riesiges Biest, das dir das Sonnenlicht raubt.

Ich war daran gewöhnt, mich als Versagerin zu betrachten. Mein Vater hat immer behauptet, ich würde alles falsch machen. Nichts, was ich tat, war gut genug. Und ich habe das für eine Tatsache gehalten, ich habe das wirklich geglaubt. Ich habe meine innere Stimme in seine verwandelt. Als ob er mit mir reden würde und nicht ich. Und dann denke ich wieder an all die netten Dinge, die die Leute gesagt haben. Und wie ich für etwas gelobt wurde, was ich getan hatte. Und ich erinnerte mich an die Stimme meiner Schwester und meiner besten Freundin, die mir sagten, dass ich in Ordnung sei und sie mich liebten, so wie ich war. Es hat eine Weile gedauert, aber die Stimme meines Vaters ist leiser geworden. Ich habe das Gefühl, dass sich das sogar auf meinen Gang ausgewirkt hat. Zum Beispiel trage ich meinen Kopf höher. Ich habe nicht mehr das Bedürfnis, mich zu ducken und zu entschuldigen. Ich brauche keine Angst mehr zu haben, dass meine innere Stimme mich ausschimpft, weil ich weiß, dass ich es die ganze Zeit nicht verdient hatte. ANONYM

Top-Tipp

Stelle dir die Stimme einer bekannten Person vor, wenn du übst, freundlich mit dir zu reden.

Für dein Tagebuch

- Welche Eigenschaften hat deine innere Stimme?
- Erinnert dich die Art, wie du mit dir sprichst, daran, wie früher jemand anderer mit dir geredet hat?
- Wie beeinflusst dein innerer Dialog deine seelische Verfassung?
- Würdest du mit jemandem, den du liebst, so reden, wie du es mit dir tust? Und wenn nicht, warum nicht?
- Wie willst du Empathie in deinen inneren Dialog bringen?

10. *Kapitel*

SELBSTFÜRSORGE = SELBSTERHALTUNG

MANTRA

SELBSTFÜRSORGE FÖRDERT DAS SELBSTWERTGEFÜHL.

Der Begriff »Selbstfürsorge« ist mittlerweile so in Mode, dass er leider schon fast ein wenig abgedroschen klingt. Selbstfürsorge wird oft im Sinne von »sich selbst gut behandeln« verwendet: Maniküre, Yoga, ein heißes Schaumbad … Obwohl ich voll und ganz dafür bin, dass man so etwas für sich tut, meint Selbstfürsorge jedoch viel mehr als das. Es geht darum, deine Ressourcen zu schonen und dich selbst zu schützen. Ich betrachte Selbstfürsorge tatsächlich als eine Art und Weise der Selbsterhaltung.

In diesem Kapitel geht es darum, zu beleuchten, warum Selbstfürsorge so wichtig bei der Bekämpfung von Ängsten, aber auch allgemein im Leben ist! Falls du bei diesem Begriff auch mit den Augen gerollt hast, gib mir fünf Minuten, und ich bringe dich dazu, dass du deine Meinung änderst.

Selbstfürsorge und Selbstwertgefühl

Die meisten Menschen, die unter Ängsten leiden, haben ein relativ geringes Selbstwertgefühl und eine ebenso geringe Selbstachtung. Kleine Taten der Selbstfürsorge können viel dazu beitragen, unser Selbstwertgefühl zu steigern. Ich spreche hier nicht von Massagen, Meditation und langen Herbstspaziergängen; ich spreche davon, zunächst mal unsere Grundbedürfnisse nach Nahrung, Wärme, Flüssigkeitszufuhr und Schutz zu erfüllen.

Kleine Taten der Selbstfürsorge können viel dazu beitragen, unser Selbstwertgefühl zu steigern.

Bist du schon mal eine Stunde lang in der Küche von einem Bein aufs andere getreten, weil du dringend aufs Klo musstest, und das, obwohl die Toilette so nah war, dass du die Tür sehen konntest? Hast du schon mal dein Kind liebevoll überredet, den letzten Rest Milch oder einen Schluck Wasser zu trinken, und dann festgestellt, dass du den ganzen Tag über noch kein Glas leer getrunken hattest? Vielleicht hast du auch schon mal ein sich sträubendes Kleinkind mühevoll warm eingepackt, bis du in Schweiß gebadet warst, und bist dann selbst ohne Jacke aus dem Haus gegangen, weil du keine Lust hattest, sie herauszukramen?

Letzten Winter habe ich das Auto mit den Sachen der Kinder für einen Tagesausflug beladen. Als ich die Haustür abgeschlossen habe, bemerkte ich, dass ich meinen Mantel vergessen hatte. Ich schaute auf die Uhr. Wir mussten los, also ließ ich ihn drinnen liegen. Ich war an diesem Tag durchgefroren bis auf die Knochen. Ich wünschte, ich wäre einfach zehn

Sekunden später losgefahren. Das wäre ich auch, wenn es um einen der Mäntel für die Kinder gegangen wäre. PHOEBE

Achte zunächst mal auf ganz einfache Dinge. Du erfüllst die Grundbedürfnisse deines Babys (und noch viele andere), weil du glaubst, dass es das wert ist. Und warum bist du es nicht?

Mein Weg zur Selbstfürsorge

Die meiste Zeit meines Lebens hatte ich nicht viel mit Selbstfürsorge am Hut. Während meiner gesamten Kindheit glaubte ich nicht, dass ich besonders viel wert sei, weil das, was in meinem Umfeld getan und gesagt wurde, mir oft das Gegenteil vermittelte. Infolgedessen lag es nicht besonders nahe, mich selbst als wertvoll zu behandeln, obwohl ich einige schöne, aufbauende und liebevolle Einflüsse in meinem Leben erfahren habe. Doch messen wir nicht oft den verletzenden Einflüssen größere Bedeutung bei?

Anstatt aus einer selbstfürsorglichen Haltung heraus zu handeln, entwickelte ich selbstzerstörerische Tendenzen. Diese haben sich im Laufe der Jahre auf viele Arten manifestiert, aber tatsächlich bereitete es mir sogar Schwierigkeiten, meine Grundbedürfnisse zu stillen. Ich hatte Hunger und aß nichts, ich hatte Durst und trank nichts, und ich schikanierte mich innerlich und äußerlich durch mein Verhalten, das, wenn auch nicht immer offenkundig und auffällig, von Selbstsabotage, Selbstzerstörung und Selbstverleugnung geprägt war. Ich kann sagen, dass ich mich in vielen Phasen meines Lebens regelrecht gehasst habe. Warum also hätte ich auf die Idee kommen sollen, für mich selbst zu sorgen?

In der Anfangszeit der Beziehung zu meinem Mann saßen wir eines Abends noch spät zusammen und führten, womöglich unter dem Einfluss von Wodka mit Red Bull, tiefschürfende Gespräche. Er erzählte mir von einer Bekannten, die sich selbst verletzt hatte. Als er als Jugendlicher entdeckt hatte, dass sie sich absichtlich Schmerzen zufügte, war er schockiert und traurig darüber, dass sich jemand so etwas absichtlich antat.

Ich habe es ihm damals nicht gesagt, aber diese selbstzerstörerischen Anwandlungen waren mir durchaus vertraut. Wesentlich erstaunlicher fand ich, dass ihm die Vorstellung so fremd zu sein schien. Vielleicht, so dämmerte es mir, führt ja nicht jeder einen Krieg gegen sich selbst.

Zu den allerersten Themen meines Psychotherapie-Masterstudiums gehörte selbstzerstörerisches Verhalten. Ich lernte, dass die effektivste Art, vielen unserer selbstzerstörerischen Züge entgegenzuwirken, darin besteht, das Gegenteil zu tun. Selbstfürsorge ist eine der besten Möglichkeiten, den inneren Tyrannen zu bekämpfen. Ich wusste es damals noch nicht, aber Selbstfürsorge sollte meine Rettung werden – mehr als einmal und auf mehr als eine Weise.

Taten sagen oft mehr als Worte, stimmt's? Ich begann, einen Schirm mitzunehmen, wenn es regnete, zu essen, wenn ich hungrig war, zu trinken, wenn ich durstig war. Ich habe klein angefangen und in kleinen Schritten weitergemacht. Ich habe gelernt, dass diese kleinen Dinge langsam, aber sicher einen großen Unterschied bewirken. Jeder Akt der Selbstfürsorge trug dazu bei, meinem geringen Selbstwertgefühl und dem Mangel an Selbstbewusstsein entgegenzuwirken, und schwächte die Infrastruktur, die sich so tief in mir festgesetzt hatte.

Ich liebe meine Kinder über alles und sage ihnen das auch immer wieder. So oft, dass Oscar häufig meinen Satz für mich beendet. Ich beginne mit: »Oscar …«, und er ergänzt: »Ich hab dich lieb.« Das Entscheidende ist jedoch nicht, dass er das die ganze Zeit hört, sondern dass ich es ihn spüren lasse: durch meine Umarmungen, die Fürsorge, das Zuhören, das Trösten. Das bewirkt, dass er meine Liebeserklärungen auch wirklich glauben kann, dadurch fühlt er sich geliebt. Worte sind nur heiße Luft, wenn sie nicht durch das entsprechende Verhalten untermauert werden.

Das bringt uns dazu, den Worten Glauben zu schenken, die andere zu uns sagen. Worte werden dann sogar zweitrangig. Taten sprechen eine viel deutlichere Sprache. Genauso verhält es sich mit dem Selbstwertgefühl. Man kann sämtliche Selbstliebe-Mantras wiederholen, die Pinterest zu bieten hat, doch sie werden abperlen wie Wasser vom Gefieder einer Ente, wenn sie nicht von Akten der Selbstfürsorge bestätigt werden.

Wie dem auch sei: Spulen wir ein paar Jahre vor zu meiner ersten Elternzeit. Es fiel mir schwer, mich auszuruhen. Kennt ihr diese seltsame Übergangszeit zwischen dem Beginn des Mutterschutzes und der Ankunft des Babys? Alles war im Begriff, sich zu verändern, und ich weiß noch, dass ich mich in meinem eigenen Zuhause wie ein Ersatzteil fühlte. Da ich nicht gerne stillsitze, hatte ich das Gefühl, dass ich mich für die Zeit, in der ich nicht arbeitete, rechtfertigen musste. Niemand forderte Rechenschaft von mir, im Gegenteil, die Leute rieten mir, das Beste daraus zu machen. Mein Eigenwert war jedoch so sehr mit meinem Beschäftigtsein verknüpft, dass ich Mühe hatte, einfach nur zu »sein«. Ich machte Besorgungen, die ich nicht hätte machen müssen. Ich machte mir Arbeit. Rückblickend wünschte ich, ich hätte mir gut zugeredet, es doch nun wirklich mal langsamer angehen zu lassen, genüsslich eine Serie zu schauen oder morgens auszuschlafen. Aber ich weiß genau, dass ich es sowieso nicht gemacht hätte. Ich hatte das Gefühl, unnütz zu sein, und hatte Gewissensbisse deswegen – ich kam ganz offensichtlich nicht auf die Idee, dass ich die Ruhe verdient hatte.

Die Zeit nach Oscars Geburt, als ich mich an das Leben mit einem Baby gewöhnte, war im Großen und Ganzen sehr schön. Ich schob einige Stunden mit Klienten ein, während er bei einer Freundin seinen Mittagsschlaf machte, und ich hatte zwar viel um die Ohren, aber nicht so, dass ich mich überfordert fühlte. Irgendwie schien alles zu passen und gut eingeteilt zu sein. Es gab die Arbeitszeit und die Mamazeit, und während Oscar schlief, hatte ich Zeit für den uferlosen Verwaltungskram. Ich hatte viel um die Ohren, kam aber gut zurecht.

Und dann bekam ich Charlie, und das Chaos brach aus, wie ich schon berichtet habe – chronischer Schlafmangel, postpartale Depressionen … Ich verlangte von mir, mit allem allein fertig zu werden, um zu beweisen, dass ich eine gute, leistungsfähige Mutter war und alles schaffte, ohne zusammenzuklappen. Doch dann klappte ich zusammen und das Chaos erreichte seinen Höhepunkt.

Irgendwann normalisierte sich das Leben wieder, doch meine Fähigkeit, gut für mich selbst zu sorgen, hatte sich nicht im selben Maße weiterentwickelt und normalisiert. Die Tatsache, dass ich physisch und psychisch nicht gut genug auf mich achtgab, forderte einen immer höheren Tribut. Je weniger ich leistete, desto mehr litt mein Selbstwertgefühl. Und damit sank auch meine Stimmung. Die knirschenden Zahnräder drehten sich in die entgegengesetzte Richtung.

Am Tiefpunkt

Meine Fähigkeit, für mich selbst zu sorgen, war vollkommen unterentwickelt, ja praktisch inexistent, und ich verspürte nicht die geringste Motivation, das zu ändern. Aber ich musste es tun. Es hing so viel davon ab! Ich musste die Freude am Leben zurückgewinnen, meinen Kindern und meinem Mann zuliebe. Auch wenn ich nicht das Gefühl hatte, es wert zu sein – sie waren es auf jeden Fall.

Wenn ich gewartet hätte, bis ich mich der Selbstfürsorge für würdig befunden hätte, hätte sich nie etwas geändert. Ich musste es einfach trotzdem tun. Ich fing an, Sport in winzige Zeitfenster meines Tages einzubauen, zehn Minuten hier und da, um ein paar Endorphine in Umlauf zu bringen. Ich füllte den Kühlschrank mit Suppen und Pitabroten, damit ich ganz bestimmt etwas aß. Ich rief Freundinnen an und erzählte ihnen, dass ich Probleme hatte – nicht, damit sie mir halfen, sondern damit ich mich nicht allein fühlte. Ich gab Oscar an zwei Vormittagen in der Woche in eine wunderbare Kinderkrippe, damit ich etwas Zeit zum Ausruhen und für das Bonding mit Charlie hatte.

Ich bat meinen Mann (den ich in dieser Phase ins Gästezimmer verbannt hatte, weil ich es nicht ertragen konnte, dass er mich nachts in einem so hoffnungslosen Zustand sah), wieder in unserem Zimmer zu schlafen, um mich während der endlosen nächtlichen Wachphasen emotional zu unterstützen. Und, ganz wichtig, ich begann, die mitfühlende Stimme wieder in meinen Kopf zurückzurufen, um mir zu helfen, den Tyrannen zu bekämpfen, der mich immer wieder als Versagerin bezeichnete. Er war so laut und groß geworden, dass ich kaum noch etwas anderes hören konnte.

All das musste ich in der ersten Zeit ganz bewusst tun, und es fiel mir nicht leicht, aber ich war überzeugt davon, dass es wichtig war – meiner Familie zuliebe. Und nichts davon hatte etwas von einer Wellnesspause oder einem heißen Bad. Aber alles gehörte zur Selbstfürsorge, und mit der Zeit half es mir, das große, knarrende Räderwerk der Abwärtsspirale in die entgegengesetzte Richtung zu drehen.

Machen wir einen Sprung vorwärts zum Weihnachtsfest 2017. Es war so weit: Ich hatte einen Burnout. Meine Social-Media-Accounts waren ausgeufert, und hinzu kamen der große Haushalt mit all seinen Anforderungen und eine immer anspruchsvollere Arbeit, die nicht mal genug Geld einbrachte, um die Kinderbetreuung zu finanzieren. Es war das klassische Dilemma: Ich musste an irgendeiner Stelle reduzieren, um Platz für alles andere zu schaffen. Doch es gab viele Dinge, die nicht verhandelbar waren, und so wurde kurzerhand jede Form der Selbstfürsorge gestrichen. Es war keine bewusste Entscheidung, eher so eine langsame Entwicklung. Man merkt zunächst gar nicht, dass irgendeine Sache fehlt, bis man plötzlich mit den Konsequenzen ihrer Abwesenheit konfrontiert wird.

Alle wurden mit den Konsequenzen ihrer Abwesenheit konfrontiert. Meine Familie hatte unter meinem reizbaren, schnippischen

Zustand zu leiden. Ich beneidete sogar meinen Mann wegen des Luxus, auf der Zugfahrt scrollen, dösen und E-Mails checken zu können. Und wenn man anfängt, jemanden wegen des langen, schweißtreibenden Pendelns in überfüllten, oft verspäteten Zügen oder stehend in der U-Bahn, gedrängt in der Achselhöhle eines Fremden, zu beneiden, dann läuft doch etwas gewaltig schief, oder?

Der Unterschied zum Egoismus

Vor ein paar Jahren schleppte mich mein Mann in ein Fitnesscenter, das auch Sauna und Kinderbetreuung anbot, und meldete mich auf der Stelle an. Sowohl er als auch die Kinder brauchten es unbedingt, dass ich mir endlich mal Zeit zum Durchatmen nahm. Es tat ihnen nicht gut, dass ich so ausgebrannt, kaputt und nörgelig war. Wieder einmal wurde mir vor Augen geführt, dass Selbstfürsorge kein Egoismus ist, sondern dass man sich auch aus Liebe zu seinen Angehörigen gut um sich selbst kümmern muss.

Daran muss ich mich oft erinnern. Sobald wir etwas tun, um aufzutanken, melden sich die Schuldgefühle, und während wir uns aufrappeln, müssen wir uns immer wieder sagen, dass das nichts mit Egoismus zu tun hat. Dafür brauchen wir uns nur anzusehen, wie sehr unser Umfeld davon profitiert, dass es uns besser geht.

Inzwischen hat mein Leben wieder einen Zahn zugelegt. Zurzeit jongliere ich mit einem großen Haushalt, drei Kindern, Oscars Einschulung und dem Schreiben dieses Buches (plus den üblichen E-Mails und dem allgemeinen Orgakram). Vor zwei Wochen spürte ich, dass ich wieder einmal kurz vor einem Burnout stand; ich erkannte es daran, wie erschöpft und reizbar ich war, so nach dem Motto: »Wenn jetzt noch ein Mensch irgendetwas von mir will, fange ich an zu heulen/schreien/ergreife ich die Flucht!«

Es bedeutet Alarmstufe Rot, wenn ich so weit bin, dass sich fünf Minuten allein auf dem Klo wie ein Miniurlaub anfühlen oder etwas so Nettes wie ein kleines Kompliment nur Unbehagen in mir auslöst. Ich stellte fest, dass meine innere Stimme immer weniger nach »zugewandtem Elternteil« und dafür immer mehr nach »strenger Lehrerin« klang. Wenn das Leben höhere Ansprüche an uns stellt, müssen wir häufiger auftanken.

Während ich dies schreibe, sitze ich an meinem Schreibtisch; Florence habe ich zu ihrem Mittagsschlaf hingelegt. Wir sind zwanzig Minuten gefahren, damit ich ein wenig lesen und duschen konnte. Florence war für eine Stunde in der Kita, wo sich ein Team um sie kümmert, das ganz entzückt von ihrem Lächeln und ihrem Lockenkopf ist. Es wäre wesentlich einfacher gewesen, zu Hause schnell ein paar E-Mails zu erledigen und Aufgaben abzuarbeiten. Doch stattdessen fühle ich mich ausgeruht und erfrischt, bereit für das bevorstehende Nachmittagschaos, bei dem ich mich schmale Landstraßen entlangschlängle, um die Jungs von der Schule und vom Kindergarten abzuholen.

Ich kann mich noch gut an die riesigen Schuldgefühle erinnern, die mich plagten, als ich vor zwei Jahren Charlie stundenweise in die Kita gebracht habe. Doch inzwischen sind sie nicht mehr so stark. Es ist seltsam, aber wenn ich ein Bad nehme, ein paar Minuten lang ruhig durchatme, ein Buch aufschlage oder mir einen Podcast anhöre, habe ich das Gefühl, allen etwas Gutes zu tun – ein großer Schritt für eine Frau, die sich noch vor wenigen Jahren nicht mal in der vierzigsten Schwangerschaftswoche erlaubte, ihre müden Füße aufs Sofa zu legen.

Es geht nicht nur um mich. Es geht nicht nur um dich.

Hoffentlich kannst du von meinem Weg zur Selbstfürsorge profitieren. Wir dürfen nie vergessen und müssen immer darauf achten, dass wir gut für uns sorgen, denn es hat unglaublich starke Auswirkungen auf unser Wohlbefinden. Es wird dir auch sehr dabei helfen, an deinem inneren Dialog zu arbeiten. Du musst wirklich gezielt etwas tun, um deine kritische innere Stimme in eine mitfühlendere zu verwandeln.

Fang mit kleinen Schritten an

Es ist ja schön und gut, dir zu raten, gut für dich zu sorgen und einige deiner Bedürfnisse zu erfüllen, doch zunächst musst du sensibler dafür werden, welche das sein könnten.

Was ich brauche? Ehrlich, ich weiß es nicht mehr. GITA

Wir achten ständig auf die Bedürfnisse unserer Kinder, so sehr, dass wir es vermutlich gar nicht mehr merken. So behalten wir etwa die Uhr im Auge und warten darauf, dass der Zeitpunkt kommt, an dem unser Baby als Nächstes ein Schläfchen oder etwas zu essen braucht. Wir beobachten, ob es gähnt, quengelig wird, sich die Augen reibt …

Wenn du glaubst, dass es Hunger hat, sagst du nicht: »Ach, du hast Hunger? Kein Problem. Ich füttere dich morgen, wenn ich nicht mehr so viel zu tun habe.« Und wenn es Schlafenszeit wird, erklärst du nicht: »Oje, ich schaff das jetzt wirklich nicht, dich raufzubringen, dir den Schlafanzug anzuziehen und dich ins Bett zu bringen. Warte, bis ich mit meiner Serie fertig bin, und wenn ich bis dahin nicht eingeschlafen bin, mache ich es.«

Wir suchen nach Anzeichen für die Bedürfnisse unserer Kinder, wir beobachten sie, und manchmal ahnen wir schon, dass sie etwas brauchen, bevor sie es merken. Und dann ergreifen wir schnellstmöglich Maßnahmen, um ihre Bedürfnisse zu stillen. Warum? Weil wir sie wertschätzen und daher auch ihren Bedürfnissen Wert zumessen. Wir sind für sie verantwortlich. Wir kennen sie am allerbesten.

Die Sache ist jedoch die: Wir Mütter sind oft so sehr damit beschäftigt, die Bedürfnisse anderer zu erfüllen, dass wir nicht mehr auf unsere innere Stimme hören, wenn sie sich meldet: »Hey! Ich habe Hunger! Hey, ich brauche jetzt wirklich mal eine Pause! Ich muss aufs Klo!«

In letzter Zeit hat es immer öfter Tage gegeben, an denen mir gegen drei Uhr nachmittags ganz komisch wurde – ein bisschen schwindelig und geistesabwesend. Und auf einmal wurde mir klar, dass ich bisher nichts als eine Banane gegessen hatte. Und zwar nicht absichtlich – ich habe meine Bedürfnisse einfach so oft hintangestellt, dass ich nicht mehr regelmäßig drei Mahlzeiten am Tag esse, während ich andererseits sicherstelle, dass alle anderen in der Familie ihre bekommen. Egal ob dir das auch schon mal so gegangen ist oder noch so geht, eines will ich dir sagen: Deine Bedürfnisse sind genauso wertvoll und wichtig wie die deines Kindes.

Du musst anfangen, dich genauso wie dein Kind auf Anzeichen hin zu beobachten, ob du etwas brauchst. Wenn du dich fragst, ob sie Hunger oder Durst haben oder müde sind, frage auch dich selbst. Natürlich können wir nicht mitten am Tag zwei Stunden lang selig schlafen (oder vielleicht kannst du es – dann tu es, unbedingt!). Aber nimm dir einen Moment Zeit, um dir deine Müdigkeit bewusst zu machen, und überlege, wie du dieses Bedürfnis – neben anderen – stillen könntest. Möglicherweise wird dir erst mal klar, warum du an diesem Tag nah am Wasser gebaut oder gereizt bist, sodass du ein wenig Mitgefühl mit dir haben kannst.

Versuche wieder in Kontakt mit deinen eigenen Bedürfnissen zu kommen. Frage dich: »Was brauche ich?« Egal ob ein Bedürfnis in diesem Moment erfüllt werden kann oder nicht: Manchmal ist es einfach wichtig, es sich selbst gegenüber anzuerkennen.

Vielleicht brauchst du Urlaub, wirst aber gefühlt erst in 3782 Jahren welchen bekommen. Schlüsseln wir dieses Bedürfnis mal auf. Was genau bringt dir ein Urlaub? Etwas Freiraum? Etwas Zeit zum Entspannen? Einen Tapetenwechsel?

Was kannst du für dich tun, um dir ein bisschen was davon zu verschaffen? Wäre es möglich, das Auto zu packen und zu einer Freundin außerhalb der Stadt zu fahren, um mal etwas anderes zu sehen? Oder vielleicht kannst du jemanden bitten, eine Stunde auf dein Baby aufzupassen, während du Zuflucht zu einem Buch nimmst und mal in Ruhe duschen gehst. Das ist zwar nicht das Gleiche wie eine Woche auf einer Poolliege, aber es ist auf jeden Fall schon mal etwas. Vielleicht sehnst du dich nach einem Abendessen mit einer Freundin, aber dein Baby macht gerade einen Wachstumsschub durch. Vielleicht sehnst du dich nach Kontakt und Gesprächen. Falls ein gemeinsames Essen nicht realisierbar ist, könntet ihr ein Telefonat planen und plaudern, während du mit dem Baby im Buggy spazieren gehst.

Manchmal habe ich das Gefühl, dass ich einfach etwas Freiraum brauche, aber mein Partner arbeitet auswärts. Schließlich musste ich jemanden bezahlen, der für ein paar Stunden in der Woche kommt, aber das hat einen großen Unterschied ausgemacht. SU

Unabhängig davon, ob dein Bedürfnis erfüllt werden kann oder nicht, erkenne es an, wenn du kannst, denn es hat auf jeden Fall seine Berechtigung. Vielleicht sehnst du dich nach den tröstenden Worten eines Familienmitglieds, das bereits verstorben ist, oder du wünschst dir frühere, einfachere Zeiten herbei. Diese Wünsche können mit Gefühlen von Verlust, Groll, Trauer, Traurigkeit oder Frustration einhergehen. Und das ist in Ordnung. Diese Gefühle bleiben nicht immer so intensiv. Sie kommen und gehen wie die Gezeiten, wie Wehen. Sie erreichen ihren Höhepunkt und lassen dann in ihrer Intensität nach. Wir können uns bewusst dafür entscheiden, auf den Wellen zu reiten und diese Gefühle als berechtigt anzuerkennen.

Den Absturz dämpfen

Hast du schon einmal ausprobiert, wie weit du mit dem Benzin im Tank deines Autos kommst? Ich schon. Die Anzeige stand schon eine Weile auf Rot. Praktischerweise meldet mir die Anzeige, wie weit ich noch komme. Ich startete mit der Meldung, dass das Benzin nur noch knapp dreißig Kilometer weit reichen würde. Ich ließ es darauf ankommen! Zwischendurch überlegte ich immer wieder, die nächste Tankstelle anzusteuern, aber die Kinder waren müde und hungrig, also riskierte ich, bis zur nächsten weiterzufahren.

Als Nächstes warnte mich das System, dass ich noch fünfzehn Kilometer übrig hätte. Ich warf einen Blick auf das Navi und sah, dass wir noch achtzehn Kilometer von zu Hause entfernt waren. Ein paar Kilometer vor der nächsten Tankstelle blinkte die Anzeige: »0 Kilometer Reichweite«! Mein Pulsschlag beschleunigte sich, als ich mir vorstellte, mit leerem Tank vom Straßenrand aus den Abschleppdienst anrufen zu müssen. Meine Hände schwitzten, als ich zur Tankstelle abbog. Wir hatten es gerade noch geschafft! Das hätte ganz schön stressig werden können …

Hast du manchmal das Gefühl, dass du dieses Spiel mit dir selbst spielst? Du schiebst deine eigenen Bedürfnisse immer wieder auf die lange Bank und nimmst dir vor, dich später darum zu kümmern. An einem anderen Tag. Vielleicht auch nie. Mit leicht übermüdeten und hungrigen Kindern auf dem Rücksitz anzuhalten und zu tanken war schon nervig. Aber im grauen Nieselregen am Straßenrand zu stehen, wäre noch ärgerlicher gewesen.

Ich sage oft zu meinen Klienten: Wenn wir erkennen, dass wir mit der roten Tankanzeige leben, haben wir die Wahl. Entweder wir tanken oder wir bleiben unverhofft irgendwo liegen und haben dann richtig großen Ärger. Du hast keine Kraft mehr? Mach langsamer, tanke, erfülle deine Bedürfnisse, oder du wirst krank und erleidest einen Burnout.

Denke an dein Auto. Wenn du die Kontrolle des Reifendrucks und die Instandhaltung des Motors vernachlässigst, wird es eine Weile lang prima laufen, bis irgendwann eine Warnleuchte aufblinkt. Übersiehst du sie, fällt etwas ab oder fängt an zu qualmen. Vernachlässigst du es weiter, wird es dich irgendwann nicht mehr von A nach B bringen können.

Ich weiß noch, wie hart ich früher gearbeitet habe. Ich brannte wie eine Kerze an beiden Enden und musste meine ganze Freizeit in die Wochenenden quetschen. Irgendwann erkrankte ich an Weihnachten an einer Grippe, die einfach nicht weggehen wollte. Ich habe mir zu lange zu viel abverlangt. Ich versuche inzwischen, mein Tempo zu drosseln. Mit dem Baby muss ich wirklich alles daransetzen, nicht wieder für so lange Zeit auszufallen. GRACE

Meist erkennen wir die Notwendigkeit, auf etwas zu achten, das für uns von Wert ist, z. B. ein Auto. Auch die Bedürfnisse anderer erkennen wir. Warum also sind wir uns selbst gegenüber so blind, wenn es um Selbstfürsorge geht? Das Auto muss nicht blitzsauber sein, es braucht nur gewisse Grundvoraussetzungen – Kraftstoff, Wasser zum Kühlen des Motors, gelegentlich eine Inspektion. Dich wie eine Maschine zu behandeln, die nie gewartet wird, ist absolut untragbar.

Unsere Bedürfnisse betäuben

Hast du einen dieser Trockner, die unaufhörlich piepsen, wenn die Wäsche fertig ist? Du sollst die Wäsche rausholen, damit sie nicht muffig und knautschig wird. Du weißt genau, dass das getan werden muss. Doch was ist das Einfachste, wenn schon tausend andere Dinge deine Aufmerksamkeit fordern?

Du schaltest das verdammte Ding aus.

Es kann dir jetzt nicht mehr mit seinem Piepsen auf den Wecker gehen und dir ein schlechtes Gewissen machen. Aber die Notwendigkeit besteht immer noch. Die Wäsche ist fertig und muss rausgeholt werden.

Aber wenigstens ist das Piepsen weg, stimmt's?

Genauso machen wir es mit unseren Bedürfnissen. Sie zu befriedigen kann lästig sein und zusätzliche Anforderungen an unsere

Zeit und Energie stellen. Deshalb machen wir es uns leicht, indem wir zum beruhigenden Glas Wein, zum gedankenlosen Scrollen oder zur Fernbedienung greifen. Es ist so einfach, diese schnellen, bequemen Lösungen zu Hilfe zu nehmen, um unser Bedürfnis nach Kontakten, Freiraum, Entspannung und Stille zu befriedigen. Wir versuchen, es abzuschalten, indem wir es betäuben. Aber die Sache ist die: Das Bedürfnis ist anschließend immer noch da, genau wie die Wäsche im Trockner.

Ich soll Gymnastikübungen für meinen Rücken machen. Aber wenn die Kinder schlafen, will ich ehrlich gesagt einfach nur auf dem Sofa sitzen, deswegen lasse ich sie immer wieder ausfallen. Ich spüre, wie ich immer verspannter werde und die Schmerzen sich verschlimmern. Ich sollte die Übungen wirklich mal machen, damit es mir besser geht. MARTHA

Oft erfordern die Dinge, die unsere Bedürfnisse befriedigen, etwas zusätzliche Energie – etwas, das wir nicht gerade im Überfluss haben. Wir können das Piepsen des Trockners abstellen, ohne das Problem zu beheben. Wir schieben es einfach hinaus. Und während es aufgeschoben wird, wird es dringender, und die daraus folgenden Konsequenzen verschlimmern sich von Stunde zu Stunde, von Tag zu Tag. Die andere Möglichkeit wäre, dass wir ein paar Minuten investieren, um die Wäsche rauszuholen.

Wenn man das Leben mit Vollgas lebt und sein Bedürfnis nach einer Verschnaufpause ignoriert, wird die Müdigkeit nicht verschwinden. Im Gegenteil: Sie wird immer schlimmer werden, je weniger man sich um seinen Körper zugunsten anderer Notwendigkeiten kümmert, die lauter zu piepsen scheinen.

Deine Bedürfnisse sind berechtigt und wichtig, unabhängig davon, wie viel Berechtigung und Wert du ihnen persönlich beimisst.

Wenn du meinst, dass deine Kinder Liebe und Fürsorge verdient haben, dann hast auch du sie verdient.

Das ist eine Tatsache.

Selbstfürsorge und Selbstsabotage

Wenn du dir in zunehmendem Maße bewusst wirst, was du brauchst, mach dir auch klar, dass das, was an einem Tag Selbstfürsorge ist, am nächsten Tag Prokrastination sein kann.

Zum Beispiel kann es ein Akt der Selbstfürsorge sein, mal für einen Moment deine Aufgabenliste beiseitezulegen, weil du spürst, dass du Freiraum und Erholung brauchst. Zeit zum Ausruhen, während du sonst mit dem Staubsauger durchs Haus rennst. Ein andermal hingegen kann das Weglegen der To-do-Liste ein Akt der Selbstsabotage sein. Du vermeidest, den Termin zu vereinbaren, von dem du weißt, dass er notwendig ist, oder du bezahlst einfach eine Rechnung nicht. Du drückst dich vor dem Aufräumen, obwohl du gerade Zeit dazu hättest, sodass du am Ende noch mehr in Hektik gerätst, bevor am Freitagabend deine Gäste kommen.

Manchmal setze ich mich einfach aufs Sofa und habe das Gefühl, nicht mehr aufstehen zu können. Manchmal ist das gut, weil ich mich ausruhen muss. Manchmal macht es mir die Sache später nur noch schwerer, weil es Dinge gibt, die ich einfach erledigen muss. HELEN

Selbstfürsorge kann ein großes Glas Wein im Sonnenschein sein oder aber der völlige Verzicht auf Alkohol. Es kann ein Tag im Pyjama sein, an dem man sich von der Welt abkapselt, oder es kann bedeuten, dass man sich dazu zwingt, rauszugehen und etwas zu unternehmen. Selbstfürsorge ist vielleicht nicht einmal eine konkrete »Sache«, die du aktiv vorantreibst, sondern zum Beispiel eine neue Grenze, die du in einer schwierigen, Energie fressenden Beziehung setzt, oder eine Textnachricht, mit der du um Hilfe bittest. Es ist etwas, für das wir sensibel sein müssen, damit wir wissen, wie wir auf das reagieren sollten, was in uns vorgeht.

Was an einem Tag Selbstfürsorge ist,
kann am nächsten Tag Prokrastination sein.

Fange klein an, aber tu etwas!

Mache den ersten Schritt in eine neue Phase, denn aus einem leeren Becher kannst du nicht trinken. Warte nicht, bis du das Gefühl hast, es »wert« zu sein, bis du anfängst, selbstfürsorgliche Entscheidungen zu treffen, denn so funktioniert es nicht. Selbstfürsorge bestärkt das Selbstwertgefühl. Du musst kleine, machbare Handlungen der Selbstsorge etablieren, so regelmäßig und selbstverständlich wie Zähneputzen. Es geht darum, deinen grundlegenden, angeborenen Wert anzuerkennen und dich in die Lage zu versetzen, anderen etwas zu geben, ohne selbst anschließend leer zurückzubleiben.

Warte nicht, bis du das Gefühl hast, du wärst es wert,
dich um deine Bedürfnisse zu kümmern.

Zieh dich zurück und gönn dir ein heißes Bad. Und zwar mit dem tollen Badezusatz, den du die ganze Zeit aufsparst … Für wen eigentlich? Die Queen? Tja, ich sag's ja nur ungern, aber sie wird wohl nicht so bald kommen. Also …

Ganz egal ob du diese Änderungen für dich selbst oder für die anderen vornimmst: Drehe das Rad deines geringen Selbstwertgefühls in die andere Richtung. Warte nicht, bis du das Gefühl hast, es wert zu sein. Fange jetzt an, fange klein an, aber deiner Familie und deiner psychischen Gesundheit zuliebe solltest du irgendwo beginnen.

Nützliche Tipps zur Selbstfürsorge

Zum Abschluss findest du hier noch einige Anregungen für die Selbstfürsorge. Eine der Listen enthält lauter Dinge, die du jeden Tag einbauen kannst. Sie nehmen nur ganz wenig Zeit in Anspruch, also keine Ausreden. Einige von ihnen mögen grundlegend und instinktiv anwendbar erscheinen, aber bei vielen sind es gerade diese grundlegenden Dinge, die verdrängt werden und durchrutschen, wenn wir uns beschäftigt, ausgebrannt, niedergeschlagen oder überwältigt fühlen. Die zweite Liste enthält einige Ideen, die vielleicht etwas mehr Planung erfordern, sich aber ganz sicher lohnen.

Selbstfürsorge im Alltag

- Trink Wasser.
- Geh auf die Toilette, sobald du musst.
- Iss, wenn du Hunger hast.
- Putz dir die Zähne.
- Dusche.
- Zieh dich an.
- Bürste dir die Haare.
- Nimm pünktlich deine Medikamente/Vitamine.
- Geh an die frische Luft.
- Schränke deine Koffeinzufuhr ein.
- Lies ein paar Seiten in einem Buch.
- Schreibe einer Freundin eine Nachricht.

- Benutze Zahnseide.
- Überlege dir fünf Dinge, für die du heute dankbar bist.
- Atme zehnmal tief ein. Achte darauf, dass du länger aus- als einatmest.
- Tupfe etwas verdünntes ätherisches Öl auf deine Schläfe (probiere es mit Lavendel).
- Trink heiße Suppe aus einer Tasse (das hat mir sehr geholfen, wenn ich es nicht schaffte, zu Mittag zu essen).
- Mach dein Bett, damit du heute Abend den Luxus hast, dich auf ein aufgeschütteltes Kissen zu legen.
- Trink eine Tasse Kräutertee.
- Spanne zehnmal hintereinander zehn Sekunden lang den Beckenboden an.
- Mach ein paar Minuten lang Dehnübungen.
- Geh früher ins Bett.

Selbstfürsorge 2.0

Diese Maßnahmen erfordern vielleicht eine gewisse Umstellung deines Tagesablaufs oder ein wenig Planung, aber sie sind der Mühe wert!

- Unternimm einen flotten Spaziergang mit dem Buggy oder der Babytrage.
- Triff dich mit einer Freundin auf einen Kaffee.
- Nimm ein heißes Bad.
- Gönn dir etwas, das du für besondere Anlässe aufhebst, wie z. B. ein schönes Badeöl, Parfüm oder einen Lippenstift.
- Dusche ausgiebig und wasch dir die Haare.
- Lege eine Gesichtsmaske auf.
- Lies ein Kapitel in einem Buch, anstatt in den sozialen Medien herumzuscrollen.
- Lade eine App für geleitete Meditationen herunter und meditiere fünf bis zehn Minuten lang.

- Mach zehn bis fünfzehn Minuten lang Sport.
- Pack dir schnell verfügbares, gesundes und sättigendes Essen in den Kühlschrank.
- Erledige ein paar Aufgaben von deiner To-do-Liste, die dich blockiert haben.
- Mach ein paar Dehn- oder Yogaübungen.

Ein paar dieser Akte der Selbstfürsorge klingen langweilig, und sie sind es auch. Aber es geht darum, Grundbedürfnisse zu befriedigen, was nicht schick und lustig ist, aber für manche eine echte Herausforderung sein kann. Beginne damit, einige nicht verhandelbare Punkte einzuführen. Diese könnten sein: essen, wenn du Hunger hast, dich waschen, Wasser trinken oder auf die Toilette gehen, wenn du musst. Dann baue darauf auf. Lass dich dabei von der Liste inspirieren und füge eigene Dinge hinzu.

Es kann hilfreich sein, deine Gefühle zu bestimmten Akten der Selbstfürsorge zu notieren, die du anfangs als schwierig empfindest, da es ermutigend ist zu sehen, wie sich das ändert.

Top-Tipp

Baue einen kleinen Akt der Selbstfürsorge in deinen Tag ein, und zwar ab heute.

Für dein Tagebuch

- Wie gut sorgst du deiner Meinung nach augenblicklich für dich selbst?
- Was hält dich davon ab, dich besser um dich zu kümmern?
- Nenne drei Dinge, die du brauchst.
- Welche Schritte könntest du unternehmen, um einige dieser Bedürfnisse zu erfüllen?

11. Kapitel

TIPPS UND TECHNIKEN ZUR LINDERUNG VON ÄNGSTEN

MANTRA

ICH BIN NICHT DAZU GEMACHT, ALLES ALLEIN ZU SCHAFFEN.

Auf diesen Teil hast du wahrscheinlich schon gewartet! Dieses Kapitel ist vollgepackt mit Tipps und Techniken, die dir gegen die Symptome deiner Angst helfen können. Die ganze Arbeit, die du bisher geleistet hast, um die Angst zu verstehen und zu erforschen, wie sie sich auf dich auswirkt, bietet eine Grundlage, auf der du mit der Anwendung einiger Techniken beginnen kannst.

Da unsere Erfahrungen mit Ängsten unterschiedlich sind, werde ich dir eine Reihe von Techniken vorstellen, damit du ein paar findest, die zu dir passen. Übe sie, wenn du entspannt bist, sodass du mit ihnen vertraut bist, wenn die Angst das nächste Mal an deine Tür klopft. Das hier ist dein Werkzeugkasten. Obwohl dir einige Techniken womöglich zunächst wie sehr kleine Werkzeuge erscheinen, haben sie doch das Potenzial, Felsbrocken zu zerschlagen.

Tipp 1: Dein Atem ist deine Superkraft

Den Anfang soll meine absolute Lieblingstechnik machen: Atemübungen.

Ich bin eine fanatische Befürworterin von Atemtechnik zur Behandlung von Angstsymptomen, und es ist zweifellos die wichtigste und einfachste Technik, die ich je zu meinem unsichtbaren persönlichen Werkzeugkasten hinzugefügt habe. Zum ersten Mal habe ich in einem Geburtsvorbereitungskurs gelernt, welche Auswirkungen der Atem auf das Nervensystem haben kann, bevor ich recherchierte, wie er auf andere Weise eingesetzt werden kann. Ich nutze ihn für so vieles, angefangen beim Überholen von Lastwagen über das Einschlafen bis hin zum Umgang mit Wutausbrüchen von Kleinkindern.

Es gibt viele verschiedene Formen von Atemübungen. Ich werde euch meine zwei liebsten präsentieren, aber wenn diese aus irgendeinem Grund nicht zu dir passen, findest du im Internet genügend Anleitungen zu anderen Formen.

1. Einfache Atemübung

Dies ist eine schöne Übung für den Anfang. Wenn du das Gefühl hast, dass dir schwindelig wird oder du nach Luft schnappst, brich die Übung ab und lass deinen Körper zu seinem normalen Atem zurückkehren. Versuche es dann später noch einmal. Übe zunächst, nur durch die Nase zu atmen, bis du dich daran gewöhnt hast. Wir alle haben unterschiedliche Lungenkapazitäten, deshalb kannst du jede Ein- und Ausatmung um eins verringern. Der Trick besteht darin, kürzer ein- und länger und intensiver auszuatmen.

Diese Übung eignet sich hervorragend für den Alltag, da man nicht den Atem anhalten muss und sie fast automatisch durchführen kann. Ist es nicht erstaunlich, dass du etwas tun kannst, was sich positiv auf dein Nervensystem auswirkt, und niemand merkt etwas davon?

1. Entspanne deinen Kiefer und lass die Schultern sinken.
2. Atme ein und stell dir vor, dass sich deine Lungen von unten nach oben füllen, während du bis vier zählst.
3. Atme durch den Mund aus und zähle dabei bis acht.
4. Beginne mit vier Wiederholungen und steigere dich in dem Maße, wie du sicherer wirst.

2. Atemübung mit Luftanhalten

Das Luftanhalten bei dieser Atemübung soll dem Körper ermöglichen, den eingeatmeten Sauerstoff optimal zu nutzen. Die zusätzliche Anforderung, sich auf das Zählen zu konzentrieren, kann dir helfen, dich aus deiner Gedankenspirale zu befreien.

Beachte, dass das Anhalten des Atems etwas gewöhnungsbedürftig sein kann. Übe es zunächst zu Hause, denn möglicherweise wird dir dabei schwindlig. Sollte dies der Fall sein, verkürze die Zählzeiten bei jedem Schritt, während du dich daran gewöhnst. Sobald du dich sicherer fühlst und sich deine Lunge der Technik angepasst hat, kannst du die Zeiten des Ein- und Ausatmens wieder verlängern.

1. Entspanne Schultern und Kiefergelenke.
2. Atme sanft und vollständig durch die Nase ein, während du bis vier zählst. Stell dir vor, dass sich deine Lunge von unten nach oben füllt.
3. Halte die Luft an und zähle dabei bis sieben.
4. Atme tief durch den Mund aus (spitze dabei die Lippen) und zähle dabei bis acht.

Beginne mit vier Wiederholungen und steigere dich, wenn du sicherer wirst.

Wie wirken die Übungen?

Wenn wir ängstlich sind, atmen wir in der Regel schneller und flacher. Ist dir das schon einmal aufgefallen? Es ist gut, darauf zu achten, denn je mehr wir uns dessen bewusst sind, desto eher können wir mit einer Atemübung gegensteuern.

Ich halte ziemlich oft den Atem an, wenn ich gestresst oder ängstlich bin. Ich tue es nicht absichtlich und merke es oft daran, dass ich körperlich angespannt bin oder höre, wie ich scharf einatme. Sowohl flaches Atmen als auch Luftanhalten sind übliche Reaktionen auf Stress oder Ängste. Manchmal reagieren wir auch mit beidem, wenn wir nervös oder in einer ängstlichen Erwartungshaltung sind.

Flaches Atmen und Luftanhalten sind häufige Reaktionen auf Stress oder Ängste.

Diese Unterbrechung unseres gewohnten Atemrhythmus löst eine Reaktion des sympathischen Nervensystems (Stress) aus. Atemübungen signalisieren dieser physiologischen Stressreaktion im Wesentlichen, dass sie sich wieder legen soll. Das erlaubt dem parasympathischen Nervensystem, aktiv zu werden. Es sagt dem Körper: »Alles in Ordnung. Du bist nicht in Gefahr.« Dann fährt der Körper das Gefühl der Bedrohung herunter. Es ist eine physische Reaktion auf einen häufig inneren Auslöser.

Je sicherer du in der Anwendung von Atemübungen wirst, desto sensibler wirst du vielleicht auf die ersten Angstbläschen reagieren, die als Reaktion auf einen Auslöser oder eine bestimmte Furcht aufzusteigen beginnen. Je früher du auf diese ersten Symptome reagierst, indem du deinen Atem zur Beruhigung des Nervensystems einsetzt, desto besser wird es funktionieren. Es ist viel einfacher, einen tropfenden, undichten Wasserhahn zu reparieren als einen ausgewachsenen Rohrbruch. Und sobald du deinen Körper beruhigt hast, wirst du eher in der Lage sein, das, was deine Angst auslöst, mithilfe deines rationalen Verstandes anzugehen.

Als ich anfing, diese Technik zu benutzen, habe ich in Zeiten von Angst und Stress zu ihr gegriffen. Manchmal habe ich es jedoch auch vergessen oder ich hatte das Gefühl, es nicht richtig zu machen. Ich erkannte, dass ich die Techniken üben musste, um sie in dem Moment zu beherrschen, wenn ich sie brauchte. Ich übte sie beim Spazierengehen, in der Badewanne und vor dem Einschlafen. Dadurch wurden sie bald zu einer instinktiven Reaktion in Momenten aufkommender Angst. Ich konnte sie früher einsetzen, wenn die Welle anrollte, und sie waren viel effektiver. Heute benutze ich sie, ohne darüber nachzudenken, besonders auf der Autobahn, wo meine Ängste und Zwangsgedanken häufig mit mir durchgehen. Ich benutze sie auch in stressigen Momenten mit den Kindern, da sie mir ermöglichen, gelassener zu bleiben und die Fassung zu bewahren.

Meiner Meinung nach sind Atemübungen für alle nützlich, die unter Angstzuständen leiden. Tatsächlich wende ich sie fast jeden Tag an, unabhängig davon, ob meine Gefühle angstbedingt sind oder nicht. Atemübungen eignen sich gut, um schwierige oder intensive Emotionen anzugehen – Stress, Angst, Erwartung, Wut –, die das sympathische Nervensystem zum Reagieren bringen. Sie erden uns körperlich und helfen uns, uns präsenter zu fühlen und uns auf den Moment einzulassen.

Heute Morgen habe ich eine Atemübung angewandt, als es besonders stressig wurde. Um ehrlich zu sein, war der ganze Morgen eine einzige, lange Stresssituation. Wenn ich spüre, dass die Anspannung in meinem Körper steigt wie die hereinkommende Flut, verwende ich diese Techniken, um sie wieder sinken zu lassen. Ich tue es nicht, um Gefühle zu ignorieren oder sie abzuwerten, sondern um meinem Körper zu sagen, dass ihm keine Gefahr droht.

Atemübungen – ich habe sie absolut unterschätzt, bis mir meine Freundin erzählte, dass sie ihr geholfen hatten, mehrere Panikattacken zu überwinden. Ich begann, sie zu üben, und wende sie jetzt ständig an. Selbst wenn ich keine Angst habe, benutze ich sie, um mich zu entspannen. Es verbessert die ganze Lebensqualität! Jeder sollte sie anwenden. ANNA

Atmung bei Panikattacken

Wenn du unter Panikattacken leidest, bist du vermutlich mit einigen der Symptome vertraut, die die Reaktion des sympathischen Nervensystems hervorruft, als da wären: erhöhte Herzfrequenz, Schweißausbrüche, gefühlte Atemnot und Zittern. Ich erinnere mich an meine erste Panikattacke, die etwa zwölf Jahre zurückliegt. Ich dachte, ich hätte einen Herzinfarkt. Ich fühlte mich völlig hilflos gegenüber dem, was in meinem Körper vor sich ging. Schon so mancher Krankenwagen wurde gerufen, um einer Person zu helfen, die glaubte, einen Herzinfarkt zu haben, aber in Wirklichkeit eine Panikattacke erlitt – so intensiv sind das Gefühl und die Angst, die sie hervorrufen kann.

Wichtig zu wissen ist, dass Panikattacken zwar überwältigend intensiv sein können, aber nicht die Gesundheit schädigen. Es handelt sich um eine körperliche Reaktion auf Stress, Gefahr oder sogar Aufregung. Falls du schon einmal eine Panikattacke hattest, hast du dich womöglich wie weggetreten und von der Welt abgeschnitten gefühlt und die Stimmen der Menschen klangen wie aus weiter Ferne.

> Obwohl sie sehr heftig sein können, sind Panikattacken nichts Gefährliches.

Oder du hattest das Gefühl, dass deine Umgebung ganz schnell auf dich zukam. Körper und Geist sind eng miteinander verbunden, was zu vielen seltsamen Empfindungen und Gefühlen führt.

Wenn du unter Panikattacken leidest, sind Atemübungen ein hervorragendes Hilfsmittel. Der Trick besteht darin, mit der gewählten Atemübung so vertraut zu werden, dass man sie automatisch ausführt.

Ich bin inzwischen richtig gut darin, die Atemübungen anzuwenden, sobald ich spüre, dass die Panik aufkommt. Früher habe ich erst damit angefangen, wenn die Panik schon da war, und dann ist es wesentlich schwieriger. Die Übungen helfen sehr gut. Dabei habe ich immer gedacht, es sei unmöglich, die Panik zu kontrollieren. SHEETAL

Wenn Angst in uns ausgelöst wird, sagt das Gehirn unserem Körper, dass wir bedroht werden. Unser sympathisches Nervensystem wird angesprochen und die Kampf-oder-Flucht-Reaktion setzt ein. Die körperlichen Auswirkungen dieser Stressreaktion lösen unter Umständen noch mehr Angst aus, und diese Angst verstärkt wiederum die Stressreaktion, die körperlichen Symptome befeuern die Angst – und schon sind wir in der Angstwelle gefangen, die uns immer wieder überrollt, und haben das Gefühl zu ersticken.

Falls du unter Panikattacken leidest, hast du sie alle bis heute überlebt. Ich hoffe, dass dir die bisherigen Kapitel einen guten Einblick in die Funktionsweise deiner Angst vermittelt haben, sodass du besser in der Lage bist zu erkennen, was deine Panikattacken auslöst.

Atmen für besseren Schlaf

Du hast ein Baby, deshalb ist deine Schlafqualität wahrscheinlich ohnehin nicht die allerbeste. Du musst nachts aufstehen, weil du füttern, Medizin gegen Schmerzen beim Zahnen verabreichen oder irgendeines der vielen anderen Dinge tun musst, die uns in den dunklen Stunden wach halten. Gerade deshalb sollte Angst nicht auch noch dazu beitragen, dass du am Morgen erschöpft bist.

Ängste können unseren Schlaf beeinträchtigen. Ich habe schon viele Stunden wach gelegen und Szenarien im Kopf durchgespielt, mir Sorgen gemacht und über jedes vernünftige Maß hinaus irgendetwas analysiert. So etwas aktiviert, wie wir wissen, unsere körperliche Stressreaktion, und wir geraten in einen Erregungszustand. Nicht auf die erotische Art, sondern auf die wachsame »Ich muss alles im Griff haben«-Art. Denke an den Höhlenmenschen: Wenn er weiß, dass er in Gefahr ist und ein Bär durch die Wälder streift, wird er nicht tief schlafen. Sein Körper ist darauf vorbereitet, seine Familie und seine Nahrungsquellen zu schützen.

Dieser Zustand der Erregung ist nicht förderlich für den Schlaf. Ganz im Gegenteil! Cortisol, das Stresshormon, sorgt dafür, dass du wach und aufmerksam bist, wenn du dich lieber ausruhen würdest. Anzeichen dafür, dass das der Fall ist, sind beispielsweise Ein- und Durchschlafschwierigkeiten oder zu frühes Erwachen am Morgen.

Atemübungen sind hervorragend dazu geeignet, die Schlafqualität zu verbessern, da sie den Parasympathikus aktivieren, der auch als Ruhenerv oder Erholungsnerv bezeichnet wird. Regelmäßig angewendet, können sie dazu beitragen, das koffeinähnliche Cortisol zu senken, das im Körper zirkuliert. Es hilft auch, die Atemübungen während des Tages auszuführen, sodass man schon beim Zubettgehen ein niedrigeres physiologisches Stressniveau hat.

Ich wende Atemübungen vor dem Schlafengehen an. Ich mache einen Bodyscan, bei dem ich jeweils einen Teil meines Körpers entspanne, er-

gänzt von meiner Atemübung. Auf diese Weise schlafe ich sehr schnell ein. Wenn meine kleine Tochter mich aufweckt, mache ich es noch einmal, vor allem wenn ich anschließend hellwach bin. FLORA

Atmen lernen

Mir hat Schwimmen sehr dabei geholfen, mich mental zu beruhigen und körperlich zu entspannen. Zunächst war mir nicht ganz klar warum, denn Schwimmen erfordert Aktivität. Dann erkannte ich, dass die rhythmische Atmung beim Kraulen genau den Übungen entspricht, die wir besprochen haben. Man atmet tief ein und während der nächsten Züge langsam und tief aus.

Yoga, Meditation und sämtliche Schwimmtechniken nutzen diese Art der bewussten Atmung. Daher sind sie schnell zu meinen Lieblingsmethoden geworden, um mich zu erden, wenn sich das Leben wie ein Wirbelwind anfühlt. Wenn du die Atemtechnik, die du geübt hast, in einem etwas anderen Kontext anwenden möchtest, findet du online viele Übungen dazu. Bitte vergewissere dich, dass die jeweiligen Übungen für dich in der postpartalen Phase geeignet sind.

Ich habe ein wenig Schwangerschaftsyoga gemacht, bin aber eigentlich nur hingegangen, um andere Mütter kennenzulernen. Dann fand ich es aber so hilfreich und entspannend, dass ich die Atmung während meines Kaiserschnitts angewendet habe. Ich versuche jetzt, jeden Tag fünf Minuten zu üben, bevor ich ins Bett gehe, weil ich mich dadurch besser fühle. SASHA

Tipp 2: Unerlässlich: Offenheit!

Ich persönlich halte es für unerlässlich, dass man Schwäche zeigen und offen über seine Probleme reden kann. Diese Fähigkeit gehört zur Grundausstattung deines Werkzeugkastens. Ich kann gar nicht genug betonen, wie wichtig es ist, seine Verwundbarkeit sich selbst und anderen gegenüber einzugestehen. Das erfordert Übung, doch es zu lernen, hat mein Leben verändert. Lass es mich dir erklären.

Du bist einfach nicht dafür geschaffen, diese Sache mit der Mutterschaft allein zu bewältigen. Weder mental noch körperlich. Glaube mir, ich habe jahrelang versucht, meine psychischen Probleme für mich zu behalten, aber das hat rein gar nichts gebracht, außer dass es anstrengend und auf die Dauer unhaltbar war. Ich bin mir sicher, dass du lange versucht hast, deine Sorgen aus eigener Kraft und mithilfe deiner eigenen Ressourcen »in den Griff zu bekommen«.

Schwäche zu zeigen, ist unerlässlich.

Schwäche hat einen schlechten Ruf, weil wir sie häufig mit mangelndem Durchhaltevermögen oder einer chaotischen Art assoziieren. Ich musste dabei immer an einen kleinen Vogel denken, der aus dem Nest gefallen ist und sich den Flügel gebrochen hat. Heutzutage denke ich bei Schwäche auch an Mut und Stärke. Schwach zu sein bedeutet, authentisch zu sein und sich einzugestehen, wer wir sind, woher wir kommen und wo wir uns auf unserem Weg befinden.

Ich fand es so schwierig, über all das zu sprechen, was mir Angst machte. Um ehrlich zu sein, habe ich es nie getan. Eines Tages habe ich mich dann doch einer Freundin gegenüber geöffnet; ich weiß nicht mal genau, warum. Ich befürchtete, dass sie mich für verrückt halten würde, aber sie war sehr verständnisvoll und hat mir auch ihre Gefühle mitgeteilt. Anschließend ging es mir wesentlich besser, einfach nur, weil ich wusste, dass jemand meine Gefühle kannte und verstand. JAS

Die Zugbrücke herunterlassen

Die höchsten Mauern zu den eigenen Gefühlen errichtet man, wenn man zuvor enttäuscht worden ist. Vielleicht hast du es riskiert, dich jemandem zu öffnen, von dem du hofftest, er würde dich verstehen oder unterstützen, hast aber nicht die Reaktion erfahren, die du dir erhofft hattest.

Enttäuscht oder missverstanden zu werden, dämpft unbestreitbar unser Selbstvertrauen und das Verlangen, erneut Unterstützung zu suchen. Mir persönlich fällt es jedenfalls schwer, mein Inneres zu offenbaren, wenn ich mich missverstanden fühle, nachdem ich etwas geäußert habe, das mir wichtig ist, sei es eine Meinung oder ein Gefühl. Das liegt daran, dass ich es persönlich nehme, als würde die betreffende Person meine Emotionen überhaupt nicht ernst nehmen. Dann muss ich mich daran erinnern, dass einfach nicht jeder meine Gefühle nachvollziehen kann.

Es kann passieren, dass andere als Reaktion auf deine Offenheit wenig hilfreiche Dinge sagen und tun, aber das ist wahrscheinlich eher auf mangelndes Verständnis oder unterschiedliche Lebenserfahrungen zurückzuführen, als dass es unmittelbar etwas mit dir zu tun hat.

Manchmal vermeiden wir es, uns anderen gegenüber verwundbar zu zeigen, weil wir früher schon einmal verletzt wurden oder weil das Eingeständnis unserer Schwäche auf irgendeine Weise missbraucht wurde. Daraus zieht man schon aus reinem Selbstschutz nur allzu leicht den Schluss, dass alle anderen Menschen ebenfalls so negativ reagieren werden.

Mein Expartner hat das, was ich ihm im Vertrauen erzählt hatte, manipuliert und es in Auseinandersetzungen gegen mich verwendet. Daraufhin hatte ich den starken Impuls, mich zu verschließen und nicht mehr offen mit anderen zu reden. ANONYM

Wir ertappen uns dann dabei, wie wir hohe emotionale Mauern und Barrieren errichten, um andere von uns fernzuhalten. Das Problem ist, dass wir uns zwar emotional geschützt fühlen, wir aber auch diejenigen fernhalten, die uns helfen könnten. Hinter der Mauer ist es sicher, aber man kann sich dort auch sehr einsam fühlen.

Verletzlichkeit zu zeigen ist ein Risiko. Als mir zum ersten Mal klar wurde, dass ich mich der Realität meiner postpartalen Ängste und Depressionen stellen musste, hatte ich Angst. Ich hatte Angst, dass die Leute mich für eine unfähige Mutter halten, mich als »verrückt« abstempeln oder mir mein Baby wegnehmen würden. Ich befürchtete, dass Freunde mich meiden würden. Ich wollte niemandem zur Last fallen. Ich hatte Angst, dass sich meine Familie Sorgen machen würde (heute erkenne ich die Ironie in dieser Aussage).

Und tatsächlich hat mich nicht jeder verstanden. Ich erinnere mich, dass eine Freundin verkündete: »Anna, du hast solches Glück! Konzentriere dich auf die Tatsache, dass du ein Baby hast; viele Leute können keines bekommen. Sei doch froh!« Sie meinte es sicher gut, aber mit ihrer Antwort verstärkte sie noch meine Schuld- und Schamgefühle. Obwohl sie eine wunderbare Freundin ist, musste ich feststellen, dass sie wahrscheinlich nicht die geeignete Person war, um mit ihr über diesen Teil meines Lebens zu reden. Die Versuchung war groß, mich zu verschließen und mit niemandem sonst zu sprechen, aus Angst, dass andere die gleiche Reaktion zeigen könnten. Aber ich habe mit jemand anderem gesprochen. Und dann mit noch jemandem. Und jetzt spreche ich mit euch. Und ich bin froh, dass ich es riskiert habe.

Manchmal antwortet dir jemand auf eine Art und Weise, die dir das Gefühl gibt, dass du voll und ganz verstanden wirst und dass deine Gefühle absolut berechtigt sind. Wenn wir den Eindruck haben, offen mit jemandem darüber sprechen zu können, wie wir uns fühlen, ermöglicht uns das den Zugang zu der Unterstützung und dem Mitgefühl, die wir brauchen. Darüber hinaus stärkt es unser Selbstvertrauen, wenn wir unsere Geschichte erzählen können.

Es gibt nichts Besseres, als sich verstanden zu fühlen. PRIYA

Ich hätte euch für verrückt erklärt, wenn ihr mir gesagt hättet, dass ich eines Tages einige meiner tiefsten und dunkelsten Gedanken aufschreiben würde, damit ihr sie lesen könnt. Ich hätte mich geschämt und Angst davor gehabt, was ihr denken könntet. Das kommt dabei heraus, wenn wir mit anderen teilen, was uns bewegt. Wir erkennen, dass unsere Empfindungen nicht irrelevant sind, nur weil sie nicht jeder versteht.

Ich habe meine Geschichte schon oft geteilt, wenn auch vielleicht nicht in der Tiefe, wie ich es hier getan habe. Aber ich habe auch Anteil am Innenleben vieler Frauen genommen, die mich als Therapeutin konsultiert haben. Ich weiß, dass wir nicht allein sind. Ich weiß, dass unsere dunkelsten Gedanken es nicht verdienen, in Scham gehüllt und verborgen zu bleiben. Schweigen hält uns in einer Sackgasse gefangen. Offenheit gegenüber den richtigen Menschen ermöglicht uns den Zugang zu Freiheit und Hoffnung.

Mit wem sollte ich reden?

Dein Unterstützungsnetzwerk muss nicht groß sein. Es wäre anstrengend, eine Vielzahl von Menschen auf dem Laufenden darüber zu halten, wie es dir geht. In einer idealen Welt wäre einer davon dein Partner, weil er dich theoretisch am besten kennt. Ein anderer könnte eine enge Freundin sein. Sprich mit jemandem, den du gut kennst, der dich in der Vergangenheit unterstützt hat, freundlich und herzlich war. Andere Ansprechpartner könnten Fachleute sein, die sich mit psychischen Erkrankungen auskennen, z. B. ein Hausarzt oder eine Therapeutin oder jemand, den du in einer Onlineselbsthilfegruppe kennengelernt hast. Ich habe unterschätzt, wie viel Kraft mir Onlineunterstützung geben konnte, bis ich eingeladen wurde, einer Facebookgruppe von Frauen beizutreten, die zur gleichen Zeit wie ich ihr Baby erwarteten. Diese Frauen waren von unschätzbarem Wert für meinen Weg zur Heilung meiner Psyche. Irgendwie fiel es mir leichter, meine Worte über den Messenger zu vermitteln, als sie im Gespräch auszudrücken.

Ich habe viele »Freunde«, aber nur etwa drei von ihnen kennen mich wirklich gut. Aber ich bin damit zufrieden. So ist es gut für mich. ALISON

Schritt für Schritt

Du musst nicht jedem alles erzählen. Du wirst es vielleicht nicht glauben, aber es ist tatsächlich ein großes Privileg, in dein Inneres hereingelassen zu werden. Denke daran, wie du dich fühlst, wenn eine Freundin dir etwas erzählt, von dem du weißt, dass es ihr sehr wichtig ist. Es fühlt sich oft wie eine Ehre und eine Verantwortung an, eingelassen zu werden, aber manchmal ist es schwer zu glauben, dass andere möglicherweise auch so über dich denken.

Du musst nicht jedem alles erzählen.

Öffne dich in kleinen Schritten denjenigen, von denen du das Gefühl hast, dass sie vertrauenswürdig sein könnten. Beobachte jedes Mal, was passiert, wenn du dieser Person einen winzigen Blick auf deine Schwäche erlaubst. Wenn es sich um die richtige Person handelt und sie unterstützend reagiert, wird das dein Selbstvertrauen stärken, dich weiter zu öffnen.

Wenn eine Freundin sich mir gegenüber öffnet, bin ich glücklich und gerührt, weil es bedeutet, dass sie mir vertraut. Sie riskiert es, mir Dinge zu erzählen, die nicht jeder andere weiß. BEC

Wissen, was man braucht

Es ist schön und gut, dich anderen zu öffnen, aber angenommen, du weißt gar nicht, was du von ihnen brauchst? Vielleicht einen Ratschlag? Oder Trost, eine Umarmung, ein offenes Ohr, etwas Fröhlichkeit oder praktische Unterstützung?

Was brauchst du?

In diesem Moment?

Was brauchst du von einer Freundin, von diesem Buch, von deinem Partner?

Weißt du das? Ist diese Frage für dich leicht zu beantworten?

Ich erinnere mich, wie mir eine freundliche Dozentin vor ein paar Jahren diese Fragen stellte. Sie war so aufrichtig! Sie wollte wirklich, dass ich überlegte, was ich brauche. Das brachte mich zum Weinen. Ich weinte, weil ich es nicht wusste.

Es war nicht so, dass ich nichts brauchte, ganz im Gegenteil. Ich hatte einfach nicht an meine Bedürfnisse gedacht, weil ich so sehr darauf konzentriert war, die Bedürfnisse anderer zu erfüllen und sie zu antizipieren. Daraus bezog ich mein Selbstwertgefühl, denn mein Selbstbewusstsein war zu diesem Zeitpunkt absolut unterentwickelt. Ich weinte, weil mir plötzlich klar wurde, dass ich keine Klarheit darüber hatte, was das verworrene Knäuel von unerfüllten, unausgesprochenen, ungehörten Bedürfnissen in meinem Bauch bedeutete.

Vielleicht bist du auch so sehr darauf konzentriert, die Bedürfnisse der Menschen in deiner Umgebung zu erfüllen und dich um ihre Gefühle zu kümmern, dass du deine eigenen nicht einmal beim Namen nennen kannst. Natürlich muss man das als Mutter in gewisser Weise. Man ist dafür da, das Wohlbefinden einer winzigen

Person zu garantieren. Andererseits heißt das noch lange nicht, dass wir unser eigenes ignorieren sollen. Nur weil du plötzlich für einen unermesslich kostbaren Menschen verantwortlich bist, bedeutet das nicht, dass du wertlos bist. Deine Bedürfnisse sind genauso wichtig. Okay, vielleicht können sie nicht immer erfüllt werden (eine Woche Schlaf, bitte!), und manchmal müssen sie warten (erst schreiendes Baby füttern, dann eigenen knurrenden Magen füllen), aber letztendlich verdienen sie es genauso sehr, anerkannt zu werden.

Ich habe angefangen, richtig zu Mittag zu essen, weil mir klar wurde, dass ich das Baby mit gutem Essen fütterte und selbst nur nebenbei genascht habe. Ich wollte, dass meine Tochter sieht, dass ich auch gute Mahlzeiten zu mir nehme, damit sie, wenn sie älter ist, weiß, dass das wichtig ist. FEDERICA

Angst, Gefühl, Bedürfnis

Angst kann ein übergreifendes Gefühl für andere Emotionen sein, die uns nicht ganz klar sind oder die wir nicht richtig spüren.

Stelle dir die Angst wie ein Prisma vor. Ein Lichtstrahl dringt auf einer Seite ein, bricht sich dann und wirft einen Regenbogen von Farben auf die Wand. Angst ist wie das einfache weiße Licht. Es ist ein diffuses Gefühl, dabei versucht es, uns etwas klarzumachen. Es versucht, unterdrückte, ignorierte und unausgesprochene Sorgen, Gefühle und Bedürfnisse auszudrücken. Wenn wir uns dieser Gefühle also durch Selbstfürsorge und Verletzlichkeit bewusst werden wollen, ist es sinnvoll, zu lernen, sie präziser wahrzunehmen.

Wie fühle ich mich?

Diese Frage ist am Anfang nicht immer leicht zu beantworten. Probiere einige Gefühle wie Kleidungsstücke an. Gib ihnen Namen und schau, ob sie passen. Bin ich hungrig, einsam, frustriert, müde, durchgefroren, durstig, traurig, verletzt, wütend?

Was brauche ich?

Brauchst du irgendetwas als Reaktion auf das Gefühl, das du benannt hast? Vielleicht brauchst du Beruhigung, Essen, Ruhe, ein gutes Gespräch oder du müsstest zu irgendetwas »Nein« sagen. Es wäre toll, wenn du in irgendeiner Weise darauf reagieren könntest, auch wenn du es nur zur Kenntnis nimmst.

Und wenn du Angst hast, frage dich:

Wovor habe ich Angst?

Kannst du erkennen, was der Auslöser ist? Welche Technik könntest du einsetzen, um dich wieder zu verankern und zu erden?

Vielleicht müsstest du dich rausziehen, einen Moment lang durchatmen oder eine Freundin anrufen, um eine beruhigende Stimme zu hören.

Je mehr wir diese Dinge tief in unserem Inneren unterdrücken, desto mehr emotionalen und physiologischen Stress empfinden wir. Und desto wahrscheinlicher ist es, dass diese Gefühle verschoben werden und als etwas anderes auftauchen. So kann beispielsweise Trauer in Angst um die Gesundheit oder zwanghaftes Verhalten zur Vermeidung des Themas Tod umschlagen. Kennst du das, wenn du dich über irgendetwas aufregst oder ärgerst, am Ende aber wegen etwas anderem, das nichts mit dem eigentlichen Problem zu tun hat, weinst oder die Fassung verlierst? Das ist eine Verschiebung.

Ich möchte, dass du mindestens zweimal am Tag in dich hineinhörst. Lass dich vom Handy daran erinnern oder schreib es dir mit Eyeliner auf den Spiegel.

Was fühle ich gerade? Brauche ich etwas? Je genauer du diese Fragen beantworten kannst, desto besser lernst du dich selbst kennen. Vielleicht entdeckst du allmählich Muster oder kannst Auslöser identifizieren. Erkenntnis ist so unglaublich wichtig, da sie es uns erlaubt, dem nächsten Mal zuvorzukommen, uns vorzubereiten und auszurüsten. Ein großer Teil der Auswirkungen von Angst basiert auf dem Gefühl der Hilflosigkeit, als ob etwas mit uns geschehen würde. Doch letztlich haben wir mehr Kontrolle, als uns bewusst ist. Zu verstehen, was sich hinter unseren Angstgefühlen verbirgt, ist äußerst hilfreich.

Ich denke so gut wie nie darüber nach, worüber ich mir Sorgen mache oder was ich fühle, das alles kommt einfach so heraus, wenn ich im Bett liege und innehalte. SALLY

Tipp 3: Ändere deine Denkgewohnheiten

Wir schauen uns jetzt häufige Denkmuster an, die im Kopf viel kostbaren Platz beanspruchen. Das ermöglicht dir blitzschnellen Kontakt zu dir selbst inmitten einer Angstspirale. Du bekommst Techniken an die Hand, die dir helfen, wenn du dich dabei ertappst, wie du dich auf das konzentrierst, was schiefgehen könnte, wie du zu viel nachdenkst oder in Vermeidungsverhalten verfällst.

Nimm eine dankbare Haltung ein

Bevor ich über Dankbarkeit spreche, möchte ich vorausschicken, dass wir viele Dinge gleichzeitig fühlen können. Glück und Kummer. Verwirrung und Klarheit. Dankbarkeit ist kein Appell, ständig glücklich zu sein und immer auf die helle Seite des Lebens zu schauen (singst du jetzt auch »Always look on the bright side of life«?). Sie kann jedoch ein sehr nützliches Werkzeug sein, um deine Gedanken von der Angst aufgrund dessen, was schiefgehen könnte, auf das zu verlagern, was richtig gelaufen ist und was gut ist.

> Dankbarkeit verlagert den Blick von dem, was schiefgehen könnte, auf das, was gut gelaufen ist.

Dankbarkeit bringt uns ins Gleichgewicht, wenn wir ins Negative gekippt sind. Sie kann uns an das Licht erinnern, wenn wir auf die dunklen Grautöne gestarrt haben. Es gibt zwei einfache Übungen, die ich regelmäßig anwende, um meine Denkweise gründlich zu überholen, wenn ich in eine Flaute, einen Trott oder eine Spirale geraten bin. Sie können mich von Grund auf verwandeln, meine Gedanken komplett umkrempeln und meine Laune heben.

1. Gestalte das Alltägliche neu

Wenn du das Gefühl hast, dich im Alltagstrott, im Abarbeiten von To-do-Listen, in den Sorgen und Frustrationen festgefahren zu haben, verwandle das »Ich muss« in »Ich darf«.

Aus »Ich muss drei Maschinen Wäsche waschen« wird … »Ich darf drei Maschinen Wäsche waschen«.

Aus einer lästigen Pflicht wird ein Privileg. Ich besitze eine Waschmaschine. Was für ein unglaubliches Glück! Ich habe eine Familie. Meine Kinder haben Kleidung zum Anziehen. Ich habe keinen Anspruch auf irgendetwas von alledem. Ich habe so großes Glück! Wenn ich diese Technik angewandt habe, habe ich oft dabei innegehalten, Kleidung in Maschinen und Körbe zu packen und zu stopfen, und angefangen zu weinen, weil ich die Kleidungsstücke sah, die meine Kinder tragen; meine Kinder, ihre Kleidung, unser Privileg.

Ich mache das oft so. Ich darf die Kinder in den Kindergarten bringen. Ich darf sie in unserem Auto über gewundene Landstraßen fahren, von unserem Haus zu einem Kindergarten und einer

Schule, wo sie unterrichtet werden. Ich darf sehen, wie sie mit ihren kurzen Beinen laufen. Ich darf ihre Hände halten. Ich darf auf dem Heimweg zum Supermarkt fahren, um Lebensmittel für unser Abendessen zu kaufen.

Hier geht es nicht darum, die berechtigten und natürlichen Gefühle beiseitezuschieben, die mit dem Leben im Familienchaos und als Mutter einhergehen. Das Ganze ist natürlich manchmal ermüdend, unerbittlich und zum Heulen. Das ist in Ordnung! Aber es verleiht einem ein gutes Gefühl, die eigene Lebenssituation einmal voller Dankbarkeit zu betrachten. Ich finde, dass es mich wirklich verankert und erdet, und ich hoffe, dass es dir genauso geht.

2. Schreibe eine Dankbarkeitsliste

Liste jeden Tag Dinge auf, für die du dankbar bist. Es spielt keine Rolle, ob du dies im Geiste vor dem Schlafengehen, auf der Rückseite einer Serviette oder in einem Tagebuch tust. Notiere fünf Dinge, für die du dankbar bist, von bedeutsamen bis hin zu scheinbar unbedeutenden.

Eine tolle Herausforderung ist es, eine Liste mit hundert Dingen zu schreiben, für die du dankbar bist! Das ist einfacher, als es klingt, wenn du erst einmal in Fahrt gekommen bist. Du fängst mit großen Dingen an, wie der Familie oder deinem Baby. Und dann, wenn du weitermachst, bist du am Ende wirklich dankbar für die kleinen Dinge, die eigentlich gar nicht so klein sind. Die Tatsache, dass man auf einem Stuhl sitzt, die Tatsache, dass man schreiben kann, dass man sehen kann und dass man laufen kann, um einen Stift zu suchen in einem Haus, das einen warm hält.

Wenn wir in einem Strudel von Angst oder Negativität gefangen sind, sehen wir manchmal den Wald vor lauter Bäumen nicht. Dankbarkeit hilft, unsere Aufmerksamkeit und unseren Fokus auf die Diamanten zu lenken, die sich inmitten des trüben, wässrigen Sandes finden lassen.

Ehrlich, aktive Dankbarkeit kann meinen Tag und meine Stimmung vollkommen umkrempeln. Ich wünschte, ich hätte das früher gewusst. Es hat mich in eine Frau verwandelt, deren Glas halb voll ist. ELLA

Bremse dein Grübeln

Grübeln wird oft durch einen winzigen angstbasierten Gedanken oder ein Gefühl ausgelöst, von dem wir nicht einmal wissen, dass es da war. Wenn wir diesen Gedanken aufgreifen und ins übermäßige Grübeln verfallen, ist das so, als würden wir langsam Brennstoff auf eine flackernde Glut gießen. In kürzester Zeit hat sich der Funke in ein brüllendes, verzehrendes Feuer verwandelt. Und dann wundern wir uns – eben waren wir doch noch ganz ruhig, warum zermartern wir uns jetzt so das Hirn?

Mir kommt ein Gedanke, und dann wächst er und wächst, bis ich das Gefühl habe, dass etwas Bestimmtes ganz sicher passieren wird. Es ist beängstigend, wie schnell Gedanken meine ganze Sichtweise verändern können. MAKAYLA

Es kann sich so anfühlen, als hätte man keine Kontrolle über diese Gedankenspirale. Es ist wie die Achterbahn, die den höchsten Punkt überwunden hat und unaufhaltsam an Geschwindigkeit gewinnt, während sie die Spur hinunterrast. Doch du hast mehr Kontrolle, als dein Verstand dir weismachen will. Du bist deinen Gedanken nicht gnadenlos ausgeliefert. Übermäßiges Denken ist eine Gewohnheit, eine Art, mit Angstgedanken umzugehen, die zu einer Lebensweise geworden ist. Glücklicherweise können wir unsere Gewohnheiten ändern. Es braucht Zeit, die mentalen Muskeln zu stärken, die die Gedankenspirale stoppen, aber es ist machbar. Vergiss dabei nicht, dass du anfälliger dafür bist, in Spiralen zu geraten, wenn deine Energie oder deine Ressourcen in irgendeiner Weise erschöpft sind.

Hier sind drei Techniken, die du vielleicht ausprobieren möchtest.

1. Schreibe deine Gedanken auf. Manchmal kann es Klarheit und Perspektive bringen, die Dinge schwarz auf weiß und außerhalb des eigenen Verstandes zu sehen. Möglicherweise kannst du dadurch manches leichter rationalisieren.
2. Wenn du bemerkst, dass du in eine Spirale des übermäßigen Denkens gerätst, frage dich, was die Fakten sind. Das kann sehr erdend sein und deinen zerstreuten, kreativen Geist wieder in die Spur bringen.
   Ein Beispiel: Die Großeltern haben für ein paar Stunden dein Baby abgeholt. Anstatt wie vorgesehen einige Aufgaben zu erledigen und sich dann zu entspannen, hast du dich in einen Strudel von Sorgen verstrickt und kannst dich nicht konzentrieren. Was ist, wenn etwas passiert? Was, wenn sie ihr eine ungeschnittene Weintraube geben und sie sich verschluckt? Was ist, wenn sie vergessen, den Autositz richtig anzuschnallen und sie einen Unfall bauen? (Ich habe all diese Dinge gedacht.) Na schön. Schauen wir uns die Fakten an. Die Großeltern haben bisher immer gut auf sie aufgepasst.
   Sie erhält viel mehr Aufmerksamkeit, als wenn sie zu Hause wäre, während du arbeiten musst. Sie lieben sie auch und wollen, dass sie sicher und glücklich ist. Du hast ihnen gezeigt, wie man den Autositz anschnallt, und du könntest ihnen eine kurze Erinnerung schicken, damit sie die Trauben für das Picknick halbieren, weil du vergessen hast, es ausdrücklich zu sagen. Sie werden bald zurück sein. Beim letzten Mal ist nichts Schlimmes passiert.
   Unser Gehirn füllt gerne die Lücken aus. Und wenn wir verängstigt sind, spiegelt das, womit unser Gehirn die Lücken füllt, unsere Angst wider. Bleibe auf dem Boden der Tatsachen. Wende die Atemübungen an, die du gelernt hast, um die Angstreaktion deines Körpers zu vermindern.

3. Sobald du bemerkst, dass dein Verstand wie ein führerloser Zug losrast, sage laut oder in Gedanken: »STOPP!« Suche dann nach einer Möglichkeit, deine Gedanken mit etwas anderem zu füllen. Vielleicht zählst du in Dreierschritten von 100 an rückwärts oder sagst das Einmaleins auf. Oder du singst dein Lieblingslied. Ich verwende oft Mathe als Ablenkungstechnik, weil ich darin nicht so gut bin und es daher Konzentration und Anstrengung erfordert. Wenn wir angestrengt sind und uns auf etwas konzentrieren, können unsere Gedanken nicht in Spiralen davonwirbeln. Wir haben nicht die Fähigkeit, gleichzeitig mathematische Berechnungen durchzuführen und dem Sturm kreativer, angstbasierter Szenarien zu folgen.

Je öfter du diese Techniken anwendest, desto automatischer laufen sie ab.

Werde dein eigener Coach

Wir haben schon eine ganze Menge über den inneren Dialog gesprochen (mehr dazu im 9. Kapitel), und du bist hoffentlich zunehmend sicherer darin geworden, ihn zu optimieren und zu hinterfragen. Jetzt möchte ich, dass du darüber nachdenkst, wie du diesen inneren Dialog nutzen könntest, um dich durch Angstmomente zu coachen.

Stelle dir eine wunderbare, unterstützende Person vor, die zugleich durchsetzungsfähig ist, aber auf eine liebevolle Art und Weise. Sie ist freundlich, empathisch und erfahren. Vielleicht denkst du gerade jetzt an eine bestimmte Person, jemanden, den du tatsächlich kennst. Benutze ihre Stimme und behalte sie im Hinterkopf, wenn du dich selbst coachst. Stell dir vor, was sie sagen würde und wie sie dich leiten würde, wenn sie wüsste, was in deinem Kopf vor sich geht. Es ist auch effektiv, sich eine imaginäre Person herbeizuzaubern, oder vielleicht stellst du dir auch vor, was ich zu dir sagen würde. Völlig egal. Wichtig ist, dass du dir im Geiste jemanden vorstellen kannst, der eine von deinen Gedanken getrennte Entität darstellt.

Verwende diese Stimme, um dich durch ängstliche Momente begleiten zu lassen. Vielleicht gehst du mit deinem Baby zu einer Impfung und deine Gedanken drehen sich um Impfreaktionen und darum, dass es deinem Baby hinterher schlecht gehen könnte. Dein innerer Coach könnte etwas sagen wie: »Es ist okay. Ich bin ja da. Ich weiß, dass es schwer ist, aber du tust das, was du für das Beste hältst. Atme tief durch und dein Kind wird fühlen, wie du dich entspannst. Für Babys ist das Impfen nichts Schlimmes, und alle müssen da durch. In ein paar Minuten wird es sich gar nicht mehr an den Piks mit der Nadel erinnern. Fall es irgendwelche Impfreaktionen gibt, die dich beunruhigen, kannst du in der Praxis anrufen und dich beraten lassen. Alle wollen, dass ihr euch beide sicher fühlt. Du schaffst das.«

Ich spreche mir selbst Mut zu, wenn ich ins Wanken gerate. Ich stelle mir vor, was meine beste Freundin zu mir sagen würde, wenn sie da wäre. Das tut so gut! MARY

Wie bei allen neuen Gewohnheiten, die man sich aneignet, sollte man gut zu sich sein und Geduld haben. Anfangs klappt es vielleicht nur ansatzweise, aber je mehr man die Techniken einsetzt, desto effektiver werden sie einem helfen.

Stelle sicher, dass dein innerer Coach empathisch, freundlich und entschieden ist, nicht aber streng und gereizt. So frustriert du auch wegen deiner Ängste bist: Eine strenge oder tyrannische Reaktion wird sie nicht lindern, sondern nur weiter nähren.

Gehe dein Vermeidungsverhalten an

Eine Möglichkeit, mit unseren belastenden Gedankenmustern umzugehen, besteht darin, die Auslöser zu vermeiden. Es liegt in der menschlichen Natur, das umgehen zu wollen, was uns Angst, Stress oder Kummer bereitet. Wenn unser Verstand und unser Körper gelernt haben, dass etwas Bestimmtes Angst auslösend ist, wirkt dies wahrscheinlicher als Trigger für die Kampf-oder-Flucht-Reaktion des sympathischen Nervensystems.

Größere Probleme entstehen dann, wenn unsere Ängste durch alltägliche Ereignisse wie das Abstillen unseres Babys oder soziale Kontakte ausgelöst werden. Sobald wir dazu verleitet werden, etwas zu vermeiden, was an und für sich nicht gefährlich ist, bedeutet dies Einschränkungen für unser alltägliches Leben. Schlimmstenfalls vermeiden wir am Ende etwas, was unser Leben bereichern könnte, wenn wir uns immer wieder aus der Situation zurückziehen oder sie ganz umgehen, sobald wir spüren, dass die Angst in uns aufsteigt.

Wenn wir uns aus einer Situation herausziehen, sobald Angst aufkeimt, wird sie beim nächsten Mal, wenn wir mit dem Auslöser konfrontiert werden, nur noch stärker werden. Ich spreche von Situationen, die wir aus irgendeinem Grund als bedrohlich empfinden, obwohl sie es gar nicht sind. Doch es gibt eine Technik, die ich oft anwende, wenn meine Angst ausgelöst wird und ich in Versuchung gerate, eine volle Spielgruppe mit vielen unbekannten Personen zu verlassen oder eine Einladung abzulehnen, weil ich nicht über die Autobahn fahren will.

Wenn wir einen Weg finden, auf der Welle der Angst zu reiten, während wir in der auslösenden Situation bleiben, senden wir damit eine neue Botschaft an unser Nervensystem. Sie lautet, dass wir es schaffen können; wir können die Situation aushalten und lebendig und stolz daraus hervorgehen. Deine Angst macht dich möglicherweise glauben, dass die physischen und psychischen Symptome immer stärker werden, bis zur Besinnungslosigkeit. Doch das ist schon rein physiologisch unmöglich.

Es kann sich so anfühlen, als würden deine Angstgedanken und -gefühle unaufhörlich zunehmen. Doch sie gleichen eher einer Welle oder einer Wehe, die einen Höhepunkt erreicht und dann wieder abebbt. Wir bauen die Angst triggernden Assoziationen ab, indem wir uns mit den richtigen Techniken bewaffnen, die es uns ermöglichen, diese Welle zu reiten, ohne vom Surfbrett zu springen und in das Rettungsboot zu steigen. Wenn du von der stürmischen Welle an den Strand gleitest, bist du unheimlich stolz auf dich. Du kannst also doch auf dieser Welle surfen!

Wenn du dir deine Angst auf einem Graphen ansehen könntest, während du in der auslösenden Situation verharrst – auch ohne jegliche Intervention oder Atemübungen –, könntest du beobachten, wie die Kurve bis zu einem Scheitelpunkt ansteigt. Dieser könnte eine ausgewachsene Panikattacke symbolisieren. Doch anschließend wird die Kurve abfallen, da sich deine schlimmsten Befürchtungen nicht bewahrheiten und dein Verstand erkennt, dass du nicht in so großer Gefahr schwebst, wie er geglaubt hatte.

Ich hasse Spinnen aus tiefster Seele. Ich gerate in Panik, sobald ich eine sehe, und alles in mir will nur noch wegrennen. Einmal musste der Postbote reinkommen und eine entfernen. Normalerweise schmeißt mein Mann sie raus, wenn er da ist, aber neulich saß ein riesiges Exemplar in der Küche, als er bei der Arbeit war, und ich musste den Kindern Frühstück machen.

Obwohl die Versuchung groß war, die Tür zu schließen, das Haus niederzubrennen und die Kinder ohne Essen in den Kindergarten und die Schule zu bringen, musste ich handeln. Mit zitternden Händen holte ich den Staubsauger, täuschte Selbstvertrauen vor. (Ich will nicht, dass die Kinder Angst vor den Viechern haben – ich will, dass sie sie in Zukunft für mich entfernen können. Ha ha!) Es tut mir jetzt leid für alle Tierfreundinnen, aber ich habe die Spinne aufgesaugt und den Staubsauger ganz ruhig in die Garage gestellt (ähem, geworfen), nur für den Fall, dass sie wieder rausgekrabbelt wäre.

Nachdem sich mein rasender Herzschlag wieder beruhigt und ich meine verschwitzten Handflächen an meinem Pyjama abgewischt hatte, war ich unheimlich stolz auf mich. Ich hatte keine andere Wahl gehabt, als auf der Welle der Angst zu reiten, aber während sie abflaute, wuchs mein Selbstvertrauen. Kurz darauf hatte ich eine weitere Spinnenbegegnung, als eine lässig über den Teppich schlenderte, während ich fernsah. Mein Mann war nicht da. Ich spürte den vertrauten Anflug von Angst, aber ich wusste, dass ich damit umgehen konnte, weil ich es schon einmal geschafft hatte. Tatsache. Ich machte einen großen Bogen um das Tier und griff nach meinem treuen Staubsauger. Jedes Mal, wenn ich das tue, wächst mein Selbstvertrauen, meine Angst steigt nicht mehr so stark an und mein Herzschlag beruhigt sich schneller. Es funktioniert!

Stelle dich kleinen, mundgerechten Herausforderungen. Wenn du das Gefühl hast, dass deine Angst in dir aufsteigt, wende deine Techniken an, schau auf die Uhr und versuche noch ein paar Minuten durchzuhalten. Und feiere jedes Mal deine Siege, egal wie klein sie sind, und nutze sie, um dich selbst zu ermutigen, wenn du das nächste Mal mit dem Auslöser deiner Angst konfrontiert wirst. Es wartet so viel Schöneres auf dich als ein von Angst bestimmtes Leben! Unter Umständen kann es auch hilfreich sein, eine Freundin, ein Familienmitglied oder eine Therapeutin um Unterstützung zu bitten, um nicht den Halt zu verlieren, während man sich auf dem Höhepunkt der Angst befindet, so lange, bis sie wieder abebbt.

Ich war wegen meiner Höhenangst in Therapie, weil ich befürchtete, sie auf meinen Sohn zu übertragen. Man regte mich dazu an, mich selbst herauszufordern, indem ich mich verschiedenen Höhen aussetzte. Was wirklich geholfen hat, war, oben zu bleiben, bis ich mich beruhigte. Ich habe immer noch Angst, aber jetzt achte ich einfach auf meine Atmung und bin sehr stolz auf mich. MEGAN

Tipp 4: Gemischte Erdungsübungen

Vielleicht möchtest du diese Seite mit einem Eselsohr markieren, denn hier findest du nützliche Tipps, die du bei Bedarf nachschlagen kannst. Hier werden Erdungsübungen angeboten wie in einem Süßwarenladen – such dir die raus, die dir schmecken, und pack sie in eine Tüte. Probiere eine aus, schau, ob sie dir gefällt, ob sie für dich funktioniert. Wenn nicht, probiere eine andere. Wenn du dich erst einmal daran gewöhnt hast, wirst du vielleicht sogar neue Übungen erfinden, die noch besser zu dir passen.

Erdungsübungen sind wie Magnete für den Verstand. Sie ziehen all die verstreuten Gedanken zurück, die umherschwirren und dafür sorgen, dass sich dein Kopf dreht und dein Herz rast. Sie bringen dich zurück ins Hier und Jetzt, wo du festen Boden unter den Füßen hast. Sie ermöglichen es dir, schneller auf deinen rationalen Verstand zuzugreifen, um die harten Fakten über die kreativen Möglichkeiten zu stellen.

Denke daran, dass du nicht gleichzeitig voll präsent und engagiert im Hier und Jetzt sein kannst, während du gleichzeitig hundert Angst auslösende Szenarien durchspielst. Dein Gehirn hat nicht genügend Kapazität für beides.

Hier kommt die Auswahl. Wir haben alle einen unterschiedlichen Geschmack, je nach unserer Denkweise und der Art, wie wir etwas verarbeiten, aber es sollte für jede etwas dabei sein.

Tricks zur Ablenkung

- Fünf-vier-drei-zwei-eins. Nenne fünf Dinge, die du von deinem Standort aus sehen kannst, vier, die du berühren kannst, drei, die du hören kannst, zwei, die du riechen kannst, und eines, das du schmecken kannst.
- Schau dich um und suche nach Dingen, die mit jedem Buchstaben des Alphabets beginnen.

- Versuche mathematische Summen zu bilden oder zähle in Dreierschritten von hundert rückwärts.
- Versuche das Alphabet rückwärts aufzusagen.
- Lies ein paar Seiten in einem Buch, höre eines deiner Lieblingslieder oder spiele ein kurzes Spiel auf deinem Handy, das Konzentration oder Logik erfordert.

Erde dich physisch

- Zähle beim Einatmen bis vier und beim Ausatmen bis acht.
- Setze die Füße flach auf den Boden und stell dir Baumwurzeln vor, die in die Erde reichen. Reibe deine Handflächen aneinander und spüre, wie sie sich erwärmen.
- Benetze Handgelenke, Hals oder Gesicht mit kühlem Wasser. Nimm wahr, wie sich das anfühlt, und beschreibe die Empfindungen.
- Mach dir ein heißes Getränk. Konzentriere dich dabei auf alle Geräusche, Empfindungen, Gerüche und Handlungen.

Wenn ich ins Grübeln gerate, lenke ich mich ab, indem ich die Geburtsdaten meiner Familie zusammenzähle. Es klingt albern, aber es hält mich tatsächlich vom Grübeln ab. SHAZ

Begib dich an deinen sicheren Ort

Kinder trösten sich oft mit einem Schnuller, einer Decke oder einem Kuscheltier, wenn sie ängstlich oder unsicher sind. Solche tröstlichen Gegenstände kann man sich auch als Erwachsene schaffen. Gibt es etwas in deinem Leben, das in dir ein Gefühl von Trost oder Sicherheit hervorruft? Es könnte ein Gegenstand sein, wie z. B. ein glatter Stein, den du in einem schönen Urlaub am Strand gefunden hast, oder vielleicht hast du ein Schmuckstück, das du mit jemandem assoziierst, der dir Trost spendet. Es kann hilfreich sein, diesen Gegenstand in der Nähe zu haben, damit du ihn berühren oder halten kannst, wenn du ihn brauchst.

Alternativ kannst du eine Erinnerung an einen Ort nutzen, an dem du dich ruhig und sicher gefühlt hast. Stelle dir diesen Ort vor und rufe dir die Farben, Geräusche und Gerüche ins Gedächtnis. Wenn deine Gedanken abschweifen und in Richtung Angst wandern, holst du sie an diesen sicheren und angenehmen Ort zurück.

Ich habe früher im Wald hinter dem Haus an einem kleinen Bach gespielt. Einige meiner glücklichsten Erinnerungen hängen damit zusammen. Wenn ich gestresst bin, stelle ich mir vor, wieder dort zu sein – im Sonnenschein, als ich glücklich war. AIMEE

Tipp 5: Hilfreiche Veränderungen des Lebensstils

Oft sind meine Klient*innen überrascht, wenn ich ihnen Fragen zu ihrem Lebensstil stelle. Sie sind zu mir gekommen, um über ihre Psyche zu sprechen, daher erscheinen ihnen manche meiner Fragen vielleicht zunächst etwas irrelevant.

Dabei ist es sehr wichtig, deinen Lebensstil unter die Lupe zu nehmen, wenn es um deine psychischen Probleme geht. Die wirksamsten Veränderungen erreicht man nämlich, wenn man etwas ganzheitlich und aus verschiedenen Blickwinkeln betrachtet. Es erscheint naheliegend, sich auf die Gedankenwelt zu konzentrieren, und doch kann die Art, wie wir leben, unsere Angstsymptome verstärken oder reduzieren.

Ernährung

Die Ernährung hat einen starken Einfluss auf unsere mentale Gesundheit und unsere Emotionen. Daher beeinflussen im Umkehrschluss unsere Emotionen häufig unsere Essgewohnheiten. Überlege, wie sich deine Ernährung unterscheidet, je nachdem, ob du glücklich, niedergeschlagen, von Hormonen gebeutelt, müde, gesund, selbstbewusst oder frustriert bist. Es ist sinnvoll, sich das bewusst zu machen, denn dadurch hast du die Möglichkeit, nicht unüberlegt deine Gefühle zu verschlimmern, indem du das Falsche zu dir nimmst.

Wenn ich müde bin oder es mir nicht gut geht, tendiere ich zum Zuckerkonsum, zu schnellen Lösungen, die mich körperlich aufpeppen. Ich will den Energieschub und den befriedigenden Schuss des Genusshormons Dopamin, der mit zuckerhaltigem Essen einhergeht. Für eine Weile fühlt sich alles besser an.

Doch nach dem Zucker-High kommt der Zucker-Crash, und der ist nicht so schön. Es ist ein depressiver Absturz, bei dem man sich zittrig, müde, niedergeschlagen und reizbar fühlen kann. Ich bin dann genauso niedergeschlagen wie vorher, wenn nicht sogar noch mehr, weil ich mich jetzt nicht nur geistig, sondern auch körperlich ausgelaugt fühle. Daraufhin gerate ich in Versuchung, die Schränke nach meinem nächsten temporären Schuss zu durchforsten.

Wenn du diesen Kreislauf kennst, entscheide dich in einer solchen Situation für ausgewogene Mahlzeiten, die Proteine, Fette und komplexe Kohlenhydrate enthalten. Es mag das Letzte sein, woran du denkst, wenn du in den Schrank greifst, aber frage dich, ob du dich besser oder schlechter fühlen willst. Deine Geschmacksknospen interessieren sich nicht für deinen mentalen Zustand. Meine Kinder würden sich ausschließlich von Süßigkeiten ernähren, aber ich kümmere mich besser um ihren Körper als sie selbst. Ich muss für sie erwachsene Entscheidungen treffen. Manchmal brauchen wir diesen inneren Coach, der einspringt.

Ich will hier keine speziellen Ernährungsempfehlungen geben, da ich dazu nicht qualifiziert bin, aber bitte sprich mit einer Ärztin oder einem Ernährungsberater oder recherchiere, welche Änderungen deiner Essgewohnheiten deinen Blutzuckerspiegel stabilisieren könnten.

Ich empfinde Kaffee als wärmend, beruhigend und belebend. Ich spüre, wie sich meine Herzfrequenz erhöht. Ich fühle mich wacher und konzentrierter. Meine Müdigkeit wird vorübergehend überspielt. Trotzdem solltest du auch auf deinen Koffeinkonsum achten. Ich weiß, ich bin eine Spaßbremse, aber wenn du zu Angstzuständen neigst, solltest du wissen, dass Koffein das Nervensystem stimuliert und die Ausschüttung von Adrenalin auslöst – demselben Hormon, das hinter der Kampf-oder-Flucht-Reaktion steht, die du bei Angstzuständen erlebst.

Achte darauf, wie du dich fühlst, wenn du Koffein zu dir genommen hast. Überlege, ob du hinterher oder an Tagen, an denen du mehr Koffein als sonst zu dir genommen hast, eine Zunahme von Angstgedanken oder -gefühlen feststellst. Die körperlichen Auswirkungen des Koffeinkonsums können Angstgedanken triggern, ebenso wie Angstgedanken entsprechende Körpergefühle auslösen können. Wenn du einen Zusammenhang feststellst, solltest du deinen Koffeinkonsum reduzieren oder stoppen.

Wenn du dich dazu entschließt, deinen Koffeinkonsum zu reduzieren, versuche ihn langsam zu verringern, anstatt einen kalten Entzug zu machen, um plötzliche Entzugskopfschmerzen und andere Beschwerden zu vermindern. (Ich habe es auf die harte Tour gelernt. Ich dachte, ich hätte eine Grippe.) Wenn es die Wärme oder die Zeremonie der Zubereitung eines heißen Getränks sind, die für dich wichtig sind, versuche, eine oder zwei Tassen Kaffee durch Kräutertee zu ersetzen.

Ich trinke jetzt nur noch eine Tasse Schwarztee pro Tag. Ich habe meinen Konsum reduziert, als ich schwanger war, und dadurch hatte ich weniger Beklemmungen. Dieses zittrige Gefühl hat sich gelegt. FRANKIE

Eine höhere Macht

Viele Menschen finden, dass sich die Beschäftigung mit einer »höheren Macht« positiv auf ihre psychische Gesundheit auswirkt. Der Glaube an etwas, das größer ist als wir selbst und außerhalb von uns liegt, kann eine Quelle der Stärke sein.

Im Laufe der Jahre, in denen ich mit Suchtkranken gearbeitet habe, haben viele meiner Klienten an Zwölf-Schritte-Programmen wie denen der Anonymen Alkoholiker oder der Narcotics Anonymous teilgenommen. Häufig berichteten sie, dass eine höhere Macht ein sehr wichtiger Faktor für ihre Genesung gewesen sei. Wer ihre höhere Macht ist, spielt keine so große Rolle; es geht eher um das Gefühl der Gemeinschaft, der Stärke, des Friedens und der Sinnhaftigkeit, das sie daraus ableiten. Sich in Glaubensgemeinschaften zu engagieren, zu meditieren, zu beten oder positive Rituale auszuführen, kann einen ganzheitlichen Ansatz zur Bewältigung von Angstzuständen und psychischen Problemen bieten.

Wenn Spiritualität oder Religion für dich wichtig sind, solltest du nach Möglichkeiten suchen, sie in deinen Weg zur Bewältigung deiner Ängste zu integrieren. Wenn dies in der Vergangenheit einen positiven Einfluss auf dein Leben hatte, solltest du vielleicht darüber nachdenken, dich wieder damit zu beschäftigen.

Ich bete jeden Tag und noch mehr, wenn ich Probleme habe. Es tut mir gut zu wissen, dass ich beten kann, wann immer ich will. Ich habe das Gefühl, dass Gott mir zuhört und mir Kraft gibt. ANONYM

Sport

Schalte bitte noch nicht ab! Ich weiß, du bist müde, und der Alltag kann ein Kampf sein. Aber ich verspreche, dir nur vernünftige und realistische Empfehlungen zu geben.

Bewegung gehört zu meinen Lieblingsmethoden, um seelisch stabil zu bleiben. Sport hat zweifelsohne einen körperlichen Nutzen, aber er bringt auch unglaubliche Vorteile für das psychische Wohlbefinden. Bewegung fördert das Wachstum der Neuronen im Gehirn, senkt den Blutdruck und setzt Endorphine (Wohlfühlhormone) frei. Außerdem lenkt Sport von Gedankenstrudeln ab. Darüber hinaus löst er Verspannungen, lockert die Muskeln und verbessert die Qualität deines Schlafs, wie viel auch immer du gerade bekommst. All diese Faktoren steigern das allgemeine Wohlbefinden und wirken sich positiv auf die geistige Gesundheit aus.

Meine mentale Gesundheit profitiert spürbar, wenn ich Sport in meinen Alltag einbaue. Damit meine ich zum Beispiel fünf Minuten online geleitetes Yoga, während das Baby schläft, oder einen Spaziergang um den Block. Vielleicht würde ich es nicht mehr schaffen, die langen Trainingseinheiten im Fitnessstudio von früher zu absolvieren, aber das bedeutet nicht, dass fünf, zehn oder zwanzig Minuten Bewegung sinnlos sind. Alles, was die Herzfrequenz leicht erhöht, ist perfekt.

Ich gehöre zu den Müttern, die einen großen Teil des Tages in Sportklamotten verbringen und jede noch so kleine Gelegenheit nutzen, um ein bisschen Sport zu treiben. Ich stehe oft vor den Kindern auf und mache meine Übungen, und manchmal passiert es, dass ich erst vor dem Schlafengehen die Sportsachen ausziehe und duschen gehe. Wenn ich mich schlecht fühle, gehört Sport zu den ersten Aktivitäten, die ich wieder in meinen Alltag einbaue. Ich bereue es nie, mich etwas bewegt zu haben, denn es verleiht mir immer wieder den nötigen Schub. Schon ein paar Minuten helfen, um sich besser zu fühlen. Fange klein an – vielleicht mit einem flotten Spaziergang oder einem zehnminütigen Video mit Rückbildungsübungen, die du bequem im Wohnzimmer machen kannst. Wenn wir uns vom Leben, der Mutterschaft und den täglichen Anforderungen zerrüttet fühlen, fehlt uns oft die Motivation; deshalb ist es notwendig, diesen ersten kleinen Schritt zu machen, um den Kreislauf zu durchbrechen. Versuche es ein paar Mal pro Woche und schau, ob es sich positiv auf deine Psyche auswirkt.

Ich schwöre, mein Training ist wie eine Therapie. Ich mache es immer dreimal pro Woche. Wenn ich es weglasse, bin ich nicht dieselbe, weil es meine Stimmung wirklich hebt. Ich mache es, während George schläft. SOPHIE

Raus mit dir!

Am besten machst du es dir zum Ziel, mindestens einmal am Tag an die frische Luft zu gehen. Mehr und mehr Forschungsergebnisse deuten darauf hin, dass der Aufenthalt in der Natur Angstgefühle, Stress und Depressionen reduziert. Neulich musste ich den ganzen Tag im Haus verbringen, um an meinem Buch zu arbeiten und mich um die Kinder zu kümmern. Sobald mein Mann nach Hause kam, bin ich rausgeflitzt und zehn Minuten um den Block marschiert. Danach war mein Kopf, in dem es wie in einem Bienenstock gesummt hatte, wie befreit! (Hm, vielleicht sollte ich jetzt eine kleine Pause einlegen und rausgehen?)

Und vielleicht ist es auch für dich an der Zeit, deine Sportschuhe anzuziehen und mit aufmunternder Musik oder einem Podcast auf den Ohren loszuziehen. Oft zerre ich spätnachmittags die muden Jungs vom Sofa, um einen kurzen Spaziergang oder eine Runde mit dem Roller zu machen. Florence hält ihr letztes Nickerchen in der Babytrage und wir kommen alle mit rosigen Wangen zurück. Das gehört zu den Dingen, die man nur allzu leicht vernachlässigt, denn es kostet Kraft, die Kinder in Jacken und Helme zu zwängen, wenn sie lieber fernsehen würden. Aber die Mühe lohnt sich wirklich, es geht allen hinterher so viel besser!

Lass dich treiben

Warst du in letzter Zeit mal so sehr in etwas vertieft und im Flow, dass du die Zeit aus den Augen verloren hast? So geht es uns, wenn wir kreativ sind. Vielleicht hast du dieses Gefühl auch beim Lesen, beim Spielen oder beim Plaudern mit einer guten Freundin. Wir vergessen die Welt um uns herum und die Zeit schmilzt dahin, als ob es sie gar nicht gäbe. Wenn wir im Flow sind, scheint nur das Hier und Jetzt zu existieren.

Es wird umso schwieriger, Zeit für diese Aktivitäten zu finden, je mehr Anforderungen an unsere Aufmerksamkeit gestellt werden. Doch es gibt Hinweise darauf, dass diese Flow-Aktivitäten Stress abbauen und zu unserem Wohlbefinden beitragen. Gibt es etwas, das du früher gerne getan hast und das du wieder in dein Leben einbauen könntest? Vielleicht kannst du deine Stricknadeln oder dein Skizzenbuch wieder hervorholen. Tausche etwas Onlinescrollen oder Fernsehzeit gegen eine Flow-Aktivität und schau, wie du dich anschließend fühlst.

Jemand hat mir zum Geburtstag ein Malbuch für Erwachsene geschenkt. Ich finde es sehr entspannend, auch wenn mein Mann mich auslacht. Ich könnte mich stundenlang damit beschäftigen! LAURA

Über Medikamente

Ich werde regelmäßig nach meiner Meinung zu Medikamenten gefragt. Ob man sie nehmen, absetzen, die Dosis erhöhen oder reduzieren sollte. Das solltest du am besten mit deiner Ärztin besprechen. Sie kennt deine komplette Krankengeschichte und alle Kontraindikationen, die deine Entscheidungen beeinflussen könnten.

Ich habe jedoch ein paar Tipps, die dir helfen könnten, falls du Medikamente gegen Angstzustände einnimmst oder dies in Erwägung ziehst:

1. Denk darüber nach, wie du dich fühlst, und setze dir einen Zeitrahmen von ein oder zwei Wochen, je nach Intensität deiner Angst (je höher die Intensität, desto kürzer die Frist). Nimm dir vor, in dieser Zeit einige deiner bevorzugten Übungen und Techniken zur Erdung auszuwählen und konsequent anzuwenden. Ich empfehle dir, dich mit deinem inneren Dialog auseinanderzusetzen, Atemübungen zu praktizieren und mit vertrauten Personen offen über deine Gefühle zu sprechen. Am Ende dieser Zeitspanne bewertest du erneut, wie du dich fühlst. Wenn du keine Erleichterung oder positiven Veränderungen feststellen kannst, solltest du unbedingt einen Gesprächstermin mit deinem Arzt vereinbaren.
   Unabhängig davon, ob du dich für oder gegen die Einnahme von Medikamenten entscheidest, wende die Übungen und Techniken weiterhin an, da sie dir ebenfalls helfen.
2. Wenn du Medikamente gegen Angstzustände einnimmst, sind diese am effektivsten, wenn du sie mit den hier beschriebenen Techniken und Tipps kombinierst. Alles zusammen wird dir helfen, die mentalen und physischen Elemente der Angst zu bekämpfen. Und je mehr du die für dich hilfreichen Techniken anwendest, desto mehr werden sie sich verfestigen und dich unterstützen, wenn du dich entscheidest, deine Medikamente zu reduzieren oder abzusetzen.

Stell dir vor, du hast dir böse den Knöchel verknackst und brauchst Krücken, um deinen Alltag so gut wie möglich zu bewältigen. Sie entlasten deinen Fuß, um ihn zu schonen. Das Leben auf Krücken ist jedoch nicht das Endziel. Deine Physiotherapeutin zeigt dir bestimmte, regelmäßig durchzuführende Übungen, um Muskeltonus und Kraft aufzubauen. Dadurch wirst du, wenn du die Krücken wieder abgeben kannst, genügend Kraft zum Gehen aufgebaut haben. Die Krücken sind die Medikamente, und die Techniken sind das Äquivalent zu den physiotherapeutischen Übungen. Sie helfen dir dabei, dein Selbstvertrauen aufzubauen und dein Wissen über deine Probleme und ihre Behandlung zu erweitern.

Ehrlich zu sein und mir genügend Zeit zum Ausruhen zu nehmen, hat mir sehr geholfen. Ich brauchte noch mehr davon, als ich meine Medikamentendosierung senkte. ANONYM

Top-Tipp

Wenn du dich das nächste Mal dabei ertappst,
wie du übertrieben viel nachdenkst,
versuche das Alphabet rückwärts aufzusagen.

Für dein Tagebuch

- Welche Techniken haben dir in der Vergangenheit geholfen?
- Welche Techniken oder Veränderungen deines Lebensstils möchtest du anwenden?
- Wann und wie willst du sie praktizieren? Was kannst du tun, um dich daran zu erinnern?
- Wiederhole eine der Atemübungen zehnmal hintereinander.
- Kannst du hinterher irgendwelche Veränderungen deines geistigen oder körperlichen Zustands feststellen?

12. Kapitel

LANGSAM UND STETIG

MANTRA

ES LOHNT SICH.

Und hiermit kommen wir zum letzten Kapitel! Diese Seiten möchte ich nutzen, um dich anzuspornen. Um dich zu ermutigen, durchzuhalten, unabhängig davon, wie schnell du die Vorteile siehst. Du übst Gewohnheiten ein, von denen du ein Leben lang profitieren wirst. Doch gut Ding will Weile haben. Wir sind daran gewöhnt, dass alles schnell geht. Wir bekommen unsere Einkäufe schon wenige Stunden nach dem Klick auf »Kaufen« vor die Tür gestellt, und das Essen wird uns Minuten nach der Bestellung serviert. Aber du kannst kein Baby an einem Tag großziehen und so schnell auch an keiner Ehe arbeiten oder eine Freundschaft vertiefen. Nein, die guten, lebensverändernden Dinge brauchen Zeit.

Deshalb stecken in diesem Kapitel jede Menge Ermutigungen, Ratschläge bei Rückschlägen und einige von Herzen kommende Worte von mir an dich.

Deine Arbeit an der Angst ist niemals umsonst

Sich mit Ängsten auseinanderzusetzen ist, als würde man einen riesigen, drei Meter hohen Eisblock klein hacken. Du stehst daneben und klopfst mit einem winzigen silbernen Toffee-Hammer daran herum. Du sehnst dich danach, das Eis auseinanderbrechen und einstürzen zu sehen, damit du auf den schmelzenden Scherben einen Siegestanz aufführen kannst.

Jedes Mal, wenn du der vertrauten, grausamen Stimme etwas erwiderst, klopfst du mit diesem Hämmerchen. Egal wie viel Erfolg du dabei hattest: Ich möchte dich dazu ermutigen, auch beim nächsten Mal wieder zuzuschlagen. Ja, vielleicht benutzt du ab und zu sogar neue oder zusätzliche Werkzeuge, vor allem wenn sie langsam zur zweiten Natur werden und weniger Aufwand erfordern. Aber stelle sicher, dass du immer etwas zur Hand hast, das mindestens genauso gut funktioniert wie dein silbernes Hämmerchen. Ich habe mir Atemtechniken gegen die Angst angewöhnt, und als diese wie von selbst funktionierten, bemühte ich mich, immer genügend Wasser zu trinken, um meinem Körper mitzuteilen, dass er es wert ist, ausreichend Flüssigkeit zu bekommen. Erweitere die Techniken allmählich, während du sie in dein Leben integrierst.

Integriere nach und nach positive Bewältigungsmechanismen in dein Leben.

Nimm die kleinen Schläge mit dem Hammer nicht als selbstverständlich hin. Du siehst es vielleicht nicht, aber ich kann dir sagen, dass du mit jedem Schlag die Struktur des Eisblocks an sich erschütterst und schwächst. Du bringst ein winziges Atom nach dem anderen zum Nachgeben. Eines Tages brauchst du den Block nur noch anzutippen und es entsteht ein Riss. An einem anderen Tag bricht ein großes Stück ab und kracht zu Boden. Und die ganze Zeit tropft Schmelzwasser herunter und bildet kleine Pfützen zu deinen Füßen. Mit der Zeit, nicht über Nacht.

Deine Arbeit ist niemals umsonst.

Hast du jemals einen Tanz gelernt? Du übst die Schritte immer und immer wieder, sodass sie sich irgendwo in den Tiefen deines Gehirns einprägen. Wenn dann die Musik einsetzt, folgst du hoffentlich der Choreografie, ohne darüber nachzudenken. Sie ist dir so vertraut geworden, dass dein Körper von ganz allein zu wissen scheint, was er tut. Das ist es, was wir mit diesen Techniken erreichen wollen.

Du hast nicht von Geburt an Angst. Deine bisherigen Bewältigungsstrategien sind zu einer Gewohnheit geworden, die durch die häufige Anwendung verstärkt wurde.

Hoffentlich hast du inzwischen mehr über das Warum, das Was und das Wie deiner Ängste gelernt. Der nächste Schritt besteht darin, gesündere Wege zu finden, um auf deine Angstgedanken zu reagieren und neue Gewohnheiten auszubilden.

Und zu guter Letzt: Warte nicht, bis du das Gefühl hast, genügend Energie zu haben, um mit der Anwendung dieser Techniken zu beginnen. Warte nicht, bis du dich plötzlich motiviert fühlst. Warte nicht, bis du eine schwierige Phase durchmachst oder dich topfit fühlst. Fange heute noch an! Such dir eine Technik aus und beginne heute. Durch regelmäßige Anwendung wirst du hoffentlich die Energie, die Zuversicht und die positiven Gefühle erlangen, die du dir wünschst.

Ich hoffe, dass du, wenn du durchhältst, stolz auf dich bist, wenn du feststellst, dass du das Rädchen langsam in die andere Richtung drehst. Es klappt vielleicht nicht jedes Mal, aber du kräftigst einen neuen Muskel und wirst immer stärker und schneller, und je mehr das zur Gewohnheit wird, desto natürlicher und instinktiver wird es sich anfühlen.

Rückschläge

Rückschläge sind normal und zu erwarten, wenn es um eine neue Entwicklung geht. Wahrscheinlich kannst du dich nicht daran erinnern, aber deine Angstbewältigungsmechanismen wurden dir in Zeiten der Unsicherheit und Not eingeimpft. Sie wurden mit Sicherheit vielfach wiederholt, bis sie zu einer reflexartigen Gewohnheit wurden. Aber du willst mehr, du willst neue Bewältigungsmechanismen, die dich nicht nachts wach halten oder dir Panikattacken verursachen. Und auch das braucht Zeit. Anfangs hast du vielleicht das Gefühl, dass du einen Schritt vorwärts und einen zurück machst, aber das ist zu erwarten.

Ich spreche hier vielleicht nur für mich, aber viele von uns sind von Natur aus ungeduldige Wesen. Möglicherweise erkennst du bereits eine positive Entwicklung oder es ist dir gelungen, einen Strom von Zwangsgedanken zu besiegen. Und dann, plötzlich, bricht der nächste Schwall über dich herein, wenn du gerade eine Tasse Tee trinkst, während das Baby schläft. Wachstum kann frustrierend sein. Stell dir vor, du hast eine Packung Dahliensamen gekauft. Du hast sie gemäß der Anleitung eingepflanzt. Du beobachtest die Erde einen ganzen Tag lang, aber es regt sich nichts. Die Samen werden nicht schneller keimen, wenn du sie anschreist. Wachstum ist Wachstum, und Wachstum braucht Zeit.

An deinen Ängsten zu arbeiten bedeutet mehr, als einfach nur von ihnen befreit zu sein. Es bedeutet, auf dem Weg dorthin an Bewusstsein und Selbstvertrauen zu gewinnen. Tue weiterhin die kleinen Dinge. Klopfe weiter mit dem Hammer. Gib nicht auf, auch wenn du eine schwierige Phase durchmachst. Vielleicht hat das, was du tust, dir bereits geholfen, nicht so tief zu fallen, wie es hätte passieren können. Wenn du eine positive Phase durchmachst und dich stärker und zuversichtlicher fühlst, höre nicht auf zu klopfen! Oft sind die Techniken und das, was wir tun, um uns zu erden, genau die Dinge, die uns helfen.

Das Abwehren von Ängsten muss nicht deine einzige Motivation sein, in die Techniken zu investieren. Sie werden sich positiv auf dein ganzes Leben auswirken, denn sie werden dir auf noch viele andere Arten zugutekommen. Man »erreicht« nicht einen Punkt, an dem man völlig angstfrei ist, und ruft: »WAHUUUUU, adios Atemtechniken und hilfreiche Bilder! Tschüss, alte Freunde!« Denn das Leben führt uns durch Höhen und Tiefen, unerwartete Widerstände kommen auf uns zu, egal wie gut wir vorbereitet sind. Mache die Techniken, die du benutzt, zu Konstanten in deinem Leben, die dich unterstützen, egal wie du dich fühlst.

Wenn du an deinen Ängsten arbeitest, wachsen zugleich dein Bewusstsein und dein Selbstvertrauen.

Das Führen eines Tagebuchs kann dabei eine große Hilfe für dich sein. Hoffentlich hat dir dieses Buch einen Vorgeschmack darauf gegeben, wie hilfreich es sein kann. Auch wenn es manchmal schwer sein mag, die täglichen Veränderungen zu erkennen: Blättere in deinen Aufzeichnungen zurück, und du wirst eine bessere Sichtweise darauf bekommen, welche Fortschritte du machst. Manchmal besteht die Veränderung darin, dass du plötzlich feststellst, ein paar Nächte lang nicht 229-mal das Babyphone gecheckt zu haben, oder du genießt eines Tages ein ausgiebiges Bad und dir fällt plötzlich auf, dass dir das vor ein paar Wochen noch wie eine nutzlose Zeitverschwendung vorgekommen wäre.

Ich kann dir, meinen Klientinnen, meinen Kindern oder auch mir selbst nicht versprechen, dass unsere schlimmsten Befürchtungen nicht eintreten werden. Ich besitze keine Kristallkugel. Aber ich verspreche dir, dass die Stimme der Angst mit der Zeit leiser wird, wenn du dich bemühst, konsequent gesunde Bewältigungsmechanismen und wirksame Techniken einzusetzen.

Mach weiter, auch wenn der Eisblock noch nicht angefangen hat zu splittern, obwohl du darauf einhämmerst – irgendwann wird es so weit sein.

Meine abschließenden Worte an dich

Du hast das Ende dieses Buches erreicht. Ich gebe zu, dass es nicht wenig Zeit und Energie von dir gefordert hat. Aber ich hoffe aufrichtig, dass du dich besser gewappnet und weniger ängstlich fühlst als zu dem Zeitpunkt, als du es erstmals aufgeschlagen hast.

Ich habe all dies hier aus dem tief empfundenen Wunsch heraus geschrieben, dir die Erkenntnis zu vermitteln, dass dir die Angst nicht die Freude an diesen ersten Jahren der Mutterschaft verderben muss. Es ist wirklich eine Achterbahnfahrt, all diese Phasen und Zustände und schlaflosen Nächte, aber du hast Besseres verdient, als von Zwangsgedanken und Grübeleien wach gehalten oder von der strengen Stimme in deinem Kopf gegängelt zu werden.

Ich hoffe, du bist unheimlich stolz auf dich. Wir sind uns wahrscheinlich nie begegnet und werden uns wohl auch nie begegnen, aber ich kann ehrlich sagen, dass ich auf jede Leserin stolz bin, die diese Seiten durchgeblättert hat. Ich weiß, dass es nicht leicht ist, das Thema anzusprechen. Es erfordert Mut, Tapferkeit und die Bereitschaft, wertvolle Zeit und Energie in die eigene psychische Gesundheit zu investieren.

Du tust das nicht nur für dich selbst, ganz im Gegenteil: Es ist ein Akt der Liebe, denn du tust das auch für deine Familie, für dein Kind. Du tust es, weil es ihnen so viel Freude bereiten wird zu sehen, wie du immer mehr du selbst wirst. Du nimmst dir die Zeit, um etwas anzugehen, was vielleicht eine generationsübergreifende Angst war, die über die Jahre weitergegeben wurde. Das ist etwas unglaublich Starkes und Altruistisches.

Ich möchte dich ermutigen, eine Beratung oder Therapie in Anspruch zu nehmen, wenn du sie brauchst, oder auch, wenn du dich einfach fragst, ob du sie brauchst oder nicht. Eine Therapie war auf meinem Weg zur Heilung meiner Psyche sehr wichtig. Auch sie kostet häufig Zeit, Geld und Energie. Ich verspreche jedoch, dass es eine lohnende Investition ist, eine Therapeutin, die gut zu dir passt, einigen der anderen Dinge vorzuziehen, die an deinen Ressourcen zehren.

Ich hoffe, dass du inzwischen mehr Mitgefühl und Geduld mit dir aufbringst. Ich verspreche dir, dass du Mitgefühl, Vergebung und eine Chance, dich verstanden, bestätigt und akzeptiert zu fühlen, verdient hast, egal wie chaotisch deine Gefühle, wie düster deine Gedanken und wie seifenopernhaft deine Geschichte sein mögen.

Du verdienst dieselbe Liebe und Fürsorge,
wie du sie deinem Kind schenkst.

Ich hoffe, dass du mit jedem Akt der Selbstfürsorge etwas deutlicher erkennen kannst, dass diese Worte vielleicht mehr Wahrheit enthalten als das, was du dir bisher eingeredet hast oder was dir eingeredet wurde.

Du hast die Freiheit, das Leben, die Möglichkeiten, die sich vertiefenden Beziehungen und die Sensibilität verdient, die damit einhergehen, dass du nicht mehr von Ängsten überwältigt oder eingeschränkt wirst. Du hast die Selbstfürsorge, den Freiraum im Kopf und die Unterstützung durch andere verdient. Aber vor allem hast du es verdient, die Liebe anzunehmen, die von deinem Baby kommt.

Du bist es wert, seine Mutter zu sein. Anna x

Top-Tipp

Gönn dir weiterhin jeden Tag die Kleinigkeiten, die dir guttun.

Für dein Tagebuch

- Was ist es für ein Gefühl für dich, am Ende dieses Buches angelangt zu sein?
- Hat sich irgendetwas für dich verändert? Und wenn ja, was?
- Gibt es jemanden, mit dem du über deinen Weg sprechen kannst, jemanden, der dich ermutigt?

Bonus

PEP-TALKS FÜR DEN NOTFALL

Hier kommen drei aufmunternde Pep-Talks, die du in den Momenten zur Hand nehmen kannst, in denen du etwas Input brauchst.

Panikattacke

Ich weiß, dass sich so eine Attacke unglaublich intensiv anfühlt, aber vergiss nicht, dass sie von einem inneren System herrührt, das dich vor physischer Bedrohung schützen soll. Das Alarmsystem wurde ausgelöst, und das ist in Ordnung. Wir werden deine Techniken benutzen, um dir zu helfen, die Attacke zu überwinden. Dein Verstand hat ausgesetzt, dein Adrenalinspiegel ist hoch. Du hast das Gefühl, du steckst in einem Wirbelwind, aber hör mir zu. Du hast das schon einmal durchgemacht, du hast es überlebt, und du schaffst das auch diesmal. Es wird bald vorbei sein.

Stell dich hin oder setze dich so, dass deine Füße auf dem Boden stehen. Spüre den harten, unbeweglichen Boden unter deinen Füßen. Du bist hier. Jetzt. Dies ist der Ort, an dem sich das Leben abspielt. Dies ist das, was geschieht. Die Millionen Bedrohungen sind nicht real, sie sind nicht faktisch. Dies ist real – du bist jetzt hier. Atme.

Konzentriere dich auf diese Worte, die schwarz auf weiß auf dem Papier stehen. Ich möchte, dass du fünf Dinge nennst, die du sehen kannst. Zähle sie auf, als ob ich hier bei dir wäre. Ich möchte sie hören.

Okay, und jetzt nenne vier Dinge, die du berühren kannst. Genau hier, in diesem Moment.

Jetzt drei Dinge, die du hören kannst. In der Nähe, in der Ferne, laut, leise, ganz egal.

Nenne mir zwei Dinge, die du riechen kannst, dort, wo du jetzt bist.

Und schließlich noch eine Sache, die du schmecken kannst.

Sei gut zu dir. Dein Leben hat sich in letzter Zeit sehr stark verändert. Es wird sich manchmal überwältigend anfühlen. Du bist zerrüttet. Deine Ressourcen sind erschöpft. Ich möchte, dass du dich jetzt fragst, was du in diesem Moment brauchst. Eine freundliche Stimme? Einen heißen Tee? Eine Umarmung? Etwas frische Luft? Verschaffe dir das. Rufe jemanden an, gehe raus, koch dir deinen Tee. Du hast es dir verdient. Du hast ganz sicher nicht versagt, du bist nicht schwach. Du lernst, navigierst, suchst nach einem Sinn in deinem veränderten Leben. Und das ist gut so, aber es ist schwer, und du bist nur ein Mensch. Atme.

Ich schaffe das nicht

Von Mutter zu Mutter möchte ich dir sagen: Du schaffst das! Ich wünschte, ich könnte aus dieser Seite heraushüpfen und dir die Schultern massieren. Vielleicht hast du das Gefühl, dass du es nicht schaffst, dass du das nicht kannst, dass du jemanden brauchst, der dir sagt, dass alles gut wird. Aber schau mal, wie weit du gekommen bist! Schau dir dein Kleines an, schau, was du erreicht hast!

Du bist stärker, als dir bewusst ist. Du hast mehr erreicht, als du dir jemals zugestehen wirst. Wie oft hast du schon Situationen gemeistert, von denen du glaubtest, sie wären zu viel für dich! Du hast es geschafft. Deshalb wirst du auch das hier schaffen. Atme.

Hole tief Luft und atme langsam wieder aus. Lass die Schultern sinken.

Gibt es irgendetwas, was du in diesem Moment brauchst? Gefühlsmäßig, konkret? Was könntest du unternehmen, um diese Unterstützung zu bekommen? Selbst wenn es nur ein winziger Schritt ist. Vielleicht ist es etwas so Einfaches wie eine Textnachricht. Du hast Unterstützung verdient, du bist keine Last. Denke daran, was für ein Gefühl es ist, wenn du eine Freundin unterstützen kannst. Du bist einfach nicht dafür geschaffen, diese Sache namens Mutterschaft alleine zu meistern. Könnte es sein, dass du viel zu viel tun wolltest und zu hohe Ansprüche an dich gestellt hast? Gibt es irgendeine Ecke, die du absäbeln, irgendetwas, was du zurückstellen, irgendetwas, was auf einen anderen Tag verschoben oder an eine andere Person übergeben werden könnte?

Ich war schon an diesem Punkt und werde immer wieder dorthin geraten. Diese Momente sind eine menschliche Reaktion auf das, was du gerade durchmachst. Atme.

Mütterliche Schuldgefühle

Oje. Mütterliche Schuldgefühle. Wir alle empfinden sie, aber lass uns das aufklären: Ich weiß, du fühlst dich gerade ganz übel, aber du bist keineswegs eine Versagerin. Du bist ein Mensch mit Grenzen, und meine Güte, manchmal werden diese Grenzen in der Mutterschaft ganz ordentlich strapaziert. Wir werden über das hinaus beansprucht, was wir für möglich gehalten haben, in jede Richtung, ob gut oder schlecht.

In meinen Augen gibt es zwei Arten von Schuldgefühlen. Lass uns deine identifizieren. Ist es ungerechtfertigte Schuld? Fühlst du dich schuldig, weil du fix und fertig bist und das Gefühl hast, dass du nicht so mit deiner Familie umgehen kannst, wie du es unter normalen Umständen tun würdest? Vielleicht geht es dir nicht gut, du hast Kummer, bist traurig. Vielleicht konntest du nicht stillen, obwohl du es gerne getan hättest, oder du fühlst dich schuldig wegen der Art, wie die Geburt abgelaufen ist. Kannst du wirklich etwas für das, wofür du dich schuldig fühlst? Hast du absichtlich etwas falsch gemacht? Hattest du es unter Kontrolle? Wenn dir eine Freundin sagen würde, dass sie sich deswegen schuldig fühlt, was würdest du sagen?

Manche Schuldgefühle sind ungerechtfertigt. Du kannst nichts dafür, denn es war nicht deine Schuld, dass dir das Leben Steine in den Weg gelegt hat oder irgendetwas nicht so gelaufen ist, wie du gehofft hattest. Wenn diese Schuldgefühle ein Anlass für dich sind, um Verantwortung zu übernehmen, wo das nicht nötig ist, benutzt du sie als Knüppel, mit dem du dich für ein Verbrechen bestrafst, das du nicht begangen hast. Das führt zu negativen inneren Monologen, vielleicht auch zu selbstbestrafendem Verhalten. Beides mindert dein Selbstwertgefühl. Es war nicht deine Schuld. Du hast dein Bestes getan. Erlaube dir, die Enttäuschung, die Frustration, die Trauer und die Wut zu fühlen. Aber benutze sie bitte nicht, um dich zu schämen und dich selbst fertigzumachen.

Sind die Schuldgefühle gerechtfertigt? Hast du etwas getan oder gesagt, von dem du wünschtest, du hättest es nicht getan? Nun, auch diese Schuldgefühle sind nicht dazu da, dir Scham zu verursachen. Sie sind dazu da, um dich aufzurütteln und dich dazu zu bringen, die weiße Fahne zu schwenken und anderen damit zu zeigen, dass du etwas Aufmerksamkeit brauchst. Vielleicht musst du Dampf ablassen oder dir Tipps und Techniken suchen, damit du beim nächsten Mal anders mit der Situation umgehen kannst. Meine Gewissensbisse, die ich empfinde, wenn ich mein Handy in Anwesenheit der Kinder zu oft benutze, sind berechtigt. Sie sind nützlich, weil sie mich auffordern, mir sinnvolle Grenzen zu setzen, aber nicht, um mir das Gefühl zu geben, dass ich als Mutter eine furchtbare Versagerin bin. Die Schuldgefühle, die ich vor ein paar Tagen hatte, nachdem ich meinen Vierjährigen angeschrien hatte, sind gerechtfertigt. Sie sind nützlich, weil sie mich dazu veranlassen, meine Beruhigungstechniken für Stresssituationen aufzufrischen, damit ich nicht unbeherrscht reagiere und in sein Gezeter miteinstimme.

Betrachte dein Schuldgefühl aufmerksam. Ist es da, um dich zu etwas aufzufordern? Wozu will es dich auffordern? Wie könntest du darauf reagieren? Oder gehören diese Schuldgefühle gar nicht auf deine Schultern? Solltest du sie womöglich herunternehmen und dich stattdessen von anderen Gefühlen leiten lassen? Doch unabhängig von der Art der Gewissensbisse, die du gerade empfindest – sei gut zu dir. Schenke dir etwas von dem Mitgefühl, das du den Menschen, die du liebst, entgegenbringst, denn auch du hast es verdient.

HILFREICHE ADRESSEN

angstselbsthilfe.de – »Deutsche Angst-Hilfe e. V.«, u. a. Onlineberatung und Selbsthilfegruppensuche

annamathur.com – Webinars von Anna Mathur, u. a. zu Angst oder Selbstwert (auf Englisch)

elternsein.info – »Bundesinitiative Frühe Hilfen« mit Informationen zu Unterstützungsmöglichkeiten für junge Eltern

Elterntelefon der Nummer gegen Kummer: (08 00) 111 0 550

hilfetelefon-schwierige-geburt.de – Hilfetelefon nach schwieriger oder belastender Geburt

mamapsychologie.de – Begleitung, Coaching, Kurse und Impulse für junge Mütter

postpartale-depression.ch/de/ – Verein »Postpartale Depression« in der Schweiz

schatten-und-licht.de – »Schatten und Licht e. V.«, Selbsthilfeorganisation zu peripartalen psychischen Erkrankungen

therapie.de – die Therapeutensuche von Pro Psychotherapie e. V.

www.rueckhalt.de – Krisenbegleitung/Schreibabyambulanz

zwaenge.de – »Deutsche Gesellschaft Zwangserkrankungen e. V.«, Informationen für Betroffene

DANKSAGUNG

Mein Dank gilt:

Lauren, meiner wunderbaren Literaturagentin. Du bist in meinem Posteingang aufgetaucht, als wüsstest du, dass mein Herz voller Worte war, die niedergeschrieben werden mussten. Ich hätte keine passendere oder freundlichere Person finden können, die mich durch diese völlig neue Erfahrung führt. Du hast mir geholfen, den Sturm der Enttäuschung durch die feste Hoffnung zu überstehen, die du in dir trägst. Wir haben es geschafft! Wir haben es geschafft!

Jill, meiner Lektorin. Als ich nach unserem ersten Treffen nach Hause ging, war das Erste, was ich sagte: »Ich hoffe, sie nimmt mich!« Ich wusste, dass du mich, mein Herz, meine Leidenschaft und meine Vision für dieses Buch verstanden hattest, und ich hoffte so sehr, dass du diejenige sein würdest, die es zum Erfolg führt. Danke, dass du mir eine Chance gegeben hast. Du bist eine fähige und liebenswerte Lektorin, und ich fühle mich geehrt, mit dir zu arbeiten. Ich hoffe, dass ich dich stolz machen kann.

Meinen wunderbaren Freundinnen und Freunden, die diesen ganzen Prozess begleitet und die mich motiviert haben. Die für mich da waren, wenn ich sie mit Nachrichten, Anrufen und Bitten um Titelideen und Korrekturlesen bombardierte: Hannah W., Marianna, Hannah F., Kathryn, Sophie, Jo, Sasha, Sarah, Laura, Kate, Rachel, Coley, Elle und Sally.

Ella, die meine Kinder fast so sehr liebt wie ich. Du hast dich so wunderbar um sie gekümmert, während ich an meinem Buch gearbeitet habe! Und ich danke Jenny und Satish, meinen wundervollen Schwiegereltern. Ihr seid immer an meiner Arbeit interessiert und stolz auf mich. Das bedeutet mir unglaublich viel! Danke, dass ihr uns so oft mit den Kindern geholfen habt.

Deborah, meiner Therapeutin. Es war so schön, nach fünf Jahren wieder mit dir zusammenzuarbeiten! Es erstaunt mich immer wieder, an wie viel du dich von dem erinnerst, was ich dir vor Jahren erzählt habe. Deine Expertise war unbezahlbar. Ich weiß, dass du in mich hineinblicken kannst, und ich danke dir für deine emotionale Unterstützung während dieses Prozesses.

Mama, ich bin mir sicher, dass ich aufgrund deines Inputs und deiner Führung durch mein Leben eine so tiefe Leidenschaft und Empathie für Menschen entwickelt habe. Du hast mich gelehrt, über die äußere Fassade hinwegzublicken. Du hast mir treu geholfen, endlose komplexe Umstände und Emotionen zu entwirren. Du warst immer da und hast in den schwierigen Zeiten geduldig hinter den Kulissen gewartet, auch wenn es schwer gewesen sein muss, mich kämpfen zu sehen. Du warst in dem Moment bereit, als ich bereit war. Du teilst meine Vision für dieses Buch, weil unsere Herzen für das Gleiche schlagen – dass es den Menschen Hoffnung geben wird.

Oscar, du hast mich zu einer Mutter gemacht. Deine süße, einfühlsame Seele war so gnädig, während ich mühsam lernen musste, was es bedeutet, Mutter zu sein. Du hast mich gelehrt, dass ich im Grunde liebenswert bin, denn wenn du mich so von ganzem Herzen lieben konntest, dann kann ich mich vielleicht auch lieben. Charlie, wir hatten ein hartes erstes Jahr. Du hast mich bis an meine Grenzen geführt und mir gezeigt, wie stark und fähig ich sein kann. Du hast mich in eine Löwin verwandelt und bringst mich mit deinen himmlischen Macken zum Lachen. Florence, du bist die Kirsche auf meinem Törtchen und ein heilender Balsam für das, was vorher war. Ihr drei seid mein Lebenszweck. Ihr seid meine Motivation, mit diesem Buch anderen Müttern zu ermöglichen, ihren Wert innerhalb und außerhalb der Mutterschaft zu erkennen, so wie ihr mich dazu gebracht habt, meinen zu erkennen.

Und ich danke meinem Mann Tarun. Du bist einmalig! Ohne dich, deine Unterstützung und deinen unerschütterlichen Glauben an mich gäbe es kein Buch. Und ohne deine standhafte und beharrliche Liebe wäre mein Weg nicht zu einem geworden, der hoffentlich den Verlauf anderer prägen wird. Du hast mich geliebt, als ich am kaputtesten war, was wundervoll ist, weil ich immer ein bisschen kaputt sein werde. Aber damit kann ich mich zunehmend anfreunden, denn ich war immer heil genug für dich.

REGISTER

A

Ablenkungstechnik 165, 231
Adrenalin 43
  Energieschub 44
  und Koffein 240
  und Panikattacken 255
Alkoholkonsum 111, 126
Angst 12, siehe Zwangsgedanken
  Achterbahnfahrt 70, 229
  als Bewältigungsmechanismus 101, 133, 250
  als Maske für andere Emotionen 224
  als Normalzustand 23
  als Prisma 224
  als Warnsystem 45
  als weißes Rauschen im Hintergrund 40
  Auslöser von 99, 106
  Behandlung der Symptome 59
  Behandlung der Ursachen 59
  Bekämpfung von 246
  Definition von 22
  erlernte 101
  Fahrangst, Amaxophobie 56, 97, 102, 108, 114
  Formen der 54, 70
  generalisierte Angststörung 40, 61
  Hypochondrie 66
  körperliche Auslöser von 105
  körperliche Symptome von 60
  Notfall-Pep-Talk gegen 255
  Panikstörung 69
  Phobie 67
  positive Aspekte von 45
  postpartal 13, 119, 217, 220
  psychische Symptome von 60
  Rückschläge bei der Bewältigung 250
  soziale Phobien 69, 119
  Stigmatisierung 74
  Symptome von 60
  und innerer Dialog 167
  und Persönlichkeitsmerkmale 146
  und Selbstfürsorge/-erhaltung 204
  und Trauma 105
  unterschiedliche Erscheinungsformen der 61
  Ursachen von 105
  Vorteile der Bewältigung von 248
angstlösende Techniken 209
  Änderung der Denkgewohnheiten 226
  Atemübungen 210
  Erdungsübungen 236
  lebensnotwendige Schwäche 218
  Lebensstilveränderungen 238
Angstreaktion 48
Angstskala 32
Angstspirale 37, 67, 98, 226
Anonyme Alkoholiker 241
Atemübungen 210
Aufmerksamkeit 155, 161, 165, 183

Aufregung 44
Auslöser von Angst 138
  Identifizierung 225
  Techniken zur Bewältigung 235
  und Posttraumatische Belastungsstörung 65
  Vermeidungsverhalten 115, 232
Authentizität 94, 121, 147, 218

B

Bedrohungswahrnehmung 36, 48, 67, 100
  und Atemübungen 212
  und der Höhlenmensch 46
  und Erstarrung 38
  und Medienberichte 83
  und Panikattacken 215, 255
  und Posttraumatische Belastungsstörung 65
  und Vermeidungsverhalten 115, 233
  und Zwangsgedanken 155, 165
Bedürfnisse
  mütterliche 145, 200, 223, 224
  von Kindern 197
Belohnung 125, 127
Beratung und Information 80
Bewältigungsstrategien
  Abhängigkeit von Substanzen 129
  als Vermeidungsverhalten 116
  Angst als 101
  eine Maske aufsetzen 119
  Isolation 120
  keine Ruhepausen 131
  und Rückschläge 250
  Vergleiche anstellen 124
Bodyscan 216
Burnout 77, 130, 137, 193, 194, 199

C

Coach des eigenen Lebens 231
comfort food 164
Cortisol 43
  und Angstreaktion 47
  und Atemübungen 216
  und körperlicher Stress 105
  und Schlaflosigkeit 216

D

Dankbarkeit 226
Dankbarkeitsliste 228
Dehnübung 128, 205, 206
Dehydrierung 105
Depression 66, 243
  postpartale 13, 192, 220
Dopamin 239
Doula 68

E

Ehrgeiz 136
EMDR 110
Emetophobie; siehe Erbrechen, Phobie vor
Emotionen
  abwerten 108
  Achterbahn der Angst 70
  Kummer 159
  regulieren 18
  Umgang mit 74
  Verdrängung 74
  Verschiebung 225
Empathie 142, 151
Endorphine 43, 128, 192, 242
Entstigmatisierung 75
Erbrechen, Phobie vor 55
Erdungsübungen 116, 145, 165, 236, 245
Erholungsnerv; siehe Parasympathikus
Ernährung 238

Erschöpfung 11, 23, 105
Essverhalten 126

F

Facebook 222
Fahrangst, Amaxophobie 56, 97, 102, 108
Fehlgeburt 124
Fernsehen 77, 82, 243
Flashback 48, 66, 107
Flow-Aktivitäten 244
Freude an den kleinen Dingen 131
Freundschaften 84, 221
Furcht 50
    davor, dass Schlimmes passiert 53, 59
    lernen, in Furcht zu leben 71, 103
    und Grübeln 229
    und Zwangsgedanken 152, 153
    vor den Meinungen anderer 220

G

Geburt; siehe Wehen
    Tokophobie 68
    traumatische 65, 106
Geburtsvorbereitungskurs 28, 43, 210
Gedanken
    negative 25
    Veränderung von Denkgewohnheiten 226
Gedankenspirale 61, 98, 165, 211, 229, 231; siehe Zwangsgedanken
Gemeinschaft 84, 86, 90, 241
Generalisierte Angststörung 40, 61
Geschäftigkeit 129
Gesundheitscheck 103
Gewohnheiten 14, 27, 31, 64, 100, 101, 140, 146, 226, 229, 232, 239, 247, 249
Glaube 241
Gleichgewicht 90, 227
Grafik Angstskala 32
Grübeln 11, 22, 37, 61, 67, 69, 229, 237; siehe Gedankenspirale, Zwangsgedanken

H

Hausarzt, Hausärztin 26, 63, 65, 70, 154, 221
Hebamme 39, 153
Herzchirurgie 123
Hirntumor 54, 96, 102
Höhlenmensch 46, 48, 216
Hormone 13, 43, 58, 103, 106, 114, 120, 150, 153, 157, 239
Hunger 105
Hyperemesis 55
Hypochondrie 66
Hypothalamus 46

I

innerer Dialog 167
    Charakter 168
    mitfühlend 180
    relativierender 179
    und Aufmerksamkeit 182
    und das Äußern unserer Bedürfnisse 196
    und die Ungeheuertechnik 182
    und mütterliche Schuldgefühle 258
    unerkannter 173
innerer Tyrann 190, 193, 232
Instagram 12, 92, 93, 125, 150
Intuition 80
Irrationalität 101

K

Kaffee 104, 127, 240
Kaiserschnitt 68, 217

Kampf-oder-Flucht-Reaktion 47, 48, 50, 55, 215, 233, 240
Koffein 104, 111, 126, 204, 240
Kontrolle 53, 59, 96, 102
  und Geburtstrauma 107
  und Grübeln 229
  und Zwangsgedanken 160
  und Zwangsstörung (OCD) 62
Krankheit 54, 67, 98, 104, 151, 163

L
Lebensereignisse 95, 98
Lebensstilveränderungen 238
Leben, Zerbrechlichkeit des 49, 97
Liebe, sich geliebt fühlen 175

M
Mantra 19, 21, 31, 53, 73, 95, 113, 135, 149, 167, 187, 191, 209, 247
Medikamente 104, 126, 204, 244
Meditation 127, 188, 205, 217, 241
Mitgefühl; siehe Selbstmitgefühl
Motivation 136
Mythos Supermum 14, 23, 92, 137

N
Narcotics Anonymous 241
Natur, Rausgehen 243
negative Denkmuster, Bekämpfung von 26
Noradrenalin 43
Notfall-Pep-Talk 255

O
Offenheit 217, 219, 221
Ordnungsliebe 56, 63, 139
Oxytocin 43

P
Panik 37
  und Phobien 68
  und Zwangsgedanken 165
Panikattacke 37, 60, 61, 69, 114, 127, 160, 214, 234, 250, 255
Panikstörung 69
Parasympathikus 212, 216
Pausen einlegen 130
People-Pleasing 12, 143, 146
Pep-Talks für den Notfall 255
Perfektionismus 168, 172, 174, 177
Persönlichkeitsmerkmale 135
  Ehrgeiz 136
  Empathie 142
  Ordnungsliebe 139
  Starrheit 146
  und Zwangsgedanken 165
Phobie 67
  Erbrechen, Emetophobie 55, 75
  Fahrangst, Amaxophobie 56
  Geburtsangst, Tokophobie 68
  soziale Angst 69
  soziale Phobie 163
Plötzlicher Kindstod (SIDS) 63, 82
Posttraumatische Belastungsstörung (PTBS) 65, 150

R
rationales Denken 22
  Mangel an 36, 37, 59
  Techniken für 116, 213, 230
  und Besorgnis 35
  und Erdungsübungen 145
  und Gelassenheit 33
  und Müdigkeit 27, 92, 101, 108
  und soziale Medien 90, 91
  und Zwangsgedanken 150, 155, 157
Reflux, stiller 13, 108
Religion 241

Rückschläge 250
Ruhenerv; siehe Parasympathikus
Ruhe- und Erholungsreaktion 216

S

Scham 16, 54, 57, 149, 150, 153, 220, 221, 258
Schicksalsschläge 82
Schlaf, Atemtechniken 216
Schlaflosigkeit 216, 252
Schlafmangel 13, 21, 24, 60, 65, 92, 105, 114
Schuldgefühle, mütterliche 17, 18
  eine Maske aufsetzen 119
  Pep-Talk 257
  soziale Medien 42
  und innerer Dialog 169, 177
  und Offenheit 220
  und People-Pleasing 143
  und Ruhepausen 131
  und Selbstfürsorge 194
  und Substanzabhängigkeit 127
  und Zwangsgedanken 160
Schulwahl 178
Schwimmen 217
Selbstbewusstsein 16, 190, 223
Selbstfürsorge 187
  im Alltag 204
  langfristige Maßnahmen 205
  und Selbstsabotage 202
  und Selbstwertgefühl 188
Selbstkritik 11, 183
Selbstliebe 191
Selbstmitgefühl 93, 167
Selbstvertrauen 24, 115, 119, 142, 146, 148, 172, 219, 221, 222, 234, 246, 250
Selbstwert 124, 130, 137, 143, 168, 172, 176, 179, 183, 187, 188, 190, 192, 203, 223, 258
selbstzerstörerisches Verhalten 189
Serotonin 126
SIDS; siehe Plötzlicher Kindstod (SIDS)
soziale Ängste 69, 119, 163
soziale Medien 90, 125, 222
Spiritualität 241
Sport 241
Stress
  positiver 130
  und Flow-Aktivitäten 244
  und Zeit in der Natur verbringen 243
Stresshormone; siehe Cortisol, Adrenalin
  und Angstreaktion 47
Stressreaktion
  und Atemtechniken 212
  und Panikattacken 214
  und Schlaflosigkeit 216
Substanzabhängigkeit 125
Sucht 129, 240
Sympathikus 165, 212, 213, 214, 215, 233

T

Tagebuch 18, 29, 51, 72, 94, 111, 133, 148, 166, 185, 207, 228, 246, 251, 254
Therapeut, Therapeutin 26, 28, 39, 42, 63, 65, 70, 110, 129, 153, 221, 235, 253
  Ausbildung 15
Therapie
  Schreiben 96
  Suche 261
  Zwangsgedanken 158
Top-Tipp 29, 51, 72, 94, 111, 133, 148, 166, 185, 207, 246, 254
Trauer 70, 98, 100, 106, 125, 152, 156, 158, 198, 225, 258

Trauma 105
und Angstzustände 108
und Geburtserfahrung 106, 107
und Zwangsgedanken 158

U

Unsicherheit 62
Unterstützung 63, 66, 70, 72, 82, 86, 110, 144, 154, 158, 166, 170, 183, 219, 221, 223, 235, 254, 257, 261

V

Vergleiche anstellen 88, 91, 122
Verlust 11, 55, 73, 98, 100, 124, 198
Vermeidungsverhalten 114, 233
Versagen 21, 92, 97, 119, 124, 137, 170, 175, 184, 193, 256, 257, 258

W

Wehen 43, 198
weißes Rauschen 40
Wohlbefinden 27, 135, 195, 242, 244

Y

Yoga 128, 187, 206, 217, 242

Z

Zählzwang 55
Zuckerkonsum 104, 111, 125, 126, 239
zwanghaftes Verhalten 64
Zwangsgedanken 149
bekämpfen 161
Definition 149
und Aufmerksamkeit 155, 161, 165
und der Moppverkäufer 163
und körperliche Beeinträchtigung 157
und Persönlichkeit 165
und Trauma 158
Ursachen 155
Zwangsstörung (OCD) 62